ALÉM DA PROJEÇÃO

Blucher

ALÉM DA PROJEÇÃO

Uma década de cinema e psicanálise

Organizadores
Ana Rita Nuti Pontes
Andréa Ciciarelli Pereira Lima
Denise Lopes Rosado Antônio
Josimara Magro Fernandez de Souza
Luiz Celso Toledo
Maria Bernadete Figueiró de Oliveira
Silvana Maria Bonini Vassimon

Além da projeção: uma década de cinema e psicanálise

Publisher Edgard Blücher
Editores Eduardo Blücher e Jonatas Eliakim
Coordenação editorial Andressa Lira
Produção editorial Catarina Tolentino
Preparação de texto Bárbara Waida
Diagramação Guilherme Salvador
Revisão de texto Maurício Katayama
Capa Laércio Flenic
Imagem da capa iStockphoto

Blucher

Rua Pedroso Alvarenga, 1245, 4º andar
04531-934 – São Paulo – SP – Brasil
Tel.: 55 11 3078-5366
contato@blucher.com.br
www.blucher.com.br

Segundo o Novo Acordo Ortográfico, conforme 6. ed. do *Vocabulário Ortográfico da Língua Portuguesa*, Academia Brasileira de Letras, julho de 2021.

Dados Internacionais de Catalogação
na Publicação (CIP)
Angélica Ilacqua CRB-8/7057

Além da projeção : uma década de cinema e psicanálise / organização de Ana Rita Nuti Pontes... [et al]. – São Paulo : Blucher, 2023.

432 p.

Bibliografia
ISBN 978-65-5506-608-1

1. Psicanálise e cinema I. Pontes, Ana Rita Nute

23-3518 CDD 150.195

Índice para catálogo sistemático:
1. Psicanálise – Interpretação

Conteúdo

1. Introdução: uma revolução caseira

Luiz Celso Toledo

Sigmund Freud não era um cinéfilo.

Revolucionário e pioneiro de tantas formas, tendia a ser conservador no que diz respeito às artes. Apreciava as esculturas e a pintura, mas não se interessava por música e, em relação à dramaturgia, geralmente preferia os clássicos. Cinema que é bom mesmo, nem pensar.

É verdade que as primeiras exibições cinematográficas às quais Freud teve acesso não se pareciam muito com o que estamos acostumados a chamar de filmes. Eram compilações de cenas esparsas projetadas em telas grandes. Demonstravam as possibilidades da nova tecnologia, mas não iam muito além disso. Apesar da precariedade, lotavam os auditórios, mas Freud não se deixava levar pelas paixões do grande público. Aliás, geralmente desconfiava delas.

Além do mais, no final do século XIX, ele não tinha tempo a perder. Andava às voltas com o lançamento dos *Estudos sobre a histeria* e imerso no trabalho que, cinco anos mais tarde, culminaria com *A interpretação dos sonhos*, uma de suas obras-primas. Havia muito trabalho a ser feito.

Ainda assim, esse desinteresse tem um quê de inusitado, já que seria no teatro – o irmão mais velho do cinema – que Freud encontraria a representação do drama inconsciente ao qual a psicanálise estaria eternamente associada, o complexo de Édipo. A relevância de Édipo na constituição da mente humana era o que se poderia chamar de pensamento à espera de um pensador, como diria outro analista fundamental.[1] O famoso complexo foi fruto de uma longa gestação, burilada na lida cotidiana com os pacientes e nos meandros de sua autoanálise. Freud encontrou representações de conflitos inconscientes fundamentais não apenas em Édipo, mas também em Hamlet, fazendo de ambos os personagens indispensáveis para pensar sobre a mente humana. A dramaturgia foi, portanto, um elemento central da cenografia psicanalítica desde o berço.

Porém, no que diz respeito especificamente ao cinema, levaria algum tempo até que as exibições rústicas e precárias dos primórdios evoluíssem e ganhassem enredos e personagens consistentes, ou seja, que os filmes adquirissem feições próximas das que conhecemos atualmente. Em seus primeiros anos, o cinema era uma tecnologia promissora, mas estava distante da densidade artística que Freud tanto admirava no teatro.

Os irmãos Lumière iniciaram o ano de 1895 exibindo *A saída dos operários da Fábrica Lumière*, exclusivamente para os integrantes da Societè d'Encouragement pour L'industrie Nationale. Foi um sucesso tão retumbante que decidiram agendar a primeira sessão voltada a um público pagante para o final daquele ano.

---

1 Nascido na Índia e formado em Londres, Wilfred Bion é reconhecido como um dos autores mais relevantes do movimento psicanalítico de todos os tempos.

Em 1904, Georges Méliès estreou *Viagem através do impossível*, uma das pedras fundamentais da ficção científica. A Fox Film Corporation – futura Twentieth Century Fox – foi fundada em 1912 e, dois anos depois, Cecil B. DeMille realizou seu primeiro filme.

O ano de 1914 foi especialmente memorável, não apenas pela estreia de DeMille, mas por marcar o início de um *affair* que assentaria as fundações para a construção do cinema de massas. Naquele ano, Charles Chaplin se viu diante de uma câmera pela primeira vez. Foi amor à primeira vista. Em menos de duas décadas, um período histórico ínfimo, o cinema viria a ser produzido e apresentado em boa parte da Europa, na América do Norte, na China, na Índia, na Austrália e no Brasil.

Ávidos por temas cativantes, os grandes estúdios não demoraram a se interessar pela psicanálise. Em 1925, Samuel Goldwyn, da Metro-Goldwyn-Mayer, decidiu convidar o próprio Freud para colaborar com a criação de roteiros sobre a vida e os amores de personagens históricos, começando por Cleópatra e Marco Antônio.

O entusiasmo de Goldwyn não durou muito. A quantia astronômica oferecida e o tapete vermelho não seduziram Freud. Pelo contrário, ofenderam-no. Ele havia trabalhado intensamente, enfrentando enormes resistências (a começar pelas suas próprias), iniciado uma ciência, e, então, tinham a audácia de vir convidá-lo a escrever folhetins românticos? Freud não se reuniria com Goldwyn e seus sócios nem para um chá com bolachas.

No entanto, na mesma época, dois analistas pioneiros – Hanns Sachs e Karl Abraham – concordaram em contribuir com Georg Pabst, um dos expoentes do expressionismo alemão, na criação do roteiro para um filme educativo sobre a psicanálise. Abraham e Sachs foram os primeiros membros do círculo próximo a Freud que se disponibilizaram a trabalhar com a indústria cinematográfica, desde que não fosse para produzir dramalhões lacrimosos. A parceria caminhou bem.

Segredos de uma alma, de 1926, se tornou um projeto interessante, apesar do título.

Aos poucos o cinema foi se provando suficientemente versátil para ser tanto uma fonte de entretenimento leve e descartável quanto um meio adequado à realização de obras de arte ambiciosas. Após os lançamentos de *O encouraçado Potemkin*, *Metrópolis* e *O grande ditador*,[2] já não fazia sentido duvidar do seu potencial questionador, propício para instigar debates sobre temas existenciais.

Então, como tudo que tem relevância na vida, ele chegou aos consultórios trazido pelos pacientes. Há uma passagem nos escritos de Melanie Klein[3] sobre a análise do pequeno Richard, de 10 anos, na qual ele perguntava, candidamente, se sua analista pretendia ver um filme no final de semana, após uma de suas sessões. Klein comentou que preferia ler um livro ou simplesmente caminhar, se o tempo permitisse.

Entretanto, isso não a impediu de rascunhar ideias para um ensaio sobre *Cidadão Kane*, o épico de Orson Welles. Em suas anotações, levantou hipóteses sobre a trajetória pessoal do protagonista e, particularmente, sobre o enigma que perpassa a trama: o mistério de "Rosebud". O texto nunca foi concluído e seu destino teria sido o fundo empoeirado de uma gaveta, não fosse a providencial intercessão do Melanie Klein Trust,[4] que o lançaria – mesmo incompleto – nos anos 1990. Os motivos que a levaram ao abandono desse trabalho permanecem enigmáticos, bem como seguem controversos os significados que "Rosebud" tinha para Welles e seu anti-herói trágico,

---

2 De Eisenstein, Fritz Lang e Chaplin, respectivamente.

3 A genial analista vienense que se tornaria uma referência para a psicanálise na Inglaterra e em boa parte do mundo em meados do século XX.

4 Instituição criada em 1955 para promover treinamento e pesquisa em teoria e técnica psicanalítica kleiniana e pós-kleiniana.

Charles Kane. Seja como for, a existência desse texto atesta que Klein reconheceu em *Kane* uma história digna de atenção.

Insistentes, os grandes estúdios seguiram buscando autores de peso para colaborar com seus roteiristas e diretores. Jean-Paul Sartre foi um deles, contratado em 1956 para redigir os originais de *Freud, além da alma*, que contaria ainda com a direção luxuosa de John Huston. A parceria, infelizmente, azedou e Sartre acabou deixando o projeto, mas o entrevero não impediu que o filme fosse realizado. Freud – quem diria! – estava fadado a se tornar o protagonista de um longa-metragem.

Enquanto isso, na mesma Paris, a meia hora de caminhada do Café de Flore, onde Sartre sentara-se diariamente para escrever, uma jovem apresentava-se para uma vaga de estágio. Havia deixado o Recife, a caminho da Europa, após conquistar uma bolsa de estudos.[5] Formara-se em Medicina e pretendia prosseguir pela ginecologia. A bolsa lhe permitiria estudar e trabalhar no Hospital Brocca por um ano, podendo ser renovada. Além da experiência profissional, a moça de 26 anos – chamada Lenise – viveria intensamente a cena cultural parisiense nos meses seguintes. Opções não faltariam.

Excluindo-se as guerras, não se sabe de algum período em que tenha sido ruim morar em Paris, mas, cá entre nós, os anos 1950 foram uma covardia. Édith Piaf e seu ex-chofer, mais conhecido como Charles Aznavour, continuavam gravando e se apresentando. Salvador Dalí estava prestes a brindar o mundo com a *Rosa meditativa* e Marc Chagall acabara de voltar dos EUA. Nos cinemas, os espectadores acompanhavam ansiosamente as primeiras contrações antes do parto da Nouvelle Vague, com Truffaut e Louis Malle debutando como diretores. Isso para não falar nos museus, nas galerias de arte

5 Lenise sempre se interessou pelo estudo de línguas, tendo sido aluna de Emmanuel e Paulette Dreyfus em Recife. Ambos escolhiam anualmente um aluno para receber uma bolsa para estudos em Paris.

e na efervescência do meio psicanalítico. Era um banquete, e Lenise sempre apreciou mesas fartas.

Ela permaneceria não por um, mas por dois anos no Brocca e no Lariboisiére. Porém, apesar de seu envolvimento com o trabalho no hospital, Lenise gradativamente se desinteressou da ginecologia, vivendo um impasse em relação ao futuro. Após o retorno ao Brasil, se dedicaria à psiquiatria, para em seguida iniciar uma formação psicanalítica na Sociedade Brasileira de Psicanálise de São Paulo (SBPSP).

As experiências artísticas daqueles dois anos na França deixariam impressões duradouras. Ainda nos anos 1970, ela se tornaria Lenise Lisboa Azoubel, pioneira da psicanálise em Ribeirão Preto, uma de suas vozes mais influentes e apaixonadas. Sem ela, o livro que você tem em mãos não existiria.

Mas não nos adiantemos.

Antes dos anos 1960, outro analista, que morava no lado oposto do Canal da Mancha, também decidiu se aventurar por terras estrangeiras. Wilfred Bion deixou Londres e seguiu para Los Angeles num período em que a comunidade cinematográfica se encontrava em pé de guerra com os analistas locais, especialmente com Ralph Greenson, após a morte de uma de suas pacientes mais famosas. A perda trágica e precoce de Marilyn Monroe, ocorrida alguns anos antes da chegada de Bion, havia chocado o mundo, especialmente a classe artística.

Bion, evidentemente, não tinha nada a ver com isso. Visitara a cidade a trabalho anteriormente e fora convidado a permanecer, com a promessa de que alguns colegas californianos se tornariam seus analisandos, o que lhe permitiria estabelecer-se com a esposa nos EUA em bases razoavelmente estáveis. O convite foi bem recebido e, surpreendentemente, aceito.

Entretanto, alguns daqueles que haviam se comprometido a viabilizar a vinda do casal declinaram pouco após seu desembarque na América. Bion e a esposa viram-se, então, em uma cidade na qual nunca haviam morado, contando apenas com uma clientela incerta. Para piorar a situação, que já não era das melhores, um oficial da imigração bateu à porta para pedir explicações. Alguém o denunciara por não ter permissão legal para trabalhar no país. A questão foi resolvida sem maiores percalços, mas não foi um início especialmente promissor.

A notícia de que aquele analista vindo de Londres havia sido mal recebido pelos colegas californianos se espalhou, despertando a atenção do meio artístico. Coincidência ou não, Bion seria procurado para análise em seguida por vários atores e diretores, dentre eles Jane Fonda, Clint Eastwood e Steven Spielberg. Eastwood tornaria pública a sua gratidão pela análise com Bion posteriormente.

A partir da década de 1970, a psicanálise ganharia cadeira cativa na obra de vários diretores. Ela seria o pano de fundo onipresente nos roteiros de Woody Allen e Mel Brooks e, anos mais tarde, brilharia na ribalta em *A máfia no divã*. A vida amorosa de Jung e Sabina Spielrein renderia assunto para mais de um longa-metragem, como *Jornada da alma*, de Roberto Faenza, e *Um método perigoso,* de David Cronenberg, esse último apresentando Freud como uma espécie de voz da prudência diante da paixão irrefreável e explosiva do casal. De forma surpreendente, Jean-Pierre Gattégno transformaria o divã em um leito de morte, inaugurando um novo gênero – o *thriller* de suspense psicanalítico – em *Transferência mortal*, dirigido por Jean-Jacques Beineix. Isso para ficar só nos exemplos mais populares; a lista completa é enorme.

Evidentemente, nem tudo foram flores. Se considerarmos as séries de TV como parte fundamental da produção audiovisual contemporânea, será preciso mencionar, por exemplo, *Freud*, de

Marvin Kren, a prova mais recente de que esse jardim também tem tiriricas... Talvez seja um mal inevitável.

No final do século XX, a psicanálise já não podia ser considerada propriedade exclusiva dos analistas nem dos analisandos; tornara-se um marco da cultura ocidental, relevante para todos que, de algum modo, lidam com a mente e as emoções humanas, sejam escritores, psicólogos, médicos, filósofos, professores ou cineastas. Despertando amores ou ódios, a menina dos olhos de Freud havia sido alçada à condição de patrimônio da humanidade. Com toda essa profusão de produções a seu respeito, seria, evidentemente, impossível manter a qualidade da dupla Sartre-Huston. A notoriedade cobra um preço.

No que diz respeito especificamente à *La La Land*, após o desembarque de Bion na cidade, a indústria cinematográfica estadunidense, que havia sonhado com a psicanálise desde o seu início, finalmente teria ao seu alcance o que ela tinha a oferecer de melhor.

O nascimento de uma ideia

Cartazes de encontros do Projeto Cinema e Psicanálise (C&P).
Fonte: acervo da SBPRP.

Já passava das oito da noite quando as pessoas começaram a chegar. Era um grupo pequeno e a maioria se conhecia de longa data. O auditório do Hospital das Clínicas da Universidade de São Paulo (USP) abrigaria a todos confortavelmente. Apesar de estar visivelmente precisando de reformas, era um local amplo, tinha um som potente e uma tela enorme, que ficava logo atrás da mesa reservada aos palestrantes. O Cinema e Psicanálise – C&P, para os íntimos – estrearia oficialmente.

A inspiração para sua criação havia surgido a partir de um comentário de Elias Mallet, analista de São Paulo. Elias retornara de seu período de formação na Inglaterra, a capital da psicanálise na época. Fora visitado, então, por colegas interessados em ouvi-lo a respeito das novidades e de suas recomendações para leituras científicas. Para surpresa geral, ele insistia em sugerir aos que o procuravam que fossem ao teatro, se dedicassem à literatura, principalmente à poesia, e frequentassem o cinema. Em outras palavras, retornara receitando arte aos amigos, em doses fartas e repetidas.

Alguns ouviram com atenção e o levaram profundamente a sério. Lenise Azoubel foi uma delas.

Após encontrar-se com Elias, ela reuniu um pequeno grupo e inaugurou o Espaço Cultural do Grupo de Estudos de Psicanálise de Ribeirão Preto,[6] uma comissão que teria a função de organizar debates literários, musicais, filosóficos e cinematográficos. A ideia era fazer a psicanálise dialogar com a cultura, expandindo as possibilidades do pensamento psicanalítico para além da clínica. Uma equipe foi

---

6 Antes de ser reconhecidos internacionalmente como Sociedades de Psicanálise pela International Psychoanalytical Association (IPA), os núcleos psicanalíticos passam por etapas rigorosas de avaliação. Naquela época, a Sociedade Brasileira de Psicanálise de Ribeirão Preto (SBPRP) estava vivendo esse processo, em uma etapa na qual a sua denominação oficial era Grupo de Estudos.

convidada para se dedicar às artes de forma geral, e outra para criar eventos especialmente dedicados ao cinema.

Então, você poderia perguntar, por que essa atenção especial em relação ao cinema? Bem, talvez porque os casos mais graves mereçam maiores cuidados.

Durante anos os ribeirão-pretanos informaram-se sobre a agenda de filmes em exibição ligando para um telefone da prefeitura. Uma voz gravada atendia e recitava os títulos dos poucos longas em cartaz num tom grandiloquente, escandindo cada sílaba: "Programação de cinemas: no Cine Bristol: *O sexto sentido*, quatorze, dezesseis e dezoito horas; no Cine Plaza: *Toy Story*..." e assim por diante, enfileirando não mais do que meia dúzia de enlatados americanos, que encalhavam por semanas infindáveis nas poucas salas de exibição disponíveis. A voz bem empostada não disfarçava a desalentadora falta de opções. A escassez era tamanha que, em pouco mais de um minuto, a gravação terminava.

E era isso mesmo: uma pobreza franciscana, salvo raras exceções.[7]

O surgimento das locadoras de vídeos foi uma lufada de ar fresco muito bem-vinda,[8] mas as grandes salas de exibição continuaram celebrando preguiçosamente a mesmice. Aquela situação não tinha o menor cabimento, algo precisava ser feito. E foi.

Lenise convidou Vera Pagliuchi para coordenar a comissão responsável pelo C&P. Vera aliava erudição cultural a uma grande capacidade de trabalho. Como Lenise, havia feito sua formação psicanalítica em São Paulo e também se ausentara do país durante

---

7 Entre elas, cabe saudar o Cine Belas Artes, o Cine Cairo, o Centenário e o Cineclube Cauim. Cada qual em seu tempo, foram todos centros de exibição de filmes clássicos ou longas de arte que, por terem um público mais específico, não encontravam espaço nas salas de exibição comerciais.

8 Convém lembrar aos leitores mais jovens que ainda não havia serviços de streaming e a internet não era nem uma sombra da potência que conhecemos atualmente.

alguns anos. Mas, em seu caso, a temporada como expatriada havia sido uma necessidade.

Vera participara do movimento estudantil no final dos anos 1960, quando era estudante universitária. Sua militância foi notada e ela foi avisada de que correria riscos pessoais caso não emigrasse. A solução, após ouvir as advertências de amigos e professores, foi se afastar por uns tempos, recorrendo a uma bolsa de estudos. Para alívio geral, a bolsa foi concedida e Vera seguiu viagem a caminho de Louvain, na Bélgica. Ao longo dos anos seguintes, permaneceria na Europa se dedicando à psicanálise e à antropologia, além de visitar Bruxelas, onde participaria de um grupo de estudos sobre cinema. Após o relaxamento da ditadura, retornaria sã e salva do exílio.

De volta, Vera aceitou o convite feito por Lenise e estruturou um grupo de trabalho que contava com Silvana Vassimon e Ana Rita Nuti Pontes, ambas psicanalistas; Manoel Antônio dos Santos, professor do Departamento de Psicologia da USP, e Luciana Torrano, que na época era uma jovem psicóloga recém-chegada de São Paulo. Essa pequena equipe inaugurou o C&P.

Coincidência ou não, todos no grupo tinham uma ligação visceral com alguma forma de expressão artística. Silvana era apaixonada por dança, além de música e pintura. Manoel era poeta e viria a ser premiado na década seguinte. Luciana havia atuado como atriz em curtas-metragens e também se dedicara à dança. Ana Rita passara boa parte da infância nas poltronas de um cinema vizinho da casa de seus pais em Bastos. Por ter sido uma colônia japonesa, a maior parte dos filmes exibidos em Bastos eram orientais. Detalhe inusitado: quase todos sem legendas. Assim, Ana adquiriu uma bagagem cinematográfica *sui generis*, muito diferente dos padrões habituais do cinemão americano.

Trocando em miúdos, era uma comissão que tinha horas de palco, tintas nos dedos e conhecimento de dramaturgia suficientes para tratar o mundo artístico com intimidade e paixão.

A intenção era oferecer um ambiente aconchegante e democrático para se debruçar sobre as questões humanas. O formato definido para as apresentações do C&P era simples e se manteria ao longo do tempo: após a exibição de um filme haveria um comentário, desenvolvido por um psicanalista,[9] e a plateia seria convidada a participar com seus pensamentos, inquietações e sonhos. Tratava-se de uma oportunidade rara para conversar de forma coletiva sobre a vida em suas múltiplas facetas, no que ela tem de belo, terrível, inquietante e surpreendente.

A primeira lista de filmes anunciada pela equipe do C&P deu o tom do que viria pela frente. Entre os nove cineastas relacionados para o ano havia apenas um aceno solitário ao cinema comercial americano – *A rosa púrpura do Cairo*, de Woody Allen – e olhe lá! De resto, todos os longas seriam estritamente artísticos, sendo Bergman, Herzog e o próprio Allen os diretores mais conhecidos da primeira temporada. Imagine você o restante da lista. Um dos diretores – Mohsen Makhmalbaf – tinha um nome tão impronunciável que por pouco não convidaram um fonoaudiólogo para socorrer a mesa debatedora.

Com o tempo, outras comissões do C&P agendariam exibições comentadas de *blockbusters*, filmes infantis e animações, considerando-os obras que também proporcionariam conversas interessantes. Mas, naquele primeiro momento, isso seria impensável. O C&P estava sendo gestado como um contraponto ao *zeitgeist* local e era importante deixar isso claro. Sua programação inaugural tinha a contundência de uma convocação, um manifesto em defesa da psicanálise e da sétima arte como dispositivos de transformação.

---

9 Cabe mencionar que nem todos os analistas redigiam comentários completos para os encontros. Alguns colegas preferiam escrever notas sucintas a serem desenvolvidas e ampliadas ao vivo, no momento da apresentação, como costumam fazer os músicos de jazz, que tocam inicialmente um tema musical breve e depois se dedicam a improvisar livremente sobre ele.

Desde a primeira noite, a comissão organizadora se desdobrou para criar um clima de sala de exibições no auditório da Unidade de Emergências da USP, um local inusitado para acolher um projeto artístico/cultural.

Hoje, pensando melhor, talvez fizesse sentido estrear a poucos metros da porta de entrada de um pronto-socorro. A primavera cinematográfica que a comissão do C&P propunha era mesmo uma urgência.

O auditório escolhido tinha, ainda, uma peculiaridade arquitetônica valiosa. Apesar de estar anexado à unidade hospitalar, parecia um cômodo à parte, já que sua porta de entrada dava diretamente para a calçada. Assim, quem passasse casualmente pela rua se sentiria à vontade para entrar, sem ter de se cadastrar na recepção ou atravessar portões. Bastava estar flanando ali por perto para perceber o burburinho e se aproximar.

Os participantes também sabiam que provavelmente encontrariam o próprio analista nas noites do C&P. Ele estaria no palco comentando um filme ou sentado na plateia, acompanhando a apresentação de um colega. Ou, ainda, defendendo os seus favoritos ao Oscar num debate acalorado no hall de entrada.

A estreia transcorreu bem, com a exibição de *Esse obscuro objeto do desejo*, de Buñuel, apresentado pela própria Vera, entusiasmando o público, que seguiu conversando até altas horas na calçada após o fim da sessão, já que ninguém parecia ter pressa para voltar para casa. Foi, sem dúvida, um início promissor, mas o que aconteceria a seguir seria surpreendente até para os mais otimistas.

Quem imaginaria que o C&P seria capaz de lotar as maiores salas de cinema da cidade? Que inspiraria iniciativas semelhantes, inclusive fora do estado? Ou que se tornaria tema de debate em um congresso internacional?

Se algum desavisado sugerisse algo do tipo naquela primeira noite, provavelmente seria aconselhado a agendar algumas sessões para conversar sobre fantasias megalomaníacas. E, no entanto, foi o que aconteceu. Nos anos seguintes, o projeto tornou-se um ponto de encontro disputado. À comunidade psicanalítica, que o frequentava em peso, se juntaram os profissionais liberais, os professores, os estudantes, as donas de casa, os artistas, os empresários e os bisbilhoteiros, que se aproximavam curiosos com a aglomeração na calçada e acabavam ficando.

Cinco anos após a estreia em *petit comité*, o C&P receberia novecentos espectadores no Cineclube Cauim. Novecentos e alguns avulsos, para ser mais exato, que só não ficaram de fora porque os organizadores cederam aos apelos dramáticos dos que pediram para se sentar no chão. Afinal, todos entraram e ninguém reclamou por ter de se acocorar no carpete para assistir a *Dogville*, de Lars von Trier, magistralmente comentado por Suad Haddad.

O C&P encontrou um público entusiasmado, a cidade abraçou calorosamente o projeto.

Lenise deixou o Espaço Cultural em 2002 e Vera prosseguiu como coordenadora, realizando um trabalho que estabeleceria o padrão de excelência que se mantém. Seria sucedida por Ana Rita e, posteriormente, por Silvana, que remodelariam o C&P e o expandiriam. Manoel consolidou uma parceria duradoura entre os psicanalistas e a universidade. Luciana se tornou analista, voltando a trabalhar com o grupo em diversas ocasiões. Seu comentário mais recente, sobre o filme indiano *O tigre branco*, de Ramin Bahrani, data de agosto de 2021.

Ao longo do tempo, o Cinema e Psicanálise conheceria outras sedes e cidades. Celebraria noites de casa cheia e amargaria períodos de público escasso. Veria passarem pelo palco e pela plateia diretores de cinema, professores, atores, filósofos, analistas de outras regiões do país e colegas estrangeiros, além de toda a comunidade psicanalítica local. Recentemente, migrou para o online, mantendo-se ativo e relevante durante a pandemia do coronavírus.

Após mais de duas décadas de trajetória ininterrupta, o C&P constituiu-se como um marco fundamental da aventura psicanalítica local. Uma história que merece ser contada.

O livro que você tem em mãos é um registro histórico do início dessa revolução caseira, tanto por ser uma coletânea dos comentários da primeira década de sua existência quanto por registrar alguns causos sobre pessoas e situações inusitadas ou memoráveis relacionadas ao C&P.

Trata-se, sobretudo, de uma homenagem amorosa aos colegas que se dedicaram (e seguem se dedicando) incansavelmente não apenas ao projeto, mas à tarefa prazerosa e árdua de levar o pensamento psicanalítico a um público amplo, principalmente às pessoas que, de outro modo, não teriam acesso a ele.

É, também, um agradecimento carinhoso ao público que esteve conosco desde o início.

A equipe organizadora desta coletânea[10] decidiu celebrar o projeto mantendo-se leal ao seu propósito original, apresentar a *talking cure*[11] em diálogo com a arte cinematográfica, propiciando que

---

10 Nem todos os comentários escritos ao longo dos primeiros anos do C&P constam neste volume. Alguns textos, por exemplo, foram redigidos de forma taquigráfica, apenas como notas de referência para que o comentador pudesse iniciar a conversa ao vivo com a plateia. Vários deles proporcionaram debates memoráveis que, infelizmente, não foram gravados. Os organizadores optaram por manter os textos o mais próximo possível de seu formato original, por se tratar de documentos históricos.

11 Forma carinhosa usada por uma das primeiras analisandas da história para se referir ao que hoje chamamos de trabalho psicanalítico.

ambos – cinema e psicanálise – conversem efetiva e afetivamente com você, seja você quem for, venha de onde vier.

Então, sinta-se muito bem-vinda ou bem-vindo. Sente-se no sofá, pegue algo gelado para beber (porque Ribeirão Preto é quente à beça) e não se esqueça da pipoca.

Boa leitura.

Referências

Freud, S. (2019). A interpretação dos sonhos. In S. Freud, *Obras completas* (Vol. 4). Companhia das Letras.

Kemp, P. (2011). *Tudo sobre cinema*. Sextante.

Lévy, F. (2021). *A psicanálise com Wilfred R. Bion*. Blucher.

Machado Júnior, P. P. (2014). *Psicanálise, cinema e fantasia: a análise de filmes pela perspectiva de Melanie Klein e autores pós-kleinianos* [Dissertação de mestrado não publicada]. Instituto de Psicologia da Universidade de São Paulo.

Machado Júnior, P. P., & Mandelbaum, B. P. H. (2020). O curioso caso de Freud e Goldwyn. *Ide*, *42*(70).

Masson, J. M. (Ed.). (1986). *A correspondência completa de Sigmund Freud para Wilhelm Fliess – 1887-1904*. Imago.

Reiner, A. (2021). O místico: intuição, verdade e beleza. *Revista Brasileira de Psicanálise*, *55*(2).

Sartre, J. P. (2005). *Freud, além da alma: roteiro para um filme*. Nova Fronteira.

Comentários realizados em 1999

2. Dançando pela vida[1]

Vera Lúcia Palma Pagliuchi

Depois de *A festa de Babette* (1988) e *Pelle, o Conquistador* (1989), vencedores do Oscar de Melhor Filme Estrangeiro, nosso filme de hoje, *Dançando pela vida*, foi o filme mais premiado na história da Dinamarca. Ganhou prêmios de melhor filme, melhor ator, melhor atriz, melhor ator coadjuvante e melhor atriz coadjuvante em 1990. Foi escrito e dirigido por Kaspar Rostrup, cineasta bastante conhecido na Dinamarca. Não nos alongaremos com dados sobre o diretor, vamos aproveitar o tempo de outra forma.

Creio que um fator que influiu na escolha deste filme, além do fato de apreciá-lo imensamente, foi termos pensado que seria interessante conversar com vocês sobre ele por tratar-se de uma história de amor bonita, comovente e muito verdadeira, a história de um casamento pleno, que deu certo. E também por ele retratar o famoso amor possível para nós, seres humanos.

Existe o casamento oficial ou formal, aquele que é realizado com papéis e formalidades cerimoniais e une a vida civil de duas pessoas.

---

1 *Dansen med Regitze* (1989), direção: Kaspar Rostrup.

E temos também o casamento mental, aquele que une duas pessoas e dois psiquismos, juntamente com suas vidas. São dois processos diferentes e um é totalmente independente do outro. É certo que um pode levar ao outro, isto é: duas pessoas casadas no cartório podem buscar um casamento mental, ou, então, duas pessoas casadas de fato, mentalmente, podem passar a desejar uma formalização desse casamento. Mas continuam sendo dois processos diferentes e um não é de forma alguma garantia do outro.

Considero de grande importância o assunto porque poucas vezes vejo jovens, e mesmos adultos, discriminando os dois processos e enfrentando o casamento com realismo. Com muita frequência, escuto no consultório o relato de casamentos formais que, mesmo consumados fisicamente – com até, por algum tempo, satisfatórias relações sexuais, enquanto dura a paixão –, nunca chegaram ao nível mental. Não são poucas as vezes que escuto pacientes dizerem que querem separar-se, porque seu casamento acabou ou não deu certo. Para instigá-los a pensar, e a lidar com sua realidade psíquica, tarefas fundamentais da psicanálise, digo: "Que eu saiba, a gente só pode separar aquilo que está unido. Como você quer separar-se de seu marido (ou sua esposa) se nunca casou-se com ele/a?", ou então: "Nunca lhe ocorreu pensar que talvez o que esteja lhe faltando seja casar-se?".

Muitas vezes, terminado o tempo da paixão, que sempre acaba, não aconteceu ainda o aparecimento do amor real, a única coisa que pode sustentar um casamento. Conheço inúmeros casos de pessoas que se casam com um ser idealizado, fabricado pela sua imaginação, sem nada a ver com o ser real ao qual se uniu. Quando, juntamente com a paixão, acaba a cegueira e o ser real começa a ser discriminado, a fantasia que sustentou aquela relação desmorona, o casal imaginário se desfaz, mas o que é percebido e dito é que o casamento acabou. De fato, nunca existiu. Sobretudo se existem filhos, é hora de ajudarmos aquela pessoa que está de luto pela perda imaginária a verificar se quer realmente casar-se, se tem condições de fazê-lo com seu companheiro real.

No nosso filme, o casamento formal foi apresentado como uma imposição da mãe de Regitze, mas, se observarmos mais atentamente, parece ter sido consequência do já sólido casamento mental de Regitze com Karl-Aage.

Muito identificada com a mãe, e exatamente por isso precisando enfrentá-la para separar-se dela e ter uma vida própria, como fazem nossos adolescentes, Regitze pede ajuda ao marido, incentivando-o a não ceder aos desejos da mãe, para que dessa forma ele possa ajudá-la na sua tarefa de buscar autonomia. Karl-Aage prontamente acolhe o pedido da jovem esposa e ajuda-a a resistir às tentativas de controle possessivo da sogra. De fato, os dois acabam casando-se formalmente só depois da vinda do filho, novidade que pede uma reformulação nas decisões e pode gerar, assim, o desejo de um casamento civil. Por ocasião do batizado, Regitze, após a revolta com a atitude autoritária da mãe, percebe que já estava mais inteira, podendo ser mais tolerante com a necessidade desta. Karl-Aage, mesmo com muita raiva, percebe a mudança da esposa e acaba por acompanhá-la.

Aliás, acho que o filme, de certa forma, é muito injusto com Karl-Aage. Desde o início, ele é apresentado caminhando no meio da multidão aparentemente sem ver ninguém, com uma expressão de quem está perdido, e a trilha sonora atordoante vai reforçando a impressão de que ele está no ar, sem chão. Isso soma-se aos comentários do filho: "O que seria de você sem ela", e dos amigos: "Você é um homem de muita sorte [por tê-la]" ou "Todo mundo conhece Regitze, ela tem uma facilidade incrível de fazer amigos, ela é extraordinária, fala a verdade, nos deixa à vontade" etc. Assim vão construindo a impressão de que ela é a figura mais forte do casal e de que o marido é uma figura secundária, um "boizinho de presépio" que concorda com tudo, sem nenhuma expressão.

Ora, nada mais falso do que isso. É certo que ele está muito fragilizado e perdido, por saber que vai perder um ser com quem está profundamente unido, e a quem ama enormemente, mas está longe de ser uma figura secundária na relação. No bar, quando conhece Regitze, ela tem uma luz própria, enquanto ele é deixado na sombra. Mas, apesar de toda a sua timidez, de mal saber dançar, ele sabe o que quer, não se interessa pelas outras moças; ao vê-la é decidido, atravessa determinado o salão, coloca carinhosa e ousadamente a mão no seu pescoço e convida-a gentilmente para dançar. Para sempre.

Um par é composto por duas pessoas. Nunca uma só pode ser responsável pelo que acontece com os dois. Ambos participam e colaboram no sucesso ou no fracasso da relação. Sempre. No nosso caso, ninguém duvida que ela seja um furacão de vida e simpatia. Mas ele é o lago tranquilo que lhe dá estabilidade e a completa, como também é completado por ela. Ela é a impulsividade que lhe falta, mas ele é quem digere essa impulsividade, impedindo que ela "perca o pedal". Ele não teria chegado aonde chegou sem a praticidade e o amor dela pela vida, mas ela nunca poderia ter desabrochado sem o equilíbrio que o apoio tranquilo e firme dele lhe dava.

São inúmeras as situações em que podemos observar isso. Quando se casam, ela gasta uma fortuna com flores, ele fica furioso, a repreende, pontua a loucura que fez, mas não entra num jogo sadomasoquista de tentar humilhá-la por isso, usufruindo da culpa e do sofrimento dela. Tampouco usa essa ocasião para afirmar sua superioridade, mostrando-se como o sábio e sensato e a ela como a doidivanas. "Já que está feita a loucura e que eu mostrei minha desaprovação, vamos usufruir do que podemos dela, fazendo amor no chão, com flores caindo sobre nós..." Isto é o maravilhoso na relação dos dois: não existe perversão nem competição entre eles.

Em nenhum momento Karl-Aage sente-se diminuído pela exuberância da esposa, ele a admira mesmo nos momentos mais difíceis, respeitando sua individualidade e sua autonomia e colocando-se num papel complementar, no qual, por ser diferente, tenta ajudá-la nos aspectos em que é mais capaz sem nunca a anular. De forma alguma Karl-Aage sente inveja das qualidades de Regitze, mostrando assim sua maturidade, seu equilíbrio e sua saúde mental.

Quem tem 25 anos de poltrona como eu sabe a raridade da joia que ela teve a felicidade de encontrar na vida. E Regitze sabe disso também. Em nenhum momento ela ataca o papel complementar de seu companheiro. Com sua impulsividade, em algumas ocasiões ataca algumas características dele que a frustram, por exemplo, no *réveillon* em que "pisa na bola", frustrada pela falta de vivacidade do companheiro, mas logo percebe seu erro, arrepende-se e desculpa-se mortificada, apresentando-lhe o filho rindo feliz, como que lembrando-lhe de tudo de bom e alegre que construíram juntos e que não podem pôr a perder. Mostra, assim, que abandonou uma visão parcial (e esquizoparanoide) de Karl-Aage, por ter sido capaz de, num segundo tempo, valorizá-lo como um todo positivo (posição depressiva de Melanie Klein).

É muito bonita a passagem em que o filho apanha do professor. Ele espontaneamente escolheu um caminho possível e válido, que consistia em ensinar ao filho que existem injustiças no mundo e essa provavelmente não seria a única que encontraria pela frente, mas isso não era uma tragédia: muitas vezes podemos perfeitamente conviver com elas, sem precisar destruir nossa vida por isso. Ela escolheu outra direção possível, ou seja, ensiná-lo a lutar contra as injustiças, para tentar evitar que sejam cometidas contra outras pessoas. Mas quando ele vê o filho acovardado, dizendo que a mãe estava errada, por medo das consequências da atitude dela, ele resolutamente muda seu enfoque da situação e corre a dar apoio a Regitze.

E que linda atitude teve para com os mendigos e a esposa na noite de Natal! Um homem precisa ser muito forte, muito generoso e sem resquício nenhum de narcisismo e de necessidade de sentir-se superior para poder reconsiderar suas decisões com a tranquilidade e o bom humor com que o fez. E precisa amar de verdade sua esposa para relevar os aspectos dela que lhe desagradavam e o faziam sofrer. Ele não era alguém que, por insegurança, necessitasse estar acima dela: colocava-se sempre ao seu lado.

Conheço muitas pessoas que assinaram os papéis de casamento e viveram na mesma casa por muito tempo partilhando seu cotidiano, seus bens, seus corpos, até mesmo alguns sonhos, como ter uma casa, um carro, um certo status social, filhos bem-criados, e por isso lutaram juntas durante vários anos, acreditando estar muito bem casadas, até que um belo dia, para a grande surpresa de uma delas, a outra parte procura um novo parceiro. Como nunca estiveram casadas mentalmente, quando os objetivos em comum são alcançados, a vida conjunta vai se esvaziando.

Outro tipo comum de não casamento é aquele que chamo de "amontoamento", porque implica uma perda de autonomia e uma infantilização do lado de um ou dos dois parceiros. Trata-se de uniões fusionais, nas quais um dos parceiros torna-se totalmente dependente do outro, sem ter uma vida própria, permanece num estado de mente infantil, ainda ligado à mãe, tendo simplesmente substituído a dependência desta pela do parceiro. Infelizmente, esse tipo de união, como todas aquelas de pares complementares, costuma ser na maioria dos casos bastante longa. Quando alguém adora ser seio – aquele que nutre e alimenta –, sente-se feliz ao encontrar uma boca que o sugue. Assim também é entre um sádico e um masoquista, um exibicionista e um voyeurista, e assim por diante.

Se o casamento leva anos para acontecer, do mesmo modo ocorre com as separações. Na maior parte das vezes, um parceiro insatisfeito fica por muito tempo trabalhando internamente a sua insatisfação, e só vem a apresentá-la ao seu companheiro quando a sua separação mental já está concluída, quando já tomou sua decisão. O que não realizou o trabalho da separação mental sofre muito e sente-se traído, precisando de muito tempo para realizar que a ligação acabou. De fato, foi traído, não só pelo parceiro que não comunicou sua insatisfação a tempo, dando-lhe uma chance de reformular sua maneira de ser, como também por sua própria percepção, que, estando anulada, não deu o sinal de alarme. E esta é a mais doída e difícil de elaborar.

3. Caráter[1]

Silvana Maria Bonini Vassimon

O diretor Mike van Diem nasceu em 1959. Estudou literatura e línguas. Começou a desenvolver seu talento como diretor estudando teatro e montando peças clássicas. Admirador de filmes desde a adolescência, interrompeu seus estudos universitários para trabalhar como crítico de cinema. Graduou-se na Academia de Filme e Televisão Holandesa após dirigir um *thriller* psicológico de 45 minutos – *Alaska* –, o primeiro curta-metragem realizado por um estudante a ganhar o Golden Calf, o Oscar holandês. Em virtude de sua técnica cinematográfica e sua sofisticada narrativa visual, *Alaska* foi internacionalmente aclamado, sendo premiado nos Estados Unidos no Student Academy Award e no Sundance Film Festival, em 1991. Em 1990, foi premiado na França.

Posteriormente, o diretor escreveu um roteiro em inglês e de 1993 a 1994 dirigiu uma série para a televisão holandesa (*Pleidooi*), que lhe deu uma sólida reputação como exímio diretor de atores e pavimentou o caminho para a sua estreia em longa-metragem, o

1 *Karakter* (1997), direção: Mike van Diem.

que aconteceu com *Caráter*. Trata-se da adaptação para o cinema de uma obra clássica da literatura holandesa, escrita por Ferdinando Bordewijk, em 1938.

O filme se passa na Rotterdam dos anos 1920, embora tenha sido rodado em diferentes países: Holanda, Bélgica, Polônia e Alemanha. O mote principal a partir do qual se desenvolve a narrativa do filme são os conflitos da adolescência: há três personagens em conflito permanente entre si e consigo mesmos, guiados pelo rancor e jogados na solidão.

O filme se articula em planos de breves segundos, nos quais pessoas ou veículos se movimentam em ambientes sombrios, escuros, encharcados pela chuva e pelo silêncio. Os espaços pesam. Van Diem, neste filme, cria uma atmosfera que nos lembra algumas pinturas de Rembrandt ou de van Dyck. Os personagens são extremamente contidos, levando-nos a perceber o "caráter" do protestantismo integralista holandês presente também em algumas pinturas flamengas que retratam homens e mulheres completamente vestidos de preto (período de 1500-1600).

As portas abrem-se e fecham-se numa sequência que parece indicar a busca desesperada de algo, ou alguém. O pai? A mãe? O afeto? As palavras? Uma identidade? Tomando como cenário a estética do cinema expressionista alemão, van Diem vai transmitir a violência latente de seu argumento por meio do próprio relato cinematográfico, no qual aborda a dinâmica de relações estranguladas pelo orgulho, pela mágoa e pela vingança.

Ao contar a própria história, o narrador, o jovem Jacob Katadreuffe, é impelido a pensar sobre sua relação com o pai, o que inclui repensar também a relação com sua mãe. O ódio aparente, e real, constitui a essência da ligação dos personagens. Mas o ódio não é o oposto do amor, senão a outra face da moeda. A indiferença, sim, esta aparece onde não há amor. O vínculo entre pai e filho, filho e mãe e mesmo mãe e pai não é de indiferença. Mantém-se às custas da exploração, da competição orgulhosa e da vingança, mas é uma ligação necessária a todos.

Pai e filho contrapõem aspectos apenas aparentemente diferentes. Na verdade, trata-se de aspectos idênticos de um mesmo caráter. Dreverhaven, o pai, surge como o estereótipo da figura grandiosa, misteriosa e ameaçadora, parábola impressionante do superego nos seus aspectos de severidade, que povoa o imaginário infantil com uma presença-ausência que fascina e aterroriza. Seu filho, Jacob, em parte quer escapar de suas garras, da sua perseguição, mas ao mesmo tempo identifica-se com o pai no sentido de tornar-se poderoso e de alguma forma respeitado. Como na *Odisseia* – em que Ulisses, quanto mais queria aproximar-se de Ítaca, mais se afastava de sua terra natal –, quanto mais Jacob queria desenvolver-se e separar-se do pai, mais se ligava a ele, ainda que de modo confuso e "inconsciente". Jacob deseja o nome numa placa brilhante, ainda que, como o pai, às custas do banimento dos afetos e emoções.

Sentimentos são escorraçados. Dreverhaven transforma o encontro com uma mulher, sua empregada, numa relação sexual fortuita. Joba, a empregada, por sua vez, também impede que essa relação se torne um vínculo significativo ao negar indefinidamente os pedidos de casamento e a ajuda financeira de Dreverhaven. Dessa maneira ela o impede, cruelmente, de reparação.

Jacob escapa de qualquer possibilidade de amor. Nega-se qualquer chance de dar ou receber afeto. Pai e filho partilham a obsessão comum do triunfo pessoal e da vingança, tomados mesmo como uma razão de viver. No entanto, a perseguição e a crueldade que Dreverhaven impõe a seu filho revelam também a sua forma peculiar de moldar seu caráter, ao mesmo tempo que é também a sua oculta manifestação de afeto.

Lorna Te George e o advogado De Gankelaar vêm trazer modulação e vida a este triângulo petrificado e mantido coeso pelo desprazer. Lorna indica de forma primorosa a vigência dos objetos internos: possuidora de um objeto interno acolhedor, de um mundo interno cheio de bons sentimentos, é ela que abre portas. Escancara para Jacob um mundo livre, colorido e amplo: o mundo dos afetos, um jardim particular no topo do prédio, ou a sua própria mente. Lugar este que Jacob jamais pudera descobrir, uma porta que jamais ousara abrir.

O mutismo da mãe, Joba, é compreendido por Lorna enquanto qualidade positiva, sugerindo a Jacob, como faz o analista, um outro ângulo de apreensão e compreensão da realidade interna e externa. Lorna parece saber que, quando há satisfação interna, o silêncio pode ser até prazeroso.

Tendo sobrevivido no e ao silêncio da mãe, Jacob não encontra subsídios psíquicos para semear a curiosidade que lhe permita ousar abrir novas portas. Isso do ponto de vista sexual e afetivo, pois no aspecto intelectual era extremamente curioso. A enciclopédia que utiliza só vai até a letra T, mas o conhecimento nunca é mesmo completo. A motivação única de Jacob, incrementada na juventude, é atingir o lugar do pai. Ser o pai. Maior que este, triunfar sobre ele. Não tem sido esse, afinal, o desejo cuidadosamente escondido pelos adolescentes, e que van Diem expressa de forma magistral no confronto final entre pai e filho? O que Jacob consegue, de fato, é tornar-se igual ao pai: ficar rico e só. Assim, fecha as portas que Lorna lhe abre, principalmente a do coração. No entanto, consegue um êxito profissional importante graças a sua "garra" e sua tenacidade.

Lorna e De Gankelaar representam aspectos bons de um pai e de uma mãe. Vêm trazer um sopro de suavidade, afeto e cor, como que introduzindo um pouco de "redondo" em mundos tão "quadrados". De Gankelaar é o pai receptivo, aquele que acolhe e estimula parecendo querer dizer que retidão e firmeza de caráter também podem ser obtidos pela via do interesse genuíno e da sincera aceitação do outro. Representa o pai que permite e incentiva o filho a entrar no mundo adulto. Emocionalmente distantes do triângulo Dreverhaven-Jacob-Joba, Lorna e De Gankelaar instituem a linguagem do humano, aquilo que diferencia o homem: a palavra (que pode ser falada) e o pensar com sentimento.

Lorna é aquela que torna Jacob especial. E, ao torná-lo diferenciado e único, estabelece as bases para a saída do mundo adolescente e da assexualidade, e para a entrada no mundo adulto sexual. Bases que Jacob não pode acolher: Lorna vai ser mulher de outro. É ela também que sugere a possibilidade de construir-se uma relação sustentada não pela mágoa e pelo orgulho, mas pela admiração e pela solidariedade. Ela diz, quando Jacob diz que sua mãe é uma mulher especial: "deve ser, se é sua mãe". Não entra, assim, em rivalidade com a figura da mãe, escapando do jogo de relações perversas do triângulo pai-filho-mãe.

Da Roterdam dos anos 1920 para o ano 2000, será que muita coisa mudou? Quando observamos a "geração *yuppie*" de Wall Street, obstinadamente em busca de seus carrões, ternos caros e sexo descartável, desesperados em busca de provar serem grandes, independentes, poderosos... Jacob não será um deles? Ou Dreverhaven? Quando observamos aturdidos filhos, netos ou amigos enfrentando os pais numa disputa ferrenha, quase física ou até chegando às vias de fato, para decidir quem manda, e quando observamos aquele mesmo jovem escolhendo profissão, namorada, do mesmo jeito que seu pai, não estamos diante de Jacob?

Caráter é um conjunto de traços particulares, ou o modo de ser de um indivíduo ou de um grupo; é índole, natureza, temperamento; ou ainda o conjunto das qualidades (boas ou más) de um indivíduo e que lhe determinam a conduta e a concepção moral. Por onde anda o caráter? Em que medida e de que maneira um pai realmente colabora na formação do caráter de seu filho?

Comentários realizados em 2000

4. Ata-me![1]

Luiz Antônio Bocchino de Toledo

Pedem-me para falar sobre o filme *Ata-me!* e, claro, sobre o seu diretor, Pedro Almodóvar, como psicanalista. A visão de um psicanalista. Como vocês sabem, um psicanalista não simplifica, complica. Tudo aquilo que um indivíduo retirou de sua consciência, de variadas formas e por variados motivos, acreditando com isso simplificar sua vida, o psicanalista empenha-se em recuperar. Pode parecer paradoxal, mas acreditamos que o indivíduo com mais vivência possa lidar melhor com as novas situações. A isso chamamos aprender com a experiência. Logo, se eu utilizar os conceitos psicanalíticos vou começar por complicar.

A história a que assistimos é uma realização do dito popular: "querer é poder". O personagem principal parte da fé onipotente de que, se obrigasse a mocinha a conviver consigo, ela, contaminada pelo seu amor, acabaria por amá-lo. Essa fantasia não é nada incomum e duvido que alguém aqui não a conheça. Na trajetória do aprisionamento físico para o emocional, realizando o sonho de

1 *¡Átame!* (1989), direção: Pedro Almodóvar.

seduzir via recuperação da autoestima da moça, o jovem galã segue o mito do herói salvador da mocinha que habita em todos nós. Desse simples esquema o diretor produz sua obra de arte.

O autor é um espanhol. Os grandes artistas espanhóis, desde Cervantes com seu *Dom Quixote*, caracterizaram-se por transformar o ridículo em cômico. Esse diretor mostra-nos que ele não envergonha seus antecessores. Não preciso apontar os momentos ridículos do filme porque vocês riram deles. Outra característica dos meus ancestrais espanhóis é seu extremo radicalismo. Aqui vemos isso bem exposto, pois os personagens principais passam de situações infelizes na vida para situações felizes rapidamente. O jovem herói guarda dentro de si uma maternagem tão boa (objeto bom, segundo Klein) que, mesmo tendo transitado pelo reformatório e pelo manicômio, não foi destruída. Seu desejo de passar da marginalidade para a constituição de uma família, como se isso fosse fácil e também como se esse fosse o caminho para a felicidade, é apresentado como uma verdade absoluta. Acima de tudo reina a grande religiosidade do povo ibérico, representada pelos quadros do Sagrado Coração de Jesus e de Maria que aparecem no começo do filme e reaparecem acima da cama que o casal ocupa quando ocorre seu grande encontro sexual.

Será aí que teremos de procurar a raiz para a onipotência e o radicalismo do artista espanhol? Será que ocorre mesmo o que Freud chamava de herança filogenética? No meu modo de ver, os artistas são seres especiais que têm o dom de uma visão mais abrangente, isto é, enxergam o outro lado da lua quando nós – simples mortais – vemos o que está voltado para cá. Costumam utilizar-se de algo comum de uma forma tão incomum que nos despertam sentimentos e pensamentos novos. Por não ser um artista, convoco um para me ajudar a entendê-lo. Convoco um ibérico como o diretor, um artista da palavra, Fernando Pessoa (2003, pp. 399-400):

Todas as cartas de amor são
Ridículas.
Não seriam cartas de amor se não fossem
Ridículas.

Também escrevi em meu tempo cartas de amor,
Como as outras,
Ridículas.

As cartas de amor, se há amor,
Têm de ser
Ridículas.
Mas, afinal,
Só as criaturas que nunca escreveram
Cartas de amor
é que são
Ridículas.

Quem me dera no tempo em que escrevia
Sem dar por isso
Cartas de amor
Ridículas.

A verdade é que hoje
As minhas memórias
Dessas cartas de amor
É que são
Ridículas.

(Todas as palavras esdrúxulas,
Como os sentimentos esdrúxulos,
São naturalmente,
Ridículas.)

No meio do poema, como vocês puderam ver, ele vira e revira a situação e, com isso, a transforma. Voltemos ao filme. Eu diria que há nele uma predominância nítida do pensamento mágico, sendo a trama, exceto na sua crítica social, dominada pelo "desejo" (processo primário, segundo Freud). A realidade (processo secundário) é representada como se fosse facilmente modificável. Exemplo: o jovem sai de casa para ir comprar droga para sua "princesa", encontra-se com a traficante que anteriormente enganara e acaba levando uma sova danada de várias pessoas, que ela mobiliza. É acordado pela água do caminhão de limpeza pública e volta para o apartamento, todo arrebentado por fora e por dentro. Aí recebe os cuidados da amada e isso "milagrosamente" o recupera, podendo então encontrar-se sexual e amorosamente, sob os olhares dos Sagrados Corações... Aqui é interessante notar que o amor pelo jovem explode por meio dos cuidados maternais.

Será que é assim? Vocês apostam que esse romance que se apoia unicamente em desejo vai dar certo? Outro aspeto: a mocinha começa e termina o filme com dor de dente. Ir ao dentista? Nem pensar. Tomar drogas que anestesiam a dor é a solução! Vou ficar somente nesses exemplos porque creio que outras situações serão trazidas por vocês, já que cada episódio é rico em símbolos e poderemos, então, trocar ideias. Por outro lado, na crítica social, o Almodóvar nos encanta e nos fisga. Suas colocações caricaturais, revelando tudo o que temos de hipocrisia, atinge fundo a todos nós, porque sabemos que são verdadeiras.

Referência

Pessoa, F. (2003). *Ficções do interlúdio: poesias de Álvaro de Campos* (Vol. 4.). 18a ed. Aguilar.

Comentários realizados em 2001

5. Beleza americana[1]

Suad Haddad de Andrade

Destaco quatro pilares de sustentação na construção de meus comentários sobre o filme:

1. A rosa vermelha e os slogans.
2. A importância da marginalidade.
3. A negação.
4. O Édipo e o conflito geracional.

A rosa vermelha e os slogans

A rosa vermelha denominada Beleza Americana, criada nos Estados Unidos, é de uma linda aparência, fácil de ser cultivada, além de decorar com especial encanto o jardim e a casa. Ela não tem espinhos, mas também não tem perfume, o maravilhoso perfume das rosas. O que importa é sua aparência, e não sua vitalidade. Então,

---

1 *American Beauty* (1999), direção: Sam Mendes.

a aparência é o tema do filme – aparece desde o início e representa o sério problema das sociedades, que não cultivam a verdade, mas a aparência de verdade. Essa questão fica bem clara e resumida na passagem na qual o personagem principal, perguntado se não se preocupava com o fato de sua esposa o estar traindo, responde: "Nosso casamento é um comercial, é apenas para mostrar que somos normais, mas não somos".

Não diria que esta é a sociedade estadunidense, mas que é como o cineasta está retratando uma parcela da sociedade estadunidense de nossos dias.

Os slogans, clichês ou chavões são frases feitas, ditados populares usados no cotidiano. Exatamente como aparecem no filme, têm uma força expressiva muito grande, na medida em que não só expõem, mas constroem uma mentalidade – eles são o comando, direcionam e mesmo determinam formas de vida. Quando você atribui realidade aos slogans, basta repeti-los, não precisa provar nada, não precisa argumentar, não precisa pensar. As diferentes situações não são diferenciadas, as diferentes pessoas ou motivações não precisam ser destacadas ou reconhecidas; o slogan é o referencial poderoso que tudo define e tudo determina. É um mito coletivo inquestionável e por isso tão perigoso: todos o aceitam e você tem de se submeter a ele para não cair em descrédito.

O slogan é a imposição de uma aparência sem qualquer questionamento; é também a imposição de uma homogeneidade – todos têm de ser iguais, responder e corresponder ao padrão vigente imposto pelo slogan. No filme aparecem vários desses slogans, que são expressivos porque descrevem, com precisão e clareza, cada personagem, ou cada aspecto da mentalidade deste grupo social, que tem características próprias, baseadas no individualismo, no sucesso econômico ou na aparência de sucesso social.

"Nada na vida é pior do que ser comum." "Para ter sucesso é preciso projetar uma imagem de sucesso todo o tempo." "Não conte com ninguém a não ser com você mesmo." "Viver centrado em si mesmo." "Recuso-me a ser uma vítima."

Uma das colocações sérias do filme é a do personagem bem-sucedido economicamente que gosta de atirar porque "atirar nos faz sentir poderosos", numa alusão clara de que o sentimento de poder é vivido no sentido concreto, e não no sentido subjetivo de quem tem poder sobre sua vontade, suas escolhas. São pessoas de vida interior muito pobre, sem questionamentos, e que se agarram aos padrões impostos pelo grupo sem nenhuma capacidade de crítica. O corretor de imóveis é um personagem típico dessa sociedade, ele não é alguém que produz riqueza, mas enriquece a partir da riqueza alheia, já que é só um intermediário. Faz parte do mundo das aparências, porque ele não tem riquezas, os outros é que têm.

É diferente do rapaz, a figura mais fascinante do filme por ser contraditório, por ser paradoxal: escravizado pelo pai e absolutamente livre para decidir sua vida e fazer suas escolhas. Ele não se deixa levar pelas aparências: distingue bem a beleza, a firmeza e a seriedade da jovem por quem se apaixona; vai atrás dela e consegue conquistá-la sem nenhum alarde, apenas com sua sinceridade e sua determinação. Ele é o único personagem do filme que vive em contato com a beleza do mundo, e ao mesmo tempo aceita suas fragilidades: ele entende o pai, ele aceita e ama a mãe. Ele não precisa provar nada a ninguém, ele não precisa das aparências, está em contato direto com a beleza do mundo, com a força vital, que enxerga tanto na dança do saco de plástico como na expressão da morte. Ele sabia onde estava a verdade e não precisava provar nada a ninguém.

Já a mãe do rapaz, pessoa francamente doente, é quem vive o drama da verdade, mas é louca porque não pode fazer nada, nem mesmo denunciar a verdade que ela pressente e não tem como expressar a não ser com sua aparência tensa, angustiada, sem movimento, sem comunicação; contudo ela denuncia a bagunça, a desordem, "as coisas fora do lugar". Nesse grupo, é louco aquele que vive à parte dos padrões aceitos, são sadios os que estão enquadrados. O próprio rapaz é considerado louco porque foge aos padrões do seu grupo. Ele é independente e isso incomoda.

A importância da marginalidade

Lester, quando sai do contexto falso em que sempre viveu, começa a descobrir tudo o que não pôde perceber em toda a sua vida; quando pergunta à esposa qual o valor do sofá, dos objetos, fala do quanto esses objetos não significavam nada de realmente importante, e que o importante são os sonhos, os sentimentos, os vínculos! Mas ele agora já tinha passado para a marginalidade; não estava mais dentro do contexto. A maneira como ele sai do emprego mostra um rompimento importante e sem volta.

De uma certa maneira, só depois de morto ele descobriu a vida. Reparem que sua cara morta é muito expressiva, de quem está ligado, atento, até feliz. De que morte o filme está falando? Eu penso que é uma metáfora que o cineasta está nos trazendo: agora Lester não tinha mais a cara de alguém enfadado, sem interesse, sem vontade, a cara de um tolo. Agora ele descobrira a liberdade, a beleza da vida, o que ela pode significar. O que morreu foi a pessoa empobrecida, quadrada, massificada, que deu lugar a outro, ligado aos sentimentos, aos reais valores humanos.

A vantagem do cinema ou das artes em geral é esta liberdade de jogar com a realidade, com as fantasias, com os sonhos. O cineasta é um dos principais atores deste filme. Ele está representado pelo jovem com a câmera que vai filmando tudo que o mobiliza. Ele não pertence ao cenário, à história: ele está de fora, e por estar de fora das falsidades, enquanto filma, não precisa representar o que os outros esperam dele; por estar à margem, pode perceber o que ocorre e denunciar as mentiras. Esta condição marginal, no sentido de estar à margem, é que lhe dá a possibilidade de enxergar e denunciar as falsidades dos grupos.

E são vários os marginais do filme: o rapaz drogadito e traficante; a garota que é marginal por natureza, já que todo adolescente o é por estar ainda à margem da sociedade produtiva (a loira está tão impregnada dos padrões do grupo que não se enquadra nessa categoria; ela não era contestadora como a filha de Lester, mas uma falsa adulta; ela é a representante perfeita da Beleza Americana); o próprio Lester depois que deixa o emprego; e principalmente o cineasta que produziu esse filme. E ele é de fato alguém de fora na medida em que trabalha na Inglaterra e é de origem portuguesa (Sam Mendes). Só alguém de fora pode ver com esta clareza e estranhar, como nós, cada aspecto do filme. Em qualquer situação, quem participa do drama não tem essa possibilidade. Por outro lado, fica claro no filme que sociedades como essa, cujos padrões são rígidos e cruéis, propiciam o surgimento dos marginais, no bom e no mau sentido, na medida em que a marginalidade é a saída possível. O jovem não teve outra possibilidade senão a de acrescentar à sua condição de adolescente esta outra de traficante, já que não podia contar com um pai compreensivo ou no mínimo capaz de respeitar as características do filho.

Estar ou permanecer de fora, ou um distanciamento no tempo e no espaço, permite uma visão mais completa e adequada de qualquer situação. Você precisa de um ângulo favorável para poder ver. Não vou entrar em detalhes, mas penso que isso se estende também ao nosso próprio trabalho, no qual o envolvimento ou o não envolvimento trazem perspectivas diferentes. Enquanto imerso na identificação projetiva, identificado com os aspectos que o paciente coloca em você, não há condição de ajudá-lo; você precisa sair dessa situação para oferecer ao paciente uma nova versão dele mesmo. A diferenciação *self*-objeto é a condição da objetividade no nosso trabalho e em qualquer outra situação.

A negação

Este é o complemento à mentira dos slogans. A negação não é consciente; ela é uma defesa e, como tal, existe como expressão de angústias persecutórias. É o não poder ver, é o fugir de se defrontar com a verdade sobre si mesmo ou sobre os outros. "Não menospreze nunca o poder da negação" – o jovem usa essa frase como resposta a Lester quando este estranha o fato de o pai do rapaz não questionar de onde sai o dinheiro para as aquisições do moço, que estão espalhadas pelo seu quarto. Se o pai descobre que o filho é outra pessoa, e não aquela que ele acha que tem de ser, sabe que não vai aguentar e que será muito violento com o filho; por outro lado, terá de questionar também que pai ele tem sido. E o filme é uma denúncia da vantagem da mentira e das negações da verdade, já que ela – a verdade – traz, inevitavelmente, muito sofrimento.

O filme é, portanto, a denúncia dos mecanismos perversos que permeiam toda a sociedade descrita. O que é a perversão se não uma reversão de valores? Uma sociedade que prega liberdade, direitos iguais para todos, liberdade de expressão etc. e, no entanto, congela as pessoas dentro de padrões que sub-repticiamente destroem a individualidade ou as impede de se desenvolver. O jovem seria uma vítima perfeita deste enquadramento forçado se não tivesse, silenciosamente, se rebelado e traçado seu próprio caminho.

O Édipo e o conflito geracional

Uma outra expressão de perversão trazida pelo filme é a questão da atração sexual do pai pela amiga da filha. Há uma reversão aí muito interessante, na medida em que o choque de gerações comumente é vivido pela criança quando ela nega ser ainda pequena e precisa se acreditar podendo ocupar o lugar do pai (ou da mãe). A criança nega a realidade de sua pequenez, nega que tem de esperar e tolerar o crescimento, com tudo que ele tem de dores, aprendizados e gratificações; ela precisa afirmar que já tem todos os recursos do adulto. No caso aqui é o contrário: é o pai que nega a sua condição de mais velho e vai fazer musculação acreditando que ela lhe devolverá a juventude; assume uma postura infantil, no sentido de negar suas responsabilidades de pai e chefe de família, e age como adolescente, se escondendo atrás das portas para ouvir as jovens etc.

Já a filha, que é irritante, agressiva, questionadora, está no seu perfeito papel dentro do processo de desenvolvimento. Ela percebe os pais doentes e o denuncia todo o tempo. Ela pede para o rapaz matar o seu pai, o pai que a frustra, que não atende a seus desejos edípicos (embora ele estivesse fazendo isso ao se apaixonar pela amiga, na verdade ao viver de forma deslocada os desejos sexuais pela filha). Ela pede ao namorado para matar o seu pai, mas ao escolher o rapaz, ao se entregar a ele, ela e ele já mataram o pai! De fato, o jovem a ajudou a matar o pai da infância, que agora foi substituído por outro homem, pelo homem da sua idade e com quem ela vai construir o seu futuro. Esse é o desenlace normal do conflito edípico e que vai ser recuperado também por Lester, seu pai, quando ele desiste de ter a relação sexual com a amiga e passa a se interessar pela filha, perguntando se ela está feliz momentos antes de ser assassinado. Ele morre quando recupera a sanidade – ou ele morre para viver a vida como ela é, com frustrações, responsabilidades e alegrias.

A homossexualidade também se enquadra entre as perversões apontadas pelo filme, mas também no sentido da falsidade ou da não liberdade de cada um ser o que é. O casal de vizinhos homossexuais só incomoda o militar, que os hostiliza abertamente, porque este é o seu problema, escondido sob a insuspeita postura de durão e defensor dos valores viris do grupo e da nação. Atrás do homem forte e superior, como é muito comum, está uma pessoa doente, violenta, dominadora. E esse personagem nos dá a chance de ver como funciona, nas relações cotidianas, a identificação projetiva: o que ele vê na relação de seu filho com Lester é o que ele próprio sente: atração sexual. O que ele repele nos vizinhos homossexuais é o que ele repele em si mesmo. O que ele necessita mais intensamente é esconder, dos outros e de si mesmo, a sua homossexualidade. E quando fica evidente, fica conhecido o que deveria ficar oculto, o crime acontece, como se, matando aquele que sabe do seu segredo, matasse também a verdade tão penosa de ser vivida. Como na máfia, mata-se aquele que sabe demais. O perigo está na descoberta da verdade.

A violência é o resultado do desvendamento da verdade. Outra solução é o sofrimento. É o que vai acontecer com a esposa. Em poucas imagens já ficamos sabendo que ela terá de enfrentar seus próprios sentimentos e sofrimento. Durante a narrativa, a esposa de Lester é a expressão mais evidente da submissão aos padrões convencionais (ela e a loira sensual). Ela é uma pessoa artificial, totalmente enquadrada e internamente pobre. Esforçada, trabalhadora, zelosa, sempre enfeitando a casa com flores, cuidando da aparência, da mesa do jantar nos mínimos detalhes, com música ambiente sofisticada, com normas bem estabelecidas para tudo, ela é o protótipo da chata. Vive atrás do sucesso profissional, só se encanta com os bem-sucedidos, e fica cobrando da filha e do marido que correspondam às normas que não são suas, mas do grupo ao qual ela está totalmente submetida.

Quando tenta falar com a filha, quando tenta um diálogo num momento difícil, não consegue e acaba repetindo refrões, como "Não conte com ninguém a não ser com você mesma", exatamente quando a filha poderia contar com ela ou quando ela mesma poderia contar com a filha como uma importante interlocutora. O encontro amoroso com o marido ou com a filha não acontece. E, no entanto, o afeto existe, aparece no final, quando ela se desespera ao descobrir o marido morto. E a pergunta que fica é: por que ela não podia gostar, viver o sentimento de proximidade com a filha e o marido? O que a transformava nesta máquina eficiente, controlando tudo e todos e tentando atender aos padrões do grupo a todo custo? A incapacidade de olhar para dentro, de encontrar seus próprios valores a tornava uma escrava dos padrões grupais, introjetados e transformados em uma verdadeira religião. Se observarmos melhor, todos os padrões seguidos por ela são verdadeiros dogmas religiosos, que não existem para ser contestados, mas para ser seguidos. É a mesma questão do slogan que é tomado como dogma.

O que ela precisava evitar a todo custo era exatamente a mudança catastrófica, na qual algo novo, ao ser percebido, provoca uma tempestade avassaladora, obrigando a refazer e a buscar uma nova ordem para tudo. A dor da mudança catastrófica era evitada a todo custo; só a morte pôde trazê-la. Como ela vai enfrentá-la é uma incógnita. Aliás, todo o filme caminha para esta incógnita: o que vai acontecer agora, ou o que pode acontecer quando as coisas começam a ficar mais claras? Quais mudanças são possíveis quando a verdade aparece? E isso para cada um dos personagens do filme.

O filme termina aí, onde tudo tem de ser reconsiderado. Ou novamente negado.

6. Uma relação pornográfica[1]

Paulo de Moraes Mendonça Ribeiro

Introdução

Eu gostaria de agradecer à Comissão de Psicanálise e Cultura da Sociedade Brasileira de Psicanálise de Ribeirão Preto (SBPRP), nas pessoas das colegas Ana Rita Nuti Pontes, Silvana Vassimon e Lenise Azoubel, pelo honroso convite para estar aqui com vocês hoje. Quando fui convidado, as colegas fizeram uma brincadeira comigo, um trocadilho com o título de dois filmes, dizendo: "Nós vamos te fazer uma *Proposta Indecente* para você comentar *Uma Relação Pornográfica...*". Rimos, mas depois fiquei pensando na delicadeza do assunto que nós vamos abordar.

Falar sobre sexualidade e intimidade de casal para uma plateia heterogênea é arriscado. O que me tranquilizou foi pensar que eu só poderia dar o meu recorte pessoal sobre este filme, neste momento. Muitos outros ângulos podem ser enfocados, e espero que nossas considerações nos levem para outros e novos enfoques. Então, desde

1 *Une liaison pornographique* (1999), direção: Frédéric Fonteyne.

já eu me desculpo por estar olhando apenas para um dos recortes possíveis sobre este filme.

Desculpo-me também de antemão pelas gaguejadas que posso vir a dar... Recentemente, estava num grupo de estudos de Bion e a coordenadora do grupo teceu comentários sobre a dificuldade que alguns analistas têm de lidar com o espaço público. Sobre estarmos tão acostumados ao relacionamento privado, a dois, numa sala fechada, com tudo tão sigiloso, até concretamente, com o isolamento acústico nas portas e paredes, que nos é muito estranho vir falar num espaço tão aberto... É como se a gente se sentisse meio um "peixe fora d'água". Então, vamos fazer o possível.

Considerações teóricas

Este é um belo filme, simples e profundo, que nos mobiliza para uma série de associações, que espero poder compartilhar com vocês. Foi dirigido por um jovem diretor belga, na faixa dos 30 anos, Frédéric Fonteyne, que revelou numa entrevista que ficou "obcecado com a história", queria contá-la, discuti-la, entendê-la. Referia-se não à história do filme, mas a um caso amoroso seu que não dera certo e acabara de terminar. Encontrou-se na rua, por acaso, com um escritor amigo seu, Philippe Blasband, que lhe contou a ideia de um romance que ele queria escrever e que deveria chamar-se *Uma relação pornográfica*. Fonteyne apaixonou-se pela ideia e combinou com o amigo que filmariam essa história. Em uma semana já tinha a primeira versão do roteiro, que foi aprofundada pelos dois e resultou no filme a que acabamos de assistir. Nosso filme é, portanto, de certa forma autobiográfico. É uma tentativa por parte de Fonteyne de elaborar o luto do final de um relacionamento, bem como os conflitos que essa experiência lhe despertou.

A primeira consideração que podemos fazer refere-se ao título do filme: ele é conciso e tem duas palavras-chave – relação e pornografia. Por que relação? Penso que porque o filme se propõe a falar do encontro entre duas pessoas, no qual se estabelece uma relação entre elas, ou não. Quando duas pessoas se encontram, uma infinidade de possibilidades pode ocorrer, desde um encontro no qual as duas personalidades envolvidas gradativamente se "entregam uma à outra" para haver o desenvolvimento de ambas, até um outro extremo em que as duas pessoas se encontram apenas fisicamente e na verdade não há diálogo entre as personalidades, parecendo mais um "monólogo" a dois. Este filme trata do "universo possível" entre duas pessoas, e da história mais conhecida do mundo: um homem encontra uma mulher. Caminha de uma relação meramente sexual (o encontro para realizar determinada fantasia sexual) até o envolvimento emocional, quando um começa a "influenciar" a vida do outro e novas emoções emergem da dupla.

O filme trata também da outra palavra-chave: pornografia. Mas o que é pornografia? No *Dicionário Aurélio*, encontramos: "[obras] relativas a ou que tratam de coisas ou assuntos obscenos ou licenciosos, capazes de motivar ou explorar o lado sexual do indivíduo". Aqui se apresenta uma cisão: o lado sexual do indivíduo... Então será que existe um lado não sexual do indivíduo?! Estamos nas origens da psicanálise, há mais de cem anos, quando Freud descreve a psicossexualidade, e conseguia observar sexualidade em tudo. Foi execrado pelos próprios colegas médicos como um destruidor da cultura. Voltaremos a esse ponto logo adiante. Do ponto de vista da psicanálise, que não se ocupa dos vértices morais, eu penso que é interessante diferenciarmos pornográfico de erótico, uma vez que estamos diante de um filme cujo título carrega a palavra "pornográfica", mas de pornô não tem nada. É muito mais erótico que pornográfico.

O pornográfico refere-se ao sexo em si, ligado mais ao que Melanie Klein chamou de relação de objeto parcial (não estou sugerindo que as relações de objeto parcial dos bebês sejam pornográficas!). Essa grande pensadora da psicanálise nos ensinou que em nossos inícios, quando somos bem primitivos (ainda bebês), nossas primeiras relações são com partes do corpo de nossa mãe, a saber, o seio, e que só mais tarde, com o desenvolvimento do ego do bebê, é que vamos gradativamente percebendo que "por trás do seio" tem muito mais, tem uma pessoa inteira, que às vezes nos frustra e outras nos gratifica. Neste momento passaríamos a poder ver a mãe como um objeto total, e ingressaríamos na posição depressiva (PD) descrita por Klein.

Mas o que isso tem a ver conosco, adultos? Nosso problema é que o desenvolvimento humano não é linear como um calendário ou relógio: não vamos linearmente da fase de objetos parciais para a fase de objetos totais, ou da posição esquizoparanoide para a posição depressiva. Somos mais parecidos com o traçado do eletrocardiograma, cheio de vaivéns, altos e baixos... Então, há dentro de todos nós momentos em que funcionamos predominantemente dentro das relações de objeto parciais (ou na posição esquizoparanoide). Tem gente que quase só funciona assim. E é nesse sentido que eu digo que o pornográfico serve como modelo para as manifestações das relações de objeto parciais, pois os filmes pornô, de sexo explícito, muitas vezes não têm nem enredo, ou então têm aquelas historinhas ridículas, só para dar um pano de fundo, uma vez que o que interessa na pornografia é a coisa explícita e parcial: pênis, vagina, seios, penetração aqui ou ali etc. Vocês todos já devem ter visto filmes assim...

E quanto ao erótico? Essa palavra tem origem mitológica: Eros é o deus do amor. Segundo Bion, um outro grande pensador da psicanálise, a emoção do amor (como a do ódio e a do conhecimento) é um vínculo. Erótico, portanto, está em outro plano do desenvolvimento e envolve emoção e vínculo. E um relacionamento em que haja emoção e vínculo implica comprometimento mútuo, lealdade, fidelidade, dependência madura: funções complexas da personalidade. Quando se vê "erótico" no rótulo de um filme, não se deve pegar a fita (ou entrar no cinema) à espera de cenas de sexo, pois isso não virá. O que teremos são cenas de erotismo, de amor, ou da tentativa de se viver isso.

Aqui podemos voltar a Freud, a uma de suas maiores descobertas. Apesar de ter sido taxado de "charlatão que só falava de sexo", ele nunca falou de sexo em si. Freud foi muito além... O que sempre teve em mente foi algo diferente de sexo, que é a sexualidade, ou melhor, a Psicossexualidade. Vamos ressaltar esta diferença: sexo diz respeito ao físico, ao carnal, enquanto sexualidade é algo muito mais amplo, abrange os atos não físicos, abrange as emoções (o não sensorial) e tudo o mais que fazemos no nosso dia a dia.

Freud não se preocupava com sexo, sua mente se interessava é pelas relações entre as pessoas e das pessoas consigo mesmas. Então, quando ele conseguiu dar uma explicação de ordem sexual a um sintoma, por exemplo, a paralisia de um braço ou uma hidrofobia, que aparentemente nada tinham a ver com a sexualidade, seus oponentes o acusaram de "charlatão que só falava de sexo". Se a gente olhar bem de perto, há sexualidade em quase tudo que a gente faz. Sexualidade é vida: se vocês estão aqui assistindo a este filme francês e tendo a paciência de, a esta hora da noite, ficar me ouvindo falar estas "coisas" aqui, penso que isso é por uma questão de sexualidade. Deve haver em todos nós o desejo de que essa nossa conversa (e o filme) penetre em nossa mente e insemine-a com novas ideias, pensamentos e emoções...

O filme

Vocês devem estar se perguntando: "Mas o que isso tudo tem a ver com o filme que passou?!". Então vamos lá: o filme começa mostrando a indiscriminação dos personagens principais, já na cena dos letreiros, que são desfocados; os limites estão borrados, não se sabe quem é quem. Isso continua no fato de que os dois protagonistas nem sabem o nome um do outro. Não há identidade definida, não há individualidade. São duas pessoas que se encontram por meio de um anúncio na internet ou numa revista para realizar uma determinada fantasia sexual. Encontram-se em um café de Paris, conversam um pouco e vão para um hotel/motel para realizar a tal fantasia.

O hotel é típico do *underground* parisiense: escuro, com corredores apertados, paredes aveludadas e tudo de um vermelho pesado, não muito vivo como é o vermelho do sangue oxigenado: é mais um vermelho rico em CO_2, intoxicado. Através da câmera, acompanhamos o casal pelos corredores até a porta do quarto, aí esta se fecha na nossa cara e ficamos privados de assistir à realização da tal fantasia que os aproximou. Apenas alguns ruídos (sensorial acústico) e informações sobre dores em partes do corpo (sensorial somático) nos são informados.

Por quê? Não é que a tal fantasia sexual mude a cada encontro. Ao contrário dos protagonistas, que são indiferenciados, sua fantasia é bem específica e sempre a mesma, só não nos é permitido conhecê-la. A nós e aos analistas no filme, que ficamos todos curiosos. É a personagem feminina ("Ela") quem responde à nossa curiosidade: "Mas isto não tem a menor importância". É verdade, o ato sexual que não nos é revelado é o menos importante nessa história. O mais importante é generosamente publicado: quando há a proposta de "fazerem amor", nós, espectadores do filme, podemos fazer parte da cena, e somos convidados a entrar no quarto do casal.

Aqui cabe uma reflexão interessante. Eu costumo conversar com meus pacientes sobre os três planos de sexualidade de um casal: o "trepar", o "transar" e o "fazer amor". O homem às vezes se esquece, mas o ser humano é um animal por definição: animal racional, mas animal. Os animais "trepam". Trepar seria o sexo apenas pelo sexo, sem vinculação nenhuma entre as pessoas envolvidas (relação de objeto parcial). Depois vem o "transar", cuja própria palavra já indica maior movimento, maior envolvimento. É a sexualidade entre pessoas que se gostam, se curtem... Já o "fazer amor" corresponderia à sexualidade daqueles que se amam, em que o envolvimento vai muito além do corporal, e faz-se amor de corpo e alma (relação objeto total).

A meu ver, esta é uma mensagem central do filme: a relação de objeto parcial (a "fantasia secreta") não tem maior importância se comparada à relação de objeto total ("fazer amor"). Os protagonistas ("Ele" e "Ela") se encontram para realizar sua fantasia sexual, mas em cada encontro o ato sexual é precedido de uma conversa franca e espontânea. Há, no filme, considerações de que essa espontaneidade era possível pelo fato de não haver a "necessidade de sedução" do outro, uma vez que a questão sexual já estava "combinada". Por meio dessa espontaneidade e dessa franqueza, eles foram conhecendo um ao outro, mesmo sem ter nenhum "dado objetivo" da vida de cada um (não sabiam nome, idade, endereço, estado civil, profissão etc.).

Isso me lembra uma passagem com um antigo analista meu, o dr. Kubo, há muitos anos, quando eu lhe disse que não conhecia absolutamente nada da vida pessoal dele e, portanto, não o conhecia. Eu já estava havia alguns meses em análise com ele, e ele me respondeu: "É claro que você me conhece! Você me observa ir te chamar, como eu me porto com você, como conversamos, como nos separamos etc. Você tem muito mais dados para me conhecer do que se tivesse dados curriculares nas suas mãos".

Voltando ao filme, eles se "divertiam" juntos e depois realizavam o ato sexual. A realização do ato sexual tinha função de alívio, de descarga de alguma necessidade interna. A protagonista admite isso quando seu analista indaga se continuava realizando aquele ato sexual, ao responder que ainda havia uma premência para executar a tal fantasia, mas não era mais uma necessidade urgente. Esse é um exemplo do que nós chamamos de atuação: são ações praticadas sem a possibilidade de pensamento prévio; o que deveria permanecer na mente para ser refletido, pensado e elaborado toma outro destino e é descarregado em ações, sendo o sexo uma das possíveis vias de escape.

No entanto, após alguns meses, parece que a conversa antes do ato passa a ficar mais interessante que o próprio ato. É aí então que há a proposta (por parte da mulher) de fazerem sexo "normalmente", ou seja, "fazerem amor". É nítido o impacto dessa proposta para ambos: ficam desconcertados... mas aceitam.[2] As cenas de amor são lindas: os atores não são nenhuma beldade física do tipo de Hollywood, são humanos, pessoas comuns. As cenas de amor que nos são apresentadas poderiam ser cenas do quarto de casal de qualquer um de nós. Cenas simples e cotidianas: há a vergonha de se revelar no orgasmo (fazer "caretas" que revelam a verdade), há a insegurança da ejaculação precoce, de não corresponder às expectativas do parceiro etc.

---

2 Na primeira noite de "amor", "Ele" se diz muito impactado com o que estava acontecendo. Descreve que o que estavam fazendo "era quase repugnante", e "Ela" concorda. Por quê?! Penso que aqui estamos diante de conjecturas a respeito da psicopatologia mais profunda dos nossos personagens. Acredito que, no advento de um "casamento de almas", ambos os participantes reeditam angústias muito primitivas, da época em que o bebê e sua mãe eram um (1 + 1 = 1, representando a simbiose materno-filial), então o "repugnante" poderia referir-se a algo sentido como incestuoso. "Ela" nos confirma essa primitividade no vínculo de ambos quando diz que quando fizeram amor foi "osmose total" (fusão). Provavelmente cada um deles teve dificuldades na elaboração desse período do desenvolvimento, e, quando essas ansiedades eclodiram novamente na relação diádica de casal, eles não as toleraram e precisaram voltar ao funcionamento mental anterior, narcísico e autista. Ainda, repugnante remete-nos também àquilo que é "nojento". Nojo é sinônimo de luto. Então, estamos falando de dificuldades em relação às ansiedades da posição depressiva.

Este é o momento de maior integração pessoal e de casal no filme, pois há preocupação com o "outro", há vínculo afetivo. Estão funcionando psiquicamente em PD (posição depressiva), e isso implica um intenso esforço emocional: após a primeira noite de "amor", "Ela" sai pelas ruas chorando sem saber o motivo, e "Ele" vive um estado de intensa irritação. Está havendo uma revolução interna em cada um, e há o medo de um colapso emocional ("mudança catastrófica" – Bion).

Como nem tudo na vida são flores, algo acontece durante um encontro do tipo "fazer amor" apaixonado. Um senhor já idoso tenta entrar por engano no quarto do casal. Esclarecido o erro das portas, o senhor se retira e após alguns segundos ouve-se um estrondo. Ele caíra ao chão, vítima de um ataque cardíaco. Mas o que ocorreu?

Teria ele sido tomado de enorme emoção ao ver um casal unido para um encontro do tipo "fazer amor"? Teria se lembrado do seu passado, da época em que fazia amor com sua esposa? Não nos é esclarecida essa questão e ele morre no hospital. Seu maior pânico era que a esposa o encontrasse. Ele roga ao nosso protagonista que fique com sua aliança para não ser identificado. Queria o anonimato, a indigência, a indiferenciação... Dá a aliança para "Ele", talvez em uma identificação póstuma com o protagonista ou numa esperança de voltar aos velhos tempos, tempos de se "fazer amor"; "Ele" fica encarregado de cuidar de algo sagrado, uma "aliança", símbolo de vínculo entre duas pessoas.

No entanto, o senhor idoso não consegue "fugir" da esposa, e os dois casais (os jovens e os idosos) se encontram no hospital. A senhora conta a história do casamento que outrora fora feliz e afirma que não vai conseguir viver sem o marido. Sua depressão é profunda e, de fato, ela suicida-se. Esses eventos causam um impacto emocional nos protagonistas que eles não conseguem "digerir".

Penso que esse casal idoso representa o pavor da não sustentação da relação de objeto total. Eles não conseguem viver juntos, tampouco separados. Nossos protagonistas inconscientemente se espelharam (de forma psicótica)[3] no casal idoso, e essa tragédia teve para eles o caráter de um "pesadelo premonitório" com o seu futuro. Aqui falhou a capacidade de pensar de ambos: seu pensamento (ou melhor, sua "capacidade para pensar") foi "oracular", como o pensamento do Rei Édipo – e o de Laio, seu pai. Édipo e Laio não puderam ouvir o oráculo trazendo uma metáfora humana: todos nós rivalizamos com o genitor do nosso sexo e nos apaixonamos pelo do sexo oposto. Ouviram o oráculo de uma forma concreta. Nossos protagonistas não puderam ver as semelhanças e as diferenças entre os casais e se desesperaram.

A partir deste momento, a dinâmica de integração do casal (casal externo e casal interno) toma outro rumo: o desespero por uma futura separação passa a exigir a desintegração, que culmina com a separação de ambos. Eles não conseguem sustentar a experiência amorosa/erótica (dinâmica de "fazer amor"), pois esta implica contato com o sofrimento da PD descrita por M. Klein. A percepção da nossa incompletude e dependência do "outro" para viver plenamente, a percepção e a aceitação da nossa condição humana de fragilidade são dolorosas. Somos todos feitos de carne, osso e coração... Se dependemos de quem amamos ("Viver é perigoso", G. Rosa; "São demais os perigos desta vida para quem tem paixão", V. de Morais) e nos arriscamos a viver estes vínculos dionisiacamente (com paixão), então estamos sujeitos a enfrentar dores de separação (lutos por morte do parceiro, ou por morte do amor entre os dois, sentimentos de falta, saudade etc.).

O casal idoso do filme não tolerou as ansiedades da PD e precisou ficar longe um do outro, na tentativa de amenizar essas vivências.

---

3 A morte do casal idoso poderia representar angústias impensáveis ligadas a parricídio e matricídio, denotando áreas de conflito edípico inconsciente em cada um dos personagens.

Com a morte do marido idoso, a esposa segue o mesmo caminho: não sendo capaz de luto elaborativo (tristeza), ela entra em melancolia (depressão-doença) e a "sombra do objeto recai sobre o seu ego" (Freud); ela deixa de existir e morre. Nosso casal de protagonistas segue o exemplo, não de uma morte concreta, mas de uma morte do vínculo afetivo que os unia. Na cena do último encontro no café – em que ambos se amam e desejam ficar juntos, mas não conseguem usar as palavras para publicar suas emoções –, eles são dominados por seus medos e recuam. Cada um volta a viver a sua vida independente, indiferente e protegida.

O filme termina como começou, na indiscriminação das pessoas. Penso que é por este motivo que o filme se chama *Uma relação pornográfica*: ele se inicia na dinâmica de relações de objetos parciais, experimenta a relação de objeto total, mas retorna à antiga dinâmica dos objetos parciais, ou "pornográfica". No entanto, esta experiência de paixão no plano da relação de objeto total deixou marcas, pois ambos procuraram análises.[4] Seria este um movimento de esperança?

4 Penso que "Ela" e "Ele" acabaram deitando-se na cama errada: se tivessem procurado um divã talvez estivessem juntos. Uma análise é feita em clima de privação e privacidade. Eclipsa-se o sensorial para podermos ir em direção ao infra- e ao suprassensorial. Contam as "boas línguas" que um famoso psicanalista de São Paulo teve uma paciente que em determinado momento de sua análise exigia contato físico com ele. Queria sentar-se no colo dele, algo que poderia facilmente descambar numa sexualização do vínculo e acabar com a relação analítica. O analista não evitou que ela se sentasse ao seu colo, mas, logo que ela o fez, mandou-a de volta para o seu lugar (o divã), explicando-lhe que eles já viviam uma relação de casal, de alta intimidade, e que ali eles conversavam coisas que às vezes não se conversa nem com o próprio marido! O *setting* analítico reproduz com êxito um ambiente de total privacidade para o encontro de duas pessoas. Recria-se a cena primária (A. Sapienza), num ambiente onde se pode pensar e aprender com a experiência vivida pela dupla. Essas experiências incluem as de Eros e também as de Tânatos (por exemplo, a paciente do colega poderia estar expressando seu ódio ciumento em relação ao casal parental criativo, em cena primária).

Esperança numa nova maneira de viver as relações interpessoais afetivas? Esperança de elaboração de conflitos emocionais antigos, mas que se fazem presentes na atualidade e que funcionam "como um freio de mão puxado" na vida dessas pessoas? Esperança de poder, com a colaboração de seus analistas, desenvolver suas capacidades de pensar e de sentir? Gostaria de pensar que sim. E penso!

Vou encerrar com uma adaptação de um poema de João Cabral de Melo Neto,[5] como mensagem de esperança de que esta nossa conversa de hoje tenha sido integradora para vocês como foi para mim.

Fábula de um Psicanalista[6]

Tantos livres amedrontando o Humano

renegou dar a viver no claro e aberto.

Onde vãos de abrir, ele foi amurando

opacos de fechar; onde vidro, concreto;

até refechar o homem: na capela útero,

---

5 O poeta João Cabral era arquiteto por formação e nos fala da moderna arquitetura de ampliar espaços de convívio humano, derrubando portas e paredes. Esta é uma metáfora das portas e paredes internas (medos e inseguranças) que temos de "derrubar" para podermos nos vincular com paixão e profundidade uns aos outros. Alguns não ousam abrir-se para o outro, outros o fazem (como "Ele" e "Ela"), mas não conseguem sustentar esta abertura e voltam para a capela-útero, o lugar mítico de proteção-mor.

6 "Fábula de um Arquiteto", de João Cabral de Melo Neto: "A arquitetura como construir portas,/ de abrir; ou como construir o aberto;/ construir, não como ilhar e prender,/ nem construir como fechar secretos;/ construir portas abertas, em portas;/ casas exclusivamente portas e teto./ O arquiteto: o que abre para o homem/ (tudo se sanearia desde casas abertas)/ portas por-onde, jamais portas-contra;/ por onde, livres: ar luz razão certa./ Até que, tantos livres o amedrontando,/ renegou dar a viver no claro e aberto./ Onde vãos de abrir, ele foi amurando/ opacos de fechar; onde vidro, concreto;/ até refechar o homem: na capela útero,/ com confortos de matriz, outra vez feto".

com confortos de matriz, outra vez feto.
A psicanálise como construir portas,
de abrir; ou como construir o aberto;
construir, não como ilhar e prender,
nem construir como fechar secretos;
casas exclusivamente portas e teto.
O psicanalista: o que abre para o homem
(tudo se sanearia desde mentes abertas)
portas por-onde, jamais portas-contra;
por onde, livres; ar luz razão certa.

Comentários realizados em 2002

7. Assédio[1]

Beatriz Troncon Busatto[2]

Este é um filme bastante complexo, pleno de simbologias, rico em detalhes, e vou expor aqui as ideias que me ocorreram assistindo a ele. Como fiquei com muitas questões, selecionei alguns pontos para desenvolver mais. Justamente por se tratar de uma obra de arte, cabem muitas análises, propiciando uma discussão interessante.

O título chama a atenção por ser forte. Procurando o significado da tradução em português, "assédio" é um substantivo que tem dois significados segundo o *Dicionário Aurélio*: "1) cerco posto a um reduto para tomá-lo. 2) insistência importuna junto de alguém com perguntas, propostas, pretensões etc.". Já o título em inglês é *Besieged*. O verbo "to besiege" tem como significado principal, segundo o *Dicionário Oxford*, colocar em estado de sítio, ou então cercar uma população de maneira opressiva. Um outro significado é incomodar alguém com solicitações.

---

1 *L'assedio* (1998), direção: Bernardo Bertolucci.

2 Este texto foi anteriormente publicado na revista *Alter*. Busatto, Beatriz T. (2009). Comentários sobre o filme "Assédio". *Alter: revista de estudos psicanalíticos*, *27*(2).

O filme começa com imagens também fortes, de algum país da África, sob domínio de forças militares. Na primeira cena temos o africano cantando, contando uma história; podemos entender a palavra África várias vezes. As cenas se sucedem, como em um documentário; quase não há diálogos. Alternam-se as imagens das ações dos militares na cidade, com a cena de Shandurai cuidando de crianças com sequelas, possivelmente de meningite ou de encefalite. Surgem outras crianças doentes, desnutridas, pessoas em cadeiras de roda, talvez mutiladas por minas terrestres. Tudo pontuado pelo canto tribal do africano, que pareceu-me ter, nesta narrativa, uma função de coro, como no teatro grego trágico.

O marido de Shandurai, o professor, a representação do pensar e da consciência, é levado à força pelos militares. Temos aqui a intolerância às diferenças, à pluralidade de ideias. Reina o totalitarismo. E Shandurai vive o terror. Paralisada, urina na roupa.

Então, nós estamos na África, berço evolutivo da humanidade. Temos Shandurai em grande dor, num lugar aberto. Neste ponto há um corte. Agora Shandurai, ainda muito assustada, tendo pesadelos, está num lugar fechado, um porão. Depois vemos a casa e uma cidade movimentada. Ela escapa ao sítio da violência. Vai se refugiar nesta casa na Europa, em Roma.

A Europa é o berço da cultura ocidental. Roma é uma cidade que abriga e preserva muito da produção artística de várias etapas do desenvolvimento humano de mais de 2 mil anos. É, no filme, um lugar de preservação mental, de abrigo contra a violência e o ódio. Aqui temos um movimento de evolução: do primitivo, caótico, aberto, para o mais organizado, preservado e com limites, pois neste ponto temos cenas de dentro da casa (mundo mental interno) e cenas da rua (mundo externo).

Outro aspecto interessante de a história se passar em Roma é que é uma cidade do mundo, cosmopolita, de forma que o que é tratado no filme transcende raça e nacionalidade, é algo comum a qualquer ser humano. Durante boa parte do filme, o espectador é apresentado a muitas cenas e situações, sem maiores explicações. Muitas vezes não sabemos o que está acontecendo, onde as pessoas estão ou quanto tempo se passou. Nós vamos aos poucos construindo um roteiro. Penso que a intenção é fazer com que tenhamos sentimentos de perplexidade, de não entendimento e de estranheza, como fica alguém sob o impacto emocional de intenso sofrimento pelas perdas, ou ainda alguém que está diante do novo, do desconhecido. E é assim que começa a parte italiana do filme.

Mr. Kinsky manda a Shandurai, pelo elevador/armário, uma partitura em branco, apenas com um grande ponto de interrogação. É o desconhecimento do mundo mental. Quem são eles? Ao mesmo tempo, propõe uma questão, a de se conhecerem. Kinsky, um inglês, é dono de uma casa antiga, herdada da família, repleta de belas esculturas, tapeçarias e pinturas. Há o seu piano, a música erudita, complexa. Ele também é um professor, como o marido de Shandurai. Vive nos andares superiores da casa. No porão vive uma mulher negra, sofrida. Perdeu seu marido, sua pátria e sua gente. Está assustada por um lado e com ódio por outro, guardando revolta e impotência dentro de si. Trouxe de sua terra a música, a dança, as roupas, sua mala com os pertences mais queridos (note-se que ela guarda a partitura), que são os recursos que ela tem para aguentar sua dor. Ela é a faxineira, mas se sente cuidada e agradecida. Dele nada sabemos, mas é alguém solitário, que pouco sai de casa. Temos a relação dos dois, um atento ao outro, observando-se mutuamente, porém mantendo distância. Aqui, apesar do clima um tanto angustiante, as diferenças já podem coexistir. Saímos do absoluto.

Nesta parte do filme, Kinsky parece mais curioso em relação a ela do que o inverso. Há um aquário grande e arredondado, com dois peixes. Seria uma esperança de união? São muitas as diferenças apresentadas: África/Europa, primitivo/desenvolvido, música popular/música erudita, negro/branco, mulher/homem. Por outro lado, são inúmeras as alusões a elementos de ligação ou de exploração: o armário dela, por onde ele primeiro tenta se aproximar, a escada da casa, e um piso na entrada da casa formado por pedaços de mármore de diferentes qualidades e tonalidades, parecendo cacos reunidos por uma massa preta, que também os contorna, formando um desenho bonito.

Do lado de fora da casa há a Piazza di Spagna, com sua escadaria. Desta, assim como da casa de Kinsky, pouco podemos ver, já que no início os ângulos de câmera são bem fechados. Fora da casa temos ainda o metrô que transporta Shandurai. Está estudando Medicina, lida com as doenças humanas agora mais aparelhada e com orientação. Os estudos são o seu desenvolvimento e a possibilidade de reparar, de cuidar do que ficou danificado em seu passado. Há duas cenas, uma logo no início, em que aparece um paciente fazendo um exame de tomografia, onde se vê um tumor, e outra, mais à frente, em que um professor mostra aos alunos um paciente com o cólon obstruído (salsicha).

Quando Kinsky tenta se aproximar e declara seu amor, ocorre uma colisão. Aparece o desentendimento recíproco. Eles não se conheciam, não conheciam o sofrimento um do outro. Ambos desesperados. Ela quer seu marido de volta, quer esta parte dela. Não há nenhum espaço para Kinsky, que é o novo, o diferente, que lhe desperta raiva, por ser ininteligível para ela. Sem tocar mais no assunto cada qual segue sua vida. Ela se esquivando dele, mas se denunciando em seu interesse (cena do pano, ou quando ela o vê sentado ouvindo música, repara em sua pele, percebe a retirada das obras de arte).

Ela limpa vigorosamente as obras de arte. Ele, que havia prometido qualquer coisa para ter seu amor, vai à comunidade negra e descobre sua música, seus ritmos. O que ouve no evangelho, depois veremos, ele seguirá estritamente. Ela começa a se abrir para sentimentos de alegria quando tira boas notas na prova. Neste momento a câmera passa a mostrar um pouco mais da cidade, bem como da casa em que vivem. O contentamento se intensifica quando ela encontra o envelope com os selos de seu país, mas endereçado a Kinsky. Este é o início da integração dos dois. Pode então descansar e tem um sonho de elaboração; retira os cartazes dos dominadores e encontra o de Kinsky, que acaba arrancando. Sente a sua presença como um cerco também.

Na sequência vemos um vulcão adormecido. Pareceu-me ser o Etna, que, como todos sabemos, foi o responsável pela destruição de muitas vidas e cidades da Itália antiga, e não se considera que esteja extinto. Teme-se muito novas e prováveis erupções. Shandurai passa a ficar curiosa sobre Kinsky e sobre o que está acontecendo na casa, principalmente quando vê as esculturas sumidas à venda na loja. Depois ele a chama para o trabalho e toca a música que ele compõe com os ritmos africanos para ela, que se deixa então tocar pelo prazer daquela comunicação e de estar sendo entendida, mas ainda em grande conflito.

Kinsky faz um grande malabarismo para fazer o que Shandurai quer. Até de seu piano se despede. Acho que esses gestos dele representam o amor verdadeiro e são o ponto central do filme; M. Klein fala do amor como um desejo de deixar quem amamos felizes, tendo preocupações e responsabilidades com os outros.

No amor expressamos a solidariedade e a capacidade de compreender o outro em seu jeito de ser e em seus sentimentos. E também fazemos sacrifícios. Ninguém abre mão de suas coisas mais caras se não houver de fato um forte sentimento amoroso. O problema é que Kinsky não expressa mais seu sentimento. Com exceção do descontrole que tem quando se declara a ela, nada mais vemos daquela intensidade afetiva a partir de então. Quando ela entende que ele está trabalhando por ela, a câmera se abre, vemos os terraços da casa, com os lençóis estendidos, o sol, as plantas por detrás dos lençóis, e a Scalinata di Spagna.

Outra situação de integração que se coloca é a amizade de Kinsky com o padre negro. Com a notícia da chegada do marido de Shandurai, Kinsky assiste à corrida dos dois homens no coração dela. E ela, tentando exprimir sua gratidão, finalmente percebe que também o ama, podendo ocorrer uma união entre eles. Neste momento, temos uma tomada linda, ao nascer do dia, início de algo novo, que mostra toda a Piazza di Spagna, desde a igreja até a fonte da barca e os prédios em frente. A integração, no entanto, como todas em nossa mente, é alcançada e logo ameaçada, aqui pela chegada do marido. Ele é uma parte que Shandurai havia deixado e que volta a bater em sua porta. O filme termina como começou, com um ponto de interrogação.

O filme me despertou duas questões principais. Em nosso caminhar, em nosso desenvolvimento, durante toda a vida, somos levados a conviver com o diferente, que é a mente do outro; acho que essa é uma das questões principais deste filme. A outra questão é a de conviver com sentimentos, pensamentos, desejos que existem em nós mesmos, muitas vezes conflitantes e discrepantes.

Bertolucci fala-nos, nesta obra tão bela, da força do amor. É uma história de renúncia e de solidariedade, mas também de ódio, de revolta, de arbitrariedade e de destruição. Da integração que temos de fazer em nossas mentes entre as forças de amor e de ódio. Uma integração que pode ficar mais forte e duradoura em muitos momentos, mas que pode ser perdida, e então ficamos desorganizados e fragmentados, para novamente buscar uma reorganização.

Acho que este é um dos pontos de beleza e profundidade deste filme, que mostra o contraste e a complementaridade das forças de amor e ódio, de construção e destruição, em constante oscilação e alternância, por exemplo, na relação entre duas pessoas, na relação entre culturas diversas, na relação entre países, e, numa visão psicanalítica, dentro de nossas mentes.

Em psicanálise, quando falamos de amor e de ódio não nos referimos somente a sentimentos ou afetos, como quando gostamos muito de alguém ou quando estamos com raiva de alguém. Em nossa linguagem, amor e ódio são as duas correntes principais de forças que agem em nossas mentes. O amor é uma força de vida, que faz com que cuidemos do que somos e do que temos, que faz com que tenhamos vínculos e ajudemos outras pessoas; nos faz sonhar, planejar e ter esperança em melhorar nossas vidas e a de outros. É uma força construtiva, que une, que nos faz levantar recursos para realizações positivas. Alguns autores falam do amor como um vínculo que faz reunir letras para formar as palavras, que são a base de nossas ideias ou pensamentos.

A capacidade de pensar é o que organiza o caos interno, é o que faz com que suportemos nossas dores, nossas perdas, e leva, com os esforços necessários, à integração e ao desenvolvimento. A capacidade de pensar é filha do amor e a própria essência de nossas mentes. Isso fica representado no filme de Bertolucci pelo que chamei de elementos de ligação.

Já o ódio é uma força que separa, que desune e destrói. Em linguagem psicanalítica, é uma força de morte. Ele pode se expressar de maneira inequívoca, como ocorre na agressividade física, mas pode se expressar em atitudes, por exemplo, pela necessidade de poder, de controle sobre outros seres humanos. Dentro da mente pode operar como uma força que não permite a união das ideias, não permite um pensar verdadeiro, de acordo com a realidade.

O ódio também pode ser uma força muito sutil, disfarçada e insidiosa, quando se torna muito mais perigoso pela dificuldade em ser reconhecido, como nas manipulações que podem ser feitas às pessoas e a nós mesmos, nas mentiras com aparência de verdade, no planejamento de vinganças, no ciúme e inveja dissimulados.

Porém, o amor e o ódio não estão muito distantes um do outro em nossas mentes. Eles estão combinados dentro de nós, em diferentes proporções. Por essa razão, não podemos dizer simplesmente que o amor é bom e o ódio, ruim. Usamos a nossa agressividade para inúmeras realizações, até para romper com coisas velhas, que nos atrapalham. Em contrapartida, amor em excesso, proteção em excesso, sufoca. Sabemos que as forças construtivas não surgem em estado puro, pois sempre há um movimento destrutivo querendo solapá-las; e, quanto às forças destrutivas, espera-se que surja uma reação para opor-se e não deixar o ódio imperar.

Na história da humanidade temos inúmeros exemplos disso, neste filme também, e, se pensarmos em nossa história pessoal, também encontraremos essa dialética.

Vi neste filme, com a história de amor desse casal, uma metáfora das relações humanas em suas muitas modalidades; mas também uma metáfora do que acontece em nossa lida com toda uma gama de sentimentos, ideias, desejos, os quais podemos negar, conhecer, ou nos deixar assediar por eles. Mas tudo isso sempre nos dá um grande trabalho.

Às vezes nos sentimos fortes, outras vezes, destruídos. E temos sempre de ao menos tentar fazer integrações, organizações e buscar equilíbrio interno para, a seguir, perdê-lo e ter de recomeçar, mas nunca do mesmo lugar. E assim esperamos nos desenvolver. Acho que o filme fala da vida, cíclica, oscilante, com distâncias, com encontros, e cheia de pontos de interrogação.

8. Ensaio de orquestra[1]

Alexandre Martins de Mello

Agradeço ao Fellini e aos amigos pelas ideias para reflexão e pelo material sobre esse grande diretor e seus filmes. O filme começa com o copista falando de sua paixão pela música e da glamorosa sala de concertos, uma antiga igreja com uma acústica primorosa. Logo descobrimos que a televisão realizará um documentário, os músicos vão chegando e afinando seus instrumentos enquanto são entrevistados.

Aparece a paixão pelo instrumento e as rivalidades entre grupos de instrumentos, cada um se considerando mais importante para a orquestra. A relação com a música e com o instrumento é apresentada com sentimentos. Eles são definidos como: companheiros, refúgios, virilidade, causa de loucura (flauta), alegria, oportunidades. Percebemos dramas, um músico muito velho doente, outro tomando ansiolítico, uma bebendo. Um músico fala de neurose, lembra que neurose pega como carrapato. Há um espaço lúdico, alguns brincam,

1 *Prova D'Orchestra* (1978), direção: Federico Fellini.

como quando a harpista é recebida com a marchinha de *O Gordo e o Magro*.

Um rato aparece, é perseguido, capturado e morto. Logo a seguir aparece o regente, que propõe uma tarefa, a criação de um trabalho. Aponta falhas, é ríspido na maneira de corrigir os músicos. Uma irritação geral se instala. Um ensaio em ritmo galopante aquece o grupo. Nesse momento alguns retiram casacos e agasalhos. Um clarinetista se revolta, recusando-se a repetir um trecho sozinho pela terceira vez. Alega que o contrato com o sindicato não permite. É apoiado por outros. O regente pergunta aos músicos se eles querem seu rabo e o mostra!! O sindicalista entra em cena impondo uma pausa. O auditório é abalado por um forte estrondo.

Enquanto os instrumentistas tomam café e conversam, o maestro é entrevistado. Fala da percepção de que os músicos não estão unidos por amor, e sim por ódio, "como uma família destruída". Queixa-se falando de tempos em que a disciplina e o amor pela música eram mais presentes. Revela seu materialismo falando das casas que possui pelo mundo.

Ainda era entrevistado quando falta luz. As trevas se impõem no espaço e nas mentes, os músicos se revoltam, picham paredes, sujam imagens de músicos ilustres. O regente é deposto e substituído por um metrônomo gigante. As cenas de violência se sucedem, enquanto um casal tem uma relação sexual caricata embaixo do piano. Há agressões físicas, um deles saca uma arma e começa a atirar. Instala-se o caos. Até o aparelho é deposto e danificado. Nesse momento o maestro, cercado por alguns músicos antigos, permanece sentado, recolhido, refugiado em si. Uma parede é derrubada por um gigantesco guindaste de demolição, ferindo a harpista, que é carregada pelos colegas. É uma metáfora da ruína do grupo, da ruína da humanidade. O maestro volta a liderar o grupo, sem retaliações, pede ajuda para levantar o púlpito e recomenda que cada um cuide de seu instrumento. Lembra quem são: músicos!!! Lembra o amor pela música. Evoca a tarefa do ensaio. Voltam a ensaiar unidos com vitalidade. O filme termina com o maestro gritando com os músicos em alemão.

Após o resumo do filme, que retomarei ao longo da minha fala, vou começar pelo relato de um sentimento de mal-estar que me acompanhou após a última vez que assisti ao filme. Relacionei o sentimento com o título em italiano, *Prova D'Orchestra*. A palavra prova me remeteu a duas associações, a primeira relacionada com prova de roupa, uma situação que quem já mandou confeccionar uma roupa em costureiras ou alfaiates conhece. Uma prova de roupa é uma situação que ocorre quando o tecido já está cortado e serve para o ajuste e a marcação das costuras no corpo da pessoa. Falamos experimentar uma roupa, verbo que nos remete a experiência emocional agradável, afinal, quem não gosta de roupa nova?! Momento de criação artesanal de um alfaiate ou modista. Achei este caminho interessante, mas não pareceu combinar com o sentimento de mal-estar que percebia.

Outra possível associação é com as provas escolares, momento de angústia para muitos estudantes. Angústia é um sentimento desagradável. A experiência de estar angustiado, que todos já experimentamos em algum momento, me remeteu a pensar sobre o que achei angustiante no filme. A desorganização do grupo e a violência que emergiu são extremamente angustiantes. Como não se impressionar com a violência que emerge nos pacatos músicos após a falta de luz e a destituição do maestro? O potencial construtivo e destrutivo de um grupo é sempre maior do que a somatória das capacidades de seus indivíduos. Nesse caso, vemos um grupo que se desintegra e depois no final realiza um grande movimento de reparação.

Que forças estavam presentes determinando em cada indivíduo e no grupo esses movimentos? As mesmas que nos movem todo o tempo, os sentimentos, as manifestações de nossas pulsões, vida e morte. Desde o começo aparece o amor-próprio de cada um dos músicos e do maestro, percebemos uma implicância com pequenas diferenças e brincadeiras, que permitem um clima lúdico para tratar essas diferenças individuais. O amor-próprio é importante, sem ele o indivíduo não tem autoestima, perde seu senso de valor, cai num estado de profunda tristeza, não tem ânimo para realizar os esforços necessários para a vida.

Mas quando é excessivo, combinado com sentimentos de ódio e inveja, o tal do "orgulho besta", provoca desastres. O trabalho e o esforço perdem seu valor transformador e criativo. Há a percepção do ódio, a referência a uma família destruída. Nesse ponto cabe uma observação sobre a necessidade real e também simbólica de uma família no interior da mente de cada indivíduo. Pais que suportam os próprios sentimentos contêm sua violência e auxiliam a criança no desenvolvimento. O desenvolvimento de um espaço mental que pode ser comparado a uma orquestra. Para o pensamento é necessário esforço, observação, tolerância, curiosidade, direção e amor pela vida.

O momento de destrutividade que emerge na orquestra é resultado de algo que existe em todos nós, um grande potencial para a violência, para o caos, a loucura, a perversão. O líder é atacado e impedido de trabalhar, é desqualificado em sua capacidade de conduzir o grupo. Penso que a tragédia estava anunciada na percepção da frágil união, e nas imagens da orquestra desvitalizada, burocrática, prisioneira de contratos de trabalho perversos que não priorizam o trabalho criativo, que burocratizam a relação com a música. O exemplo da família destruída; a metáfora do rato! O rato, animal que mora nos subterrâneos, se esconde nos buracos. São os aspectos perversos que, se desconhecidos, são daninhos, roubam e contaminam os alimentos nutritivos.

Volto ao desconforto que ficou depois do filme, o encontro com a destrutividade não é agradável, é difícil. Há um aspecto importante em que pensei lendo uma entrevista com o próprio Fellini, na qual ele fala: "O artista é fundamentalmente um transgressor, ele pode ser também um revolucionário, mas, psicologicamente, o artista tem uma necessidade infantil de transgredir. Para isso, basta os pais, um padre, a polícia e um entrevistador. Um ser criativo tem a necessidade de se exprimir através de um ato de transgressão para fazer ruir a violência da tradição, do que está consolidado, dos costumes que sufocam, porque, daí em diante, está tudo ultrapassado". É importante a distinção entre uma transgressão perversa, predatória, que destrói o que existe, sem substituir por nada além do primitivo, do caos, como vemos no filme, e a transgressão do artista como Fellini expressa na entrevista. Podemos ter famílias e sociedades que sufocam o novo, a criatividade, ou estruturas sociais e familiares continentes para o primitivo, a destruição, proporcionando um ambiente favorável à arte.

Volto ao filme, ao momento em que a orquestra se reorganiza depois da quebra. É um momento bom, com um pouco de união e vitalidade. Para a reparação, a orquestra passou por relatos melancólicos, lembranças do passado, amor pela música, amizade, brincadeiras, terror, caos e violência. Não há vida sem turbulência emocional, como não existem grupos coesos e produtivos todo o tempo.

Gostaria de terminar citando o trecho que encerra um trabalho de um analista estadunidense publicado no *International Journal of Psychoanalysis*, Glen Gabbard:

> *Para concluir, espectadores não frequentam filmes apenas para se divertir. Eles vão ao multiplex para encontrar ansiedades poderosas, há muito esquecidas, sustentadas por experiências de desenvolvimento universais. Ao se confrontarem a distância, em um cinema escuro, eles têm a oportunidade de redirecionar aquelas ansiedades e ir embora enriquecidos e revitalizados. Como acontece com*

> *todas as formas de arte, . . . quando estudamos filmes, nós estudamos nós mesmos.*

Referência

Gabbard, G. O. (1997). The psychoanalyst at the movies. *International Journal of Psychoanalysis*, *78*(3), 429-434.

9. Náufrago[1]

Lia Fátima Christovão Falsarella

Vou, logo de início, tomar emprestadas umas palavras do filósofo Merleau-Ponty (1960). Dizia ele: "No diálogo, fico liberado de mim mesmo, os pensamentos de outrem são dele mesmo, não sou eu quem os formo, embora eu os aprenda tão logo nasçam e mesmo me antecipe a eles; assim como as objeções de outrem arrancam de mim pensamentos que eu não sabia possuir, de tal modo que, se lhe empresto pensamentos, em troca ele me faz pensar". Sugiro que essa imagem de um pensar ou de um existir que evolve a presença de um outro fique, então, como uma imagem exemplar para o que vou desenvolver. Ao final, devo voltar a isso.

Quando nos reunimos assim, como estamos reunidos aqui hoje, criamos uma situação muito particular, especial mesmo, porque, no dia a dia, organizamos nossa vida inserida em certas dimensões de tempo e espaço. Temos nossos calendários, nossos relógios, horas de sessenta minutos, minutos de sessenta segundos e assim por diante. Nas palavras do nosso personagem: "O tempo nos

1 *Cast Away* (2000), direção: Robert Zemeckis.

controla sem piedade". De fato, são as marcações desse nosso tempo, dito profano, que, por sua vez, podem romper-se no rito de, por exemplo, despregar-se um curativo, como no filme, e remeter-nos a uma outra dimensão – *in illo tempore*, um tempo sem tempo para onde converge toda a existência humana, de todas as épocas. Um tempo simbólico, fornecendo tantos significados quantos forem os olhares que para aí se dirijam: o olhar de um cineasta, de uma antropóloga, de uma psicanalista e de outros, cada qual extraindo daí sua parcela de respostas.

Também numa noite como essa, ao deixarmos nossas casas para nos reunirmos aqui, executamos uma espécie de ritual com o qual escapamos ao cotidiano; rompemos, de certo modo, com nossas marcações habituais para nos lançarmos na busca de um novo conhecimento, talvez... De toda forma, uma busca que tem paralelo com muitas dessas lendas e poemas de fantásticas viagens a terras desconhecidas, de heróis que ousam transgredir etc.

Mais ainda, do ponto de vista de uma busca de si mesmo, podemos estender esse paralelo que estou sugerindo ao processo psicanalítico, ou mesmo a uma sessão de análise. Aí também ocorrem rupturas análogas, inaugura-se um tempo e um espaço peculiares. É muito comum um analisando comentar algo assim: "Vinha para cá cheio de histórias para te contar, mas, quando entro por aquela porta, alguma coisa muda e aquelas histórias já não fazem tanto sentido". A experiência emocional de uma análise, de fato, desenvolve-se num tempo e num espaço peculiares – a hora de cinquenta minutos –, e tentamos abarcar isso que se passa com nomes tão genéricos como campo, *setting* ou situação analítica. De toda maneira, é uma situação deveras extraordinária, com a característica essencial de se desenrolar na presença de alguém, sendo esse alguém um psicanalista; de modo geral, damos a isso o nome de psicanálise.

A presença de um outro

Não pretendo comentar o filme propriamente, como vocês já devem ter percebido. Pretendo acompanhar alguns dos movimentos emocionais que o filme deflagra e põe em andamento, naquilo que me inspiram com relação a um tema caro aos psicanalistas, que é a presença desse outro. Esse outro sem o qual não há análise e, até onde podemos alcançar, tampouco há vida psíquica. Esse outro que pode passar por vários estágios numa mesma relação.

A princípio, para haver vida, é preciso que a fome seja saciada, que necessidades vitais sejam satisfeitas. Até aí, nós e os outros animais caminhamos mais ou menos juntos, tratamos de sobreviver, como o personagem, nos primeiros tempos, naquela ilha. Mas é justamente quando essa satisfação é negada, ou seja, quando a frustração se impõe, é aí, na dificuldade, na descontinuidade, no hiato entre o anseio e a realização desse anseio, que surge, por assim dizer, a primeira centelha de pensamento ou de "psique", como na frustração do nosso personagem, na sua luta para obter fogo.

Esse "fogo", de certo ponto de vista, simboliza esse passo de que estamos falando. Da mesma forma, essa frustração, enquanto dor narcisicamente sentida por uma criança pequena, precisando tolerar os tormentos da sua fome até receber o conforto, a saciedade que lhe provê o seio materno. É dessa dor, dessa ferida, da espera que nasce esta nova condição humana: a condição de pensar. Contudo, alguém está por ali. Na expectativa da criança existe um seio que vai chegar, existe uma mãe que, se não está presente, deve, no entanto, existir em algum lugar.

Remetendo-me ao filme: existe um olhar que acompanha... Não se trata de uma frustração lançada no vazio. Se assim acontece, nasce daí mais dor, até o insuportável ou até o terror. Essa frustração, para ser benigna e gerar crescimento, há de ser em presença de um outro.

Em princípio, esse outro é concebido como um certo prolongamento de nós mesmos. É assim no começo da vida, é assim numa análise, é assim num começo de namoro, num apaixonamento, porque a vida tende a repetir certos ciclos. Esse outro, envolto em certa magia, em certa aura de idealização, é concebido mais ou menos como imagem e semelhança de nós mesmos ou de nossos anseios, como representado no filme: sangue do mesmo sangue.

Uma vez, li um trabalho de um colega de São Paulo – Plínio do Amaral – intitulado: "Por quem teria, verdadeiramente, Narciso se apaixonado?" (1992). Conta a lenda que se apaixonara por sua própria imagem refletida num lago. Mas esse autor segue por uns caminhos interessantes e vai dar em algo mais ou menos assim: não teria Narciso se apaixonado por sua imagem refletida nos olhos de sua mãe? Ou seja, não teria se apaixonado por si mesmo pelos olhos de sua mãe? A relação aí é amalgamada, fusional, porém é essa relação que nutre narcisicamente por meio desse olhar, por assim dizer, que permite que o indivíduo vá construindo a noção do seu existir, do seu ser, da sua "psique" e da realidade que o cerca; esse olhar que corrobora a existência de algo, de certa realidade. Como diria o nosso herói para o "seu" Wilson: "O vento ajudou, não ajudou Wilson?", como quem dissesse: "Você está vendo o mesmo que eu estou vendo, não é?". Ele já não está só.

O luto

Mas, naturalmente, essa relação idílica cumpre sua função e tem seus dias contados. É preciso! Começamos um trabalho, por exemplo, no calor do entusiasmo, mas esse entusiasmo, por si só, não se sustenta. É sempre chegada a hora do desenlace, da ruptura, de uma espécie particular de desencanto, uma espécie de ajustamento com a realidade, sem o qual também não há crescimento. E, de novo, estamos falando de algo que pertence a vários estágios da vida e se repete a cada uma das inúmeras vezes que vamos renascendo pela vida afora, a cada vez que amadurecemos um pouco ou, para usar uma imagem do filme, a cada vez que atravessamos a zona de rebentação.

Essa experiência pertence a cada um de nós. Está representada no mito da perda do paraíso. Quem alguma vez na vida já não chorou desoladamente, chorou e chorou, sem nada que pudesse fazer a não ser chorar e esperar que um outro dia nascesse e trouxesse a serenidade? Porque a vida impõe essas renúncias, às vezes concretas, mas nem sempre – às vezes, esse luto de que se trata é dentro, muito mais por alguma coisa que muda, que amadurece em nós. Porque é preciso que a paixão ceda ao amor mais maduro; que o entusiasmo ceda à tolerância; por exemplo, é preciso que um filho, para crescer, liberte-se de seus poderosos pais da infância, e os pais amadureçam seu amor, de tal forma a poderem reconhecer que, embora amem seus filhos, não podem impedir que sofram, não podem impedir que partam. São momentos de quebra de orgulho, de renúncia, às vezes sentidos como de extrema solidão.

Mas, essencialmente, o que está em mudança é a relação com esse outro dentro de cada um de nós. John Steiner (1991) – um psicanalista inglês – diz isso de uma forma bem poética, talvez até porque apenas as formas poéticas deem conta de expressar um pouco mais essas vivências. Ele diz mais ou menos assim: essa realidade psíquica, de que estamos falando, inclui a percepção do "desastre" interno, o conhecimento de que "o amor e os desejos reparadores" não são suficientes para preservar esse objeto dessa forma, que "é preciso permitir que morra, com a desolação e a culpa consequentes".

É como nosso personagem se desculpando com "seu" Wilson, mas retornando à jangada para continuar vivo. É a vida que se impõe! E uso agora uma fala do próprio personagem: "É preciso continuar respirando, porque a maré pode trazer algo". Ou ainda: um navio pode aparecer, um outro amor pode surgir. É a esperança que nos mantém, como algo que restou intacto dentro daquela caixa até o final da história. Porque isso de que estou falando diz respeito a algumas vicissitudes do amor, que vai amadurecendo ao longo da vida.

Conclusão

Considero aqui como um estágio no amadurecimento da capacidade de amar, necessário e fortalecedor para o ego, esse amor realizado narcisicamente "naquele olhar" – esse amor por si, que nutre um indivíduo capaz de esperança, capaz de resgatar desse "naufrágio" a si e aos objetos dentro de si, para uma relação mais madura, mais livre, na qual se podem realizar mais plenamente aquelas palavras de Merleau-Ponty: "as objeções de outrem que arrancam de mim pensamentos que eu não sabia possuir, de tal modo que, se lhe empresto pensamentos, em troca ele me faz pensar". O outro continua sendo necessário para revelar, para mim mesmo, minha existência, mas algo amadureceu. Está franqueado o caminho de uma realização mais plena de cada individualidade.

Referências

Amaral, P. A. (1992). *Por quem teria, verdadeiramente, Narciso se apaixonado?* Trabalho apresentado em Reunião Científica da SPBSP.

Merleau-Ponty, M. (1960). O filósofo e sua sombra. In *Signes*. Gallimard.

Steiner, J. (1991). O interjogo entre organizações patológicas e as posições esquizoparanóide e depressiva. In E. B. Spillius (Ed.), *Melanie Klein Hoje* (Vol. 1). Imago.

10. O Rei Leão[1]

Mércia Maranhão Fagundes

Psicanálise e cinema apresentam uma relação íntima que tem sido reconhecida há algum tempo. Isso se deve muito provavelmente ao fato de a leitura psicanalítica poder iluminar o significado de um filme. Por meio da teoria da clínica psicanalítica pode-se desvendar o que está acontecendo na tela. Certamente, ao se realizar esse trabalho não se pretende chegar a uma leitura definitiva, ou seja, não se propõe encontrar uma verdade absoluta. Pretende-se, sobretudo, ampliar as possibilidades de interpretação de alguns episódios.

Como todas as formas de arte, por meio do contato com o cinema também conhecemos um pouco de nós mesmos. De certa forma, o filme revela a linguagem do inconsciente e tem se tornado uma fonte vastíssima para o conhecimento e o estudo das imagens psicológicas do nosso tempo. Assistir a um filme e interpretá-lo tem para a audiência contemporânea a mesma utilidade que a tragédia teve para os gregos por cinco séculos. A tragédia não só produzia catarse, mas também criava uma oportunidade de unir a audiência a

---

1 *The Lion King* (1994), direção: Roger Allers e Robert Minkoff.

sua cultura, por meio de dimensões mitológicas. E assim, da mesma maneira que Ésquilo ou Sófocles proveram uma conscientização para os cidadãos de Atenas, pode-se dizer que os cineastas despertam nossa capacidade crítica não só em relação ao nosso meio, mas também em relação a nós mesmos.

Acredito que nestes encontros, em que apontamos nossos olhares para o cinema e o comentamos, podemos estar vivendo uma experiência similar. Essa experiência de assistir a um filme, pensar e conversar com a audiência sobre ele abre um espaço para a própria mente exercitar movimentos. Nesse processo podemos nos identificar, de maneira prazerosa ou não, com os sentimentos apresentados, conhecendo e desvendando nossos próprios mitos pessoais e os do nosso tempo.

Pode-se dizer que o filme disponibiliza soluções por meio das quais se realizariam os desejos e se dissolveriam muitos dos dilemas humanos. Isso me faz pensar que nesse momento participamos de um evento de uma maneira muito ativa, ou seja, ao assistirmos a um filme não deparamos apenas com a tentativa de entretenimento. No escuro do cinema, mantendo uma certa distância de nós mesmos e de nossa realidade cotidiana, é possível vencer a nossa própria ansiedade por meio da empatia que se estabelece com o personagem e sair, portanto, enriquecido e aliviado.

Freud tinha algumas reservas em considerar o cinema como arte, porém não desencorajou seus discípulos a se envolverem com produções cinematográficas que trataram, inclusive, de seus trabalhos sobre os sonhos. No início dos anos 1950, psicanalistas observaram que o estudo psicológico do cinema pode ser tão interessante e útil para o conhecimento do funcionamento da mente como foram as aplicações do pensamento psicanalítico, realizadas por Freud, às peças de Shakespeare, Ibsen e Sófocles. Talvez até fosse possível nos determos sobre questões dessa natureza e conversar longamente sobre elas, porém, do meu ponto de vista, como pediatra e psicanalista, especialmente diante de um desenho animado, outras questões ganham maior relevância.

Como psicanalista sou pressionada, pela necessidade de cuidar do sofrimento do meu cliente, a dividir com ele a vivência de um *quantum* da sua angústia. Em cada sessão de análise vou ao encontro de sua dor mental. Nesse sentido, vejo o acesso da criança ao cinema, especialmente ao desenho animado, como um meio auxiliar na tentativa de digerir um pouco do que, até então, ainda não encontrou espaço mental para ser expresso e compreendido.

O cinema tem trazido mais e mais, especialmente para a criança muito pequena, a possibilidade de se identificar com um personagem e por meio dele conscientizar-se de algumas situações. Elas veem no personagem um recipiente em que colocam suas emoções, muitas vezes violentas e desconhecidas. Esse é um recurso por meio do qual elas cuidam de sua mente e aprendem a respeitá-la. Elas normalmente escolhem, se identificam com alguns personagens e passam a se referir a eles com desenvoltura e intimidade. Em determinado momento, são frequentemente tomados como ponto de partida para elaboração de muitas situações conflitantes.

Todos nós que convivemos com crianças sabemos como elas adoram assistir e assistir a seus filminhos e como se aliviam e se tranquilizam depois disso. Isso, na verdade, não acontece só com elas. Eu detecto mesmo como algo peculiar do ser humano a dificuldade de expressar suas emoções. Muitas vezes, o que nos resta é viver momentos em que nos sentimos completamente soterrados por elas. É quase uma guerra travada a cada momento. A tentativa de fazer com que as emoções caibam nas palavras e no tempo delas, para que possamos comunicá-las e, então, estabelecer nossos contatos com outras mentes e com nossos próprios vínculos, é extremamente difícil. Se não conseguimos encontrar um modo de fazê-lo, nossa mente explode em angústia e sobrevém a loucura.

Às vezes vivemos microexplosões mentais que, se não respeitadas, podem causar desastres maiores. Poderia dizer também que quanto menor nossa experiência de vida e nossa performance em viver momentos de tensão e dor, ou seja, quanto maior a imaturidade, com certeza será maior a angústia. Na criança, consequentemente, a turbulência emocional atinge seu grau máximo. Isso se deve a sua imaturidade, acrescida da grande fluidez da sua mente e da extrema plasticidade mental (que consiste na propriedade de adquirir determinadas formas sensíveis, por efeito de uma ação exterior) que lhe são características.

Por mais difícil que nos seja aceitar, em alguns momentos, percebemos claramente que a vida da criança não é fácil e que o mundo dela não é só colorido pelas suaves cores do arco-íris. Talvez essa realidade infantil fique mais compreensível para nós, adultos, se nos recordarmos de emoções que vivemos com os desenhos animados, por exemplo. Certamente não nos esquecemos de como foi lindo e apaixonado o beijo de *A dama e o vagabundo*. Será que já vimos outros capazes de nos tocar com tanta intensidade? Não nos esquecemos também da dor insuportável que sentimos pela morte da mãe do *Bambi*, que representa uma realidade tão terrível que jamais poderia sequer ter sido sonhada. Por meio dessas emoções, vivenciamos outras só nossas, das quais nem sempre temos a menor noção, e simultaneamente construímos nossa catarse.

Em minha experiência como psicanalista, no contato íntimo com a mente das crianças, trabalho e convivo com os personagens especiais de cada um. Por meio deles é possível identificar em cada "Simba" que vai viver sua sessão de análise suas especificidades, e também as vivências que são comuns a todos, porque são próprias de quem é humano, até de quem, na sua fragilidade, não pode se sentir como tal e precisa viver como se fosse um deus. E é pautada nessa fragilidade, que é tão conhecida de toda criança, que a história de um garoto, o leãozinho Simba, se inicia.

Como todo início de vida, como todo nascimento, o início deste filme traz uma beleza incomparável. Traz também a alegria e a esperança de um novo tempo, a certeza de um futuro que já começou. É um momento de solidariedade com a vitória que o novo ser conquista ao sobreviver à ruptura em que consiste o nascimento. É um momento de cumplicidade com o ser lançado em um meio tão estranho e, ao mesmo tempo, tão repleto de possibilidades e realizações. A força da vida que palpita exige uma reverência de toda a natureza, forma uma coligação com aquele que nasce, como se seu nascer fosse um pouco o nascer de todos nós, mesmo daqueles cansados e sofridos, pois estão sujeitos às adversidades e vicissitudes que a mesma vida muitas vezes nos apresenta.

Até os que, por despeito ou inveja, não conseguem comemorar não ficam imunes à grandeza e à majestade que contém o nascimento. Com clareza o tio de Simba, Scar, nos dá um bom exemplo dessa situação e ainda explicita quão intenso é o seu sofrimento, alertando o próprio rei para não o menosprezar.

Simultaneamente, o nascimento de Simba me parece ser um momento grandioso para o bom Mufasa. Ter se tornado pai o deixa tão orgulhoso e poderoso que está realmente insuperável, invencível. Talvez se sinta como me parece que se sente todo homem que se torna pai: agora, sim, é rei! A partir daí, passamos a reviver com Simba o árduo esforço que cada um de nós faz para paulatinamente conquistar toda a nossa identidade, inclusive de raça e de gênero.

Em um primeiro momento, já podemos ver o quanto esse bebezinho se apavora ao perceber que a vida está em movimento e que é preciso acertar o próprio passo com ela para que esta não lhe escape. Ele percebe que ela é complexa, compreende diferenças nem sempre muito aceitas e que são, em muitas situações, sentidas como gradação de poder. Nesse momento, são levantadas questões como: quem são os superiores? Quem é o topo ou a rabeira da cadeia alimentar? A criança sabe de diferenças, de poder? Quem sou eu nesse mundo desconhecido?

Simba, lançado no seio, na intimidade da vida de um casal, passa a contar literalmente com esse homem e essa mulher para aos poucos adquirir a capacidade de ser. É muito bonito ver como é apresentada, nesta história, a divisão de cuidados do bebê e posteriormente do leãozinho pelo casal de pais, pois remete-nos à nossa realidade.

A contenção da mente de um bebê é dada, na mesma medida, pelo pai e pela mãe, apesar de existir na nossa cultura uma celebração mais destacada da função da mãe. É na presença do pai, que intermedia a relação da mãe com seu bebê, ou da mãe, que intermedia a relação do pai com o bebê, que pode ser afastada a possibilidade de confusão de identidades. É na saudável convivência desse triângulo, podemos acrescentar muito amoroso, que o jovem bebê pode começar a ser visto pelos pais, inicialmente, e depois por ele mesmo como ser único.

Acredito que esse filme levanta uma questão que se impõe para ser pensada aqui. Quantas vezes os pais vivem momentos de impasse na difícil função de educar os filhos, culpando-se? Poderiam, quem sabe, ao invés disso, dividir mais entre si os cuidados dos filhos. Talvez os filhos precisem muito mais de um casal cuidando deles, pai e mãe, dois pontos de vista diferentes, para desenvolver sua mente e sua capacidade de pensar do que de pais e mães que se esforçam para atingir um grau de harmonia e perfeição impossíveis.

O reconhecimento pela mãe de que seu bebê não é só seu, mas que tem um pai, é que lhe permitirá acolher e respeitar essa relação, o que fatalmente libertará, desde o início, o bebê para que ele possa ver o mundo, mesmo que, no princípio, essa seja uma visão compartilhada. É muito lindo de ver quando Sarabi, a mãe do Simba, com um delicado e carinhoso empurrãozinho, permite e respeita a relação do leãozinho com seu pai. Como consequência, nos é possível vê-lo observando com um olhar ambicioso e guloso toda a riqueza do pai e do mundo. Ele diz, pasmo: "Tudo isso que o sol toca um dia será meu...". Cresce com Simba sua admiração pelo pai, generoso, que não parece rivalizar com o filho, mostrando-se responsável e, por que não dizer, muito humano, com seus temores e com seus momentos de coragem.

Porém, as dificuldades para as crianças são tantas e tão grandes que o leãozinho acredita que o pai é mesmo um herói. Ele mesmo verbaliza: "O que eu quero mais é ser rei!". A partir daí, vai-se configurando a possibilidade de um conluio com o tio invejoso, o desejo de se apossar de tudo que o pai tem. Aos olhos de Simba este é dono de um império. E tem a riqueza maior, tem a mãe. A ânsia de poder um dia também ser rei, substituir o pai, desperta em Simba a culpa. Por isso, ele assume a culpa por um assassinato que, na realidade, não cometeu. Essa culpa pode persegui-lo por quase toda a vida.

A dor maior é não poder contar com o amor e a compreensão do pai presentes no seu coração. Não merece mais aquele império. Não merece mais ter uma família. Sobrevém tudo o que Simba mais temia: a dor do desamparo, a dor da solidão. Impedido pela culpa de poder contar com o amor dos pais e com o que até então tinha recebido, o leãozinho não pode assumir sua identidade e usufruir com plenitude de sua criatividade e sua sexualidade. Assim, abandona o lar e busca conforto em "Hakuna Matata!". Como para todo garotinho, a convivência amorosa com os camaradas pode mitigar essa culpa e possibilitar a experiência de uma relação com amigos e companheiros, relação esta tão necessária e saudável.

A realidade se impõe e a adolescência explode com toda a sua força. A vida com os companheiros apenas não satisfaz mais. Os impulsos, o desejo por uma mulher que o contenha de fato passam então a orientá-lo na vivência do próprio destino. É impossível, para Simba, manter-se imune ao desejo da mulher, de Nala. Esse é um outro momento muito feliz da história, aquele em que Simba sente que sua antiga companheira de folguedos infantis é capaz de estar com ele como homem e contê-lo, porque agora ela é uma mulher. No olhar dela de mulher, ele se vê um homem.

Esse episódio também aponta uma questão para a qual eu gostaria de chamar a atenção: o critério sabiamente usado por Simba para a escolha de sua mulher. O que quero destacar é que ele escolhe aquela capaz de enfrentá-lo, de contê-lo, de defrontar com a sua agressividade, com a sua potência, e dividir com ele seus momentos juntos, com soltura e liberdade. É algo que merece uma reflexão, não? As princesinhas muito frágeis, indefesas e delicadas, que permanecem à espera de serem despertadas de seus sonhos, quando a vida se tornar um sonho, não podem oferecer aos seus príncipes a firmeza de companheiras, de cúmplices, para que estes possam estar potentes e livres, com amor.

Se, por outro lado, usarmos o critério de Nala para a escolha de um homem, esta deveria cair sobre o homem que lhe despertasse muita admiração. Na minha maneira de ver, um outro aspecto revelado por esse filme é a forma como Simba construiu sua identidade a partir de sua vivência masculina. Viver a identidade de gênero de macho, para Simba, implicou assumir também a sua história e reviver, por meio de sentimentos, suas memórias. Implicou assumir os desejos de um passado tão distante, adormecido, porém ainda conflituoso e presente.

Tal experiência nos remete a uma reflexão. Se a culpa não é tão absurda e se o contato com o pai é afetivo, carinhoso, próximo e firme, como foi o de Simba com seu pai, Mufasa, é possível, por meio do contato consigo mesmo, ainda conseguir resgatar o que é seu com força e coragem. Para isso ele precisou enfrentar, na luta com o tio incestuoso, que herda o trono e a mulher de Mufasa, também os seus próprios desejos amorosos dirigidos à mãe.

Finalmente, gostaria de ressaltar que uma das questões que mais me tocam neste filme é que ele aborda simbolicamente a vivência da relação primeira, de um grupo de três, de um triângulo amoroso compreendido por pai, mãe e filho. Ele mostra que é nessa vivência que é possível nascer para a mente a possibilidade de ser produtivo, criativo, livre. Em outras palavras, nos momentos em que o bebê pode perceber que é cuidado por um casal, seu pai e sua mãe, é que se desenvolve sua capacidade de pensar, já que nesses momentos ele pode perceber que os pais se relacionam com ele, porém também se relacionam entre si.

Nós humanos nos ressentimos muito quando percebemos que as pessoas não estão o tempo todo nos cuidando. Sofremos muito porque, sabendo como somos capazes de ser hostis, acreditamos que só não somos únicos no mundo, não participamos como únicos em todas as relações, porque fizemos algo ruim ou porque nos traíram. Daí ser insuportável saber das relações de nossos pais, de sua sexualidade, de sua criatividade. A dor e a percepção de quanto somos frágeis e instáveis sobrevêm e então passamos a evitar qualquer situação que nos aproxime da realidade. No entanto, cada vez que conseguimos viver situações em que sobrevivemos ao sentimento de abandono e exclusão, adquirimos a experiência de que é possível viver a vida como ela é.

É possível viver a realidade interna e externa, mesmo que ela não seja bem como sonhamos. Trata-se de um aprendizado longo, exercitado por toda a vida, mas que deve ser iniciado nos primeiros tempos. Nesses momentos em que suportamos tais vivências temperadas com raiva e ciúmes desenvolvemos nossa identidade e aprendemos a contar também conosco, muito mais do que com os que dizem nos cuidar.

A trajetória de Simba nos revela ainda que é assumindo a própria identidade, com toda a responsabilidade que isso acarreta, que é possível cada um criar e viver seu próprio destino, sua posição na natureza, e adquirir a capacidade de, então, poder participar do ciclo da vida sem fim. Talvez, assim, possamos renascer um pouco ao nascimento de cada bebê, de cada pensamento, de cada ideia, e manter a esperança de que cada ideia nova possa ajudar a construir um novo tempo, uma nova era, em que haja espaço para as diferenças, nem que estas sejam suportáveis apenas por alguns instantes, mas que neles possamos nos sentir cada vez mais livres. Quem sabe seja esta a maneira de ser único, nas próprias diferenças e na própria criatividade.

Essas vivências repletas de sentimentos contraditórios, intensos e turbulentos foram descritas por Freud e ele usou o mito do Édipo de Sófocles para poder falar delas, mais ou menos como Shakespeare já havia feito ao escrever *Hamlet* e, ainda, mais ou menos como nós hoje fazemos ao assistir ao desenho de Walt Disney *O Rei Leão* e conversar sobre o drama mental de Simba. Por diversas vezes já ouvi de meus clientes, ainda crianças: "Choro sempre que assisto ao *Rei Leão*, no momento que morre o pai do Simba". Eu digo a eles que sabem o tamanho da dor de Simba pois, muitas vezes, eles também sofrem assim.

Eu enfoquei, nos meus comentários, a conquista da identidade como, me parece, vivida pelo sexo masculino através da história do leãozinho Simba. Agora gostaria de ouvir de vocês outros enfoques possíveis, como: e o adulto, como se sente diante das vivências do *Rei Leão*? Como se sentem os homens depois de ouvirem falar tanto de uma vivência masculina?

Referências

Arrigoni, M. P., & Barbieri, G. (1998). *Narrazione e psicoanalisi: Un approccio semiologico*. Raffaello Cortina Editore.

Ferro, A. (1995). *Cultura della reverie e cultura della evacuazzione.* Apresentado no Congresso Latino-Americano de Psicanálise, Gramado.

Gabbard, G. O (1997). The psychoanalyst at the movies. *International Journal of Psychoanalysis*, *78*(3), 429-434.

Comentários realizados em 2003

11. Um amor quase perfeito[1]

Ana Rita Nuti Pontes

Quando um filme, um livro, uma obra teatral ou qualquer outra expressão artística consegue penetrar-nos profundamente, aquilo que no fim é mais interessante não é a história, mas os significados que aqueles acontecimentos representados nos trazem: a história é só um meio que transporta os significados. Todos nós assistimos à história de diversos personagens, e em cada um de nós apareceram significados, provavelmente diversos. Do ponto de vista psicanalítico, talvez seja necessário irmos mais profundamente para descobrirmos as motivações mais íntimas no agir dos personagens.

Qual é a maior dificuldade para entrar em contato com o nosso mundo mental? Certamente um grande obstáculo é colocado ao criar, na nossa mente, uma representação preconcebida da realidade, tanto externa como interna, que se torna o filtro para nos enganarmos inconscientemente. Temos medo de não suportar a verdade, porque significa sabermos como somos realmente, a vida como ela é. Como num *setting* analítico onde o paciente conta a sua história

1 *Le fate ignoranti* (2001), direção: Ferzan Özpetek.

e o analista encontra o significado, privilegiarei esse modo de fazer a leitura deste filme.

Há dois anos, quando este filme estava sendo exibido na Itália e fazia enorme sucesso, fui surpreendida por uma avalanche de pessoas que queriam que eu, como psicanalista, desse a minha opinião. Afinal, o que teria provocado nelas essa inquietude, essa vontade de saber mais ou a esperança de que uma psicanalista pudesse dizer algo sobre a história? Por que ficaram tão surpresas? Hoje, me apoio na curiosidade dessas pessoas para começar a escrever as minhas impressões, e fico curiosa para saber se em vocês o filme também provocou alguma inquietude.

Digo inquietude porque o filme nos mostra uma história de amor aparentemente muito inusitada. Antonia vivia com Massimo um casamento quase perfeito, que um dia é interrompido por uma fatalidade do destino, e aí Antonia descobre que o outro amor de seu marido era um homem!!! Será que o que provoca inquietude é o fato de seu marido ter como amante outro homem, ou o de que Antonia se dá conta de que não conhecia o homem com quem por tantos anos tinha comido do mesmo prato e bebido do mesmo copo, como ela mesma disse? Ou ainda o fato de que essa descoberta a faz entrar em contato com ela mesma, com a sua falta de curiosidade sobre a vida, sobre si mesma e sobre o homem com quem ela vivia?

O que este filme me faz pensar acima de tudo é no quanto pensamos que a nossa verdade e a do outro são somente aquilo que conhecemos. O que é a verdade, e por que às vezes ela é tão temida? Por que achamos que não suportamos a verdade?

Para esclarecer um pouco o meu pensamento, lançarei mão de uma história da mitologia grega, a história de Édipo. O mais importante dessa história como popularmente se conhece não é o fato de que o filho matou o pai e casou-se com a mãe, mas o que a precede. Laio, o pai de Édipo, um dia vai ao Oráculo de Delfos (onde se lia na entrada: "Conhece-te a ti mesmo") em busca de predições sobre a sua vida. O oráculo lhe responde que, se um dia ele tivesse um filho, este o mataria. Durante muito tempo, evitou-se o nascimento de um filho, mas Jocasta, sua mulher, astuciosamente consegue engravidar e, quando nasce a criança, decidem que ela deveria morrer, senão mataria o pai. A criança não é morta, mas vai parar nas mãos de um outro casal que não tinha filhos. Édipo acaba sendo adotado sem jamais saber a verdade sobre a sua origem. Quando fica moço, é a vez de Édipo visitar o Oráculo em busca de predições, e este lhe responde que ele mataria o seu pai. Horrorizado com o que o destino lhe reservara, ele resolve não voltar para casa e seguir em outra direção. No caminho encontra um homem com quem acaba discutindo e brigando, até matá-lo. Pois esse homem era justamente o seu pai, Laio. E a tragédia se realizou.

Não quero aqui começar uma conversa sobre o destino, mas quero ater-me à importância da verdade na estruturação das nossas vidas, e principalmente das nossas mentes. Quero dizer com isso que a verdadeira tragédia acontece quando nos impedimos ou somos impedidos de buscar a nossa própria verdade, o conhecimento sobre nós mesmos. O conhecimento da nossa capacidade de enfrentamento da realidade. Quando Massimo morre, Antonia sente que a vida lhe foi brutalmente arrancada, mas sente mesmo que o mundo desabou quando descobre que o seu marido amava também um outro homem. Quem era ele, e ela, e os dois juntos? A verdade nos dá a sensação de que estamos em contato com a realidade. Quando ela falta, a sensação de falta de significado, de "não sei quem eu sou", é aterrorizante.

Comecemos do começo. Na primeira cena, no museu, Antonia espera o seu marido e é abordada por um outro homem que lhe corteja. Depois de um momento, descobrimos que aquele homem é o seu marido. Mas aquilo era uma farsa, ou a verdade daquele casal, quando o marido fingia ser alguém que ele não era, e ela não sabia quem ela era também? Nas poucas cenas de Massimo e Antonia juntos, não pude perceber nenhum movimento que me fizesse pensar que aquele casal vivia de fato uma relação de cumplicidade e intimidade, um casamento verdadeiro. Eles viviam um casamento quase perfeito porque era uma relação de completude narcísica. O outro verdadeiro não existia. Quando uma relação de fato existe, apreendemos, captamos os movimentos emocionais da outra pessoa. Estar emocionalmente ligado a uma pessoa significa tê-la dentro da nossa mente. Intuímos quando algo vai bem ou mal, usamos a percepção inconsciente, que funciona como radares que captam sinais do comportamento do outro. E quanto maior a intimidade, maior a excelência com que captamos esses sinais.

Intimidade, a meu ver, significa, junto com a outra pessoa, criar uma relação autêntica, na qual as características e peculiaridades de cada um vão se entrelaçando com as do outro, e isso cria um vínculo de confiança. Conhecer o outro significa entrar em contato com o mundo mental dessa pessoa, criar intimidade. É diferente de criar dentro de si uma imagem do que queremos que o outro seja e acreditar que a pessoa é aquilo que foi criado, porque intensamente desejado. As paixões, sim, são pródigas no uso desse mecanismo porque a pessoa apaixonada vê no outro aquilo que ela criou. E então a realidade fica comprometida. Vive-se uma ilusão do amor.

O amor, sentimento maior, requer como ingrediente básico a existência do outro, o cuidado com o outro. Mas o outro de verdade, e não aquele criado segundo as minhas conveniências internas. O outro que é diferente de mim, e que me faz sair do meu estado narcísico. O outro que com suas diferenças me ajuda a crescer e encontrar dentro de mim recursos para tornar-me um ser mais tolerante e menos exigente, para desfrutar das delícias de uma parceria. Amar significa, também, estar de olhos bem abertos para vermos e respeitarmos o outro como ele é, sem nos sentirmos desvalorizados porque o nosso parceiro é diferente daquilo sonhado.

Bem, mas e quando dizemos que precisamos ter amor-próprio? É a mesma coisa, porque nós não somos totalmente como gostaríamos de ser, não somos a pessoa dos nossos sonhos, por assim dizer. A cada dia e a cada momento tentamos aprender a conviver com o nosso outro eu que é diferente daquilo que gostaríamos que fosse. Amor-próprio significa estar atento e tolerante às nossas próprias limitações, para podermos respeitar os nossos limites.

Um casal que vive junto por quinze anos e, de repente, a mulher descobre que o marido há sete vivia um outro caso de amor me faz pensar: onde estava a intimidade, a cumplicidade, a curiosidade, a intuição, o envolvimento emocional, nessa relação? Antonia casou-se com o homem que queria, e ponto-final. Parece que ela não podia pensar, usar a sua intuição, envolver-se mais profundamente com aquele que ela acreditava amar. Que amor é esse em que a pessoa está envolvida para ser incapaz de intuir que algo muito estranho se aloja naquela relação? Suponho que Antonia vivia um estado de apaixonamento, e que estava fortemente ligada a um marido que existia só dentro da cabeça dela, e com isso não podia captar as nuances daquela relação. Ou, se percebia que algo de errado estava acontecendo, preferiu se acomodar dentro do cenário que construíra para viver seu casamento e preferiu se cegar para não entrar em contato com uma realidade incômoda. Pode ser ainda que ela temesse não suportar a frustração que lhe traria a realidade ao descobrir-se insuficiente e incompleta para o marido. Assim, a grande dor para o mundo mental de Antonia vem com as descobertas que sucedem a morte de Massimo. Mas é justamente aí que ela nasce para ser como ela é.

O luto é um estado psíquico que a pessoa vive quando sofre uma grande perda. O sentimento é como se aquele que se foi levasse junto com ele todo o significado e a alegria de viver. É muito comum ouvirmos as pessoas dizerem que é como se tivessem morrido um pouco. Depois o tempo vai passando e a pessoa termina por reencontrar a vida dentro dela e sentir que aquele que se foi também fica vivo no seu coração, em todas as marcas e lembranças daquela relação. Quando Antonia descobre que Massimo tinha uma outra vida, a dor foi ainda maior, um outro luto precisava ser vivido, porque Massimo tinha, então, morrido duas vezes. O Massimo que vivia um caso de amor com Michele não era o Massimo que ela conhecia. Com quais lembranças ela poderia se alimentar? Vivências calcadas numa relação na qual o falso era soberano? Quem era o Massimo que ficou na cabeça de Antonia?

A sensação do falso, da inverdade, é aterrorizante porque a pessoa não sabe mais quem ela é. Conhecer as fadas ignorantes, como denominou o diretor, as pessoas que moravam naquela casa/comunidade, parece ter revitalizado Antonia. Em busca da verdade sobre a outra vida de seu marido, Antonia encontra-se com pessoas que a cativam, porque transbordam vida. A vida que é cheia de frustrações, falhas, dores, solidariedade e também alegria genuína. O nosso mundo mental é habitado por muitas fantasias: as mais extravagantes e inadmissíveis publicamente. Fazem parte da nossa sexualidade a bissexualidade, as perversões, os fetiches, o sadomasoquismo travestido de amor. Antonia parece, então, encontrar naquela casa a vida, porque certamente estes eram aspectos mentais seus que ela não conhecia, com os quais não tinha contato porque não tinha curiosidade sobre a vida, não podia pensar intimamente sobre si mesma. Ela buscava a perfeição e era isso que a fazia acomodar-se no casamento com Massimo.

A criança mostra-se constantemente curiosa e é essa curiosidade que a ajuda a se desenvolver. A curiosidade infantil está estreitamente ligada à curiosidade sexual. Quando a pessoa é muito inibida sexualmente, percebemos que também expressa uma grande falta de curiosidade pela vida e pelas pessoas. O prazer de descobrir está atrelado à condição de a pessoa viver a sua sexualidade de maneira mais ampla, e se por algum motivo isso é vivido como algo pecaminoso, então a pessoa se retrai, porque precisa proteger-se da sensação de estar fazendo algo errado. A curiosidade pode também ser sentida como algo que invade e destrói e, também neste caso, é abolida.

Antonia, porém, passado o primeiro susto, praticamente coloca-se como parte daquele mundo. Por meio daquelas pessoas ela vai experimentando sensações e descobrindo um universo que a faz sentir-se revitalizada, apesar da grande tragédia que vivia no seu coração. Ela pode finalmente viver a vida como a vida é. Se pensarmos o casal Massimo e Antonia como elementos que fazem parte do mundo mental de uma pessoa, Antonia corresponderia a um lado que se defendia de conhecer as próprias insatisfações e fantasias que, por sua vez, Massimo representava. Antonia representava para Massimo a vida estruturada e burguesa que ele precisava para viver socialmente. Como se um fosse o complemento do outro. O casal quase perfeito. Então, a curiosidade de Antonia em conhecer Michele era também a de conhecer-se por meio dele, uma vez que ela procurava Massimo em Michele. Antonia e Michele se beijam, procurando Massimo naquele gesto. Mas a realidade se impõe, e ambos acabam por encontrar-se, desta vez sem rivalidade, mas com cumplicidade.

É muito interessante a cena em que Antonia descobre que Massimo era um excelente cozinheiro e Michele ouve do quarto que Serra dá a receita da comida para Antonia. Como se ele conhecesse algo muito precioso de Massimo, a parte mais humana e mais verdadeira. É por essa razão, segundo o meu ponto de vista, que Michele e sua turma nos são tão simpáticos e cheios de vida: porque ali entre eles a verdade sobre Massimo e Antonia era pública. O Massimo que Michele conhecia era imperfeito. Naquela casa o Massimo verdadeiro existia porque todos sabiam que ele era casado com Antonia, onde ele morava, como era a sua vida.

Antonia em um momento do filme pergunta a Michele se Massimo nunca mentiu para ele, e fica transtornada quando Michele lhe diz, inclusive, que eles dois eram os únicos parceiros da vida de Massimo. Mas ele também fica transtornado quando descobre que o livro de poesias que Massimo havia comprado, que foi justamente o detonador daquela paixão, era para Antonia.

Parece que ninguém de nós escapa de ser vítima dos enganos alguma vez na vida. Entretanto, se analisarmos mais atentamente os outros personagens daquela casa, veremos que todos tinham também grandes problemas com as próprias vidas, com as verdades e com as mentiras. O travesti que queria ir ao casamento do irmão e não sabia como dizer a verdade sobre a sua identidade sexual, o amigo que a cada hora aparece com um novo amante, Emir que não podia permanecer em lugar nenhum porque não podia enraizar os seus vínculos, a garota de programa que trabalha como caixa no supermercado e é explorada pelos seus amantes, Sandro que ama Michele e se sujeita às migalhas que lhe são oferecidas. Como diz Serra a Michele quando ele diz que queria uma vida normal: esta é a vida normal! Cheia de problemas e desilusões, encontros e desencontros!

Serra, que foi violentamente abusada sexualmente em sua terra natal, é um personagem muito interessante porque ela é a mãe da casa. Tudo gira em torno dela, principalmente a comida, a organização da vida das pessoas naquela comunidade. Ela é a pessoa que acolhe e mantém unida aquela família pouco convencional. No início do filme, ela não consegue mentir para Antonia e lhe dá a dica de que deveria voltar no almoço de domingo se quisesse falar com a senhorita Mariani. Será então que mentimos para o outro quando não conseguimos ser verdadeiros com nós mesmos? Mentimos para quem, afinal? Queremos sempre nos proteger daquela parte nossa que não se ajusta, não se aceita, não se apieda da própria precariedade, e que justamente faz parte da nossa condição humana.

Por mais que a verdade pareça cruel, é sempre melhor que a mentira, porque a pessoa que ouve uma verdade sente-se tratada com consideração. Se toleramos as nossas verdades, podemos também nos tratar com consideração. Podemos respeitar a nossa condição humana. É o caso de Ernesto, o rapaz que estava doente e, sentindo-se abandonado pelo namorado, queria abandonar-se também, queria morrer. Só quando finalmente ele soube da verdade é que pôde recuperar o seu amor-próprio, desejar se tratar e assim viver. Quem foi que contou a verdade a ele? Foi Antonia, que, finalmente de posse da sua condição de viver a verdade, ofereceu a ele este gesto de grande consideração. Antonia que, aos poucos, vai se desculpando de sua falta de percepção, do seu viver alheio à realidade, da busca pela perfeição.

A mãe de Antonia é outro personagem que merece nossa atenção. Pode ser que muitos de vocês tenham se indignado com as suas falas. Entretanto, ela sempre foi muito verdadeira sobre sua capacidade e sua limitação ao acolher a dor da filha. No início do filme, quando Antonia está em casa após o funeral do marido, a mãe lhe diz algo sobre a comida e se retira. Penso que muitas vezes é extremamente penoso para nós compartilhar com o outro uma dor imensa. Porque essa dor está sempre atrelada a uma terrível verdade, a uma realidade que parece insuportável de ser vivida. Entretanto ela, a mãe, está sempre presente da maneira como pode. A mãe a acolhe e no final presenteia a filha com seu colar. Um gesto duplamente significativo para Antonia, que está grávida e pode então reconciliar-se com a mãe.

Mas Antonia guarda para si a notícia da sua gravidez. Como se estivesse livre para viver a própria vida, e neste caso quero dizer a sua vida mental, Antonia parte. Ela está livre porque o que morreu foi a ilusão do amor perfeito, sem mácula, sem frustração. Morreu alguma coisa para nascer outra pessoa. E o copo não quebra quando Michele o atira no chão. Aquela verdade conhecida, porque vivida por ambos, não se rompe. Antonia estará sempre presente na mente de Michele, ela foi a possibilidade de vida num amor heterossexual para ele. Eles viveram juntos uma história que os modificou profundamente, porque foi uma história verdadeira.

O paciente conta a história, o analista procura e mostra os significados. Os personagens contaram as suas histórias, cada um de nós procura os significados que estas suscitaram na nossa mente. Porque, como sabemos, nossa história está sendo construída e diverso pode ser o seu desfecho.

12. O fabuloso destino de Amélie Poulain[1]

Maria Auxiliadora Campos

Acredito que o filme do diretor francês Jean-Pierre Jeunet tenha mobilizado diferentes escutas e olhares que repercutiram de forma particular em cada um de nós, tendo em vista aspectos diferentes que foram privilegiados. Colocarei, a seguir, a leitura que fiz sobre o filme, destacando aqueles pontos que mais me tocaram em relação à protagonista e que me permitiram fazer algumas construções e analogias. Não tenho dúvida de que os demais protagonistas contêm uma riqueza que nos permitiria também conversar fartamente sobre eles, mas carecia escolher... Certamente nos enriqueceremos se pudermos compartilhar nossas escutas e olhares. E é isso que espero que aconteça aqui esta noite.

Delicadeza, sensibilidade, crença na capacidade de reparação do ser humano e em suas possibilidades – no que pesem as vicissitudes enfrentadas por seus personagens, que, por sinal, nos são muito familiares – foram os aspectos que para mim ficaram como essência neste instigante filme.

---

1 *Le fabuleux destin d'Amélie Poulain* (2001), direção: Jean-Pierre Jeunet.

Seu personagem principal, Amélie, nasce de um casal em que o pai é considerado um iceberg e a mãe, uma neurótica. O diretor, já no início do filme, nos aponta em relação ao pai: *Bouche pinceé signe de manque de coeur*, ou seja, "lábios contraídos, coração duro". A expressão de emoções naquela família equivalia a estar doente. O coração de Amélie dispara de excitação quando seu pai médico, num contato mensal justificado pela necessidade de avaliação periódica da saúde da filha, dela se aproxima e a ausculta, diagnosticando-a como tendo uma anomalia cardíaca para a qual uma drástica terapêutica é instituída: a proibição de frequentar a escola, o que significaria novas experiências, novos contatos, outros modelos.

A decisão dos pais teve um alto custo para Amélie. Há uma cena do filme em que ela faz a seguinte afirmação sobre si: quando pequena estava sempre só, afirmação que denota a percepção de seus limites e dos danos que o isolamento lhe causou: nunca soube se relacionar. Pesquisadora nata, ela encontra prazer nas pequenas coisas do cotidiano: atirar pedras num rio e ver os movimentos da água, enfiar a mão num saco de grãos, quebrar a cobertura dos doces, entre outros. Trata-se, porém, de atividades muito solitárias, sensoriais, para as quais o outro é dispensável. Em relação a uma dessas atividades, a de atirar pedras no rio, ela parece remontar a uma vivência muito dolorosa e antiga, o dia em que seu peixinho tem um destino diferente do seu e é expulso do seu aquário-prisão, renascendo assim para a vida, para a liberdade, ao ser atirado no rio pela Madame Poulain. Restou a Amélie a possibilidade de sonhar, sonhar e sonhar, o que ela faz com maestria e sem qualquer inibição ou reserva. Sem qualquer pudor, podemos dizer.

Já adulta, seu coração dispara outra vez intensamente, o que me fez lembrar de um verso de uma antiga cantiga de roda. Estou me referindo a "Terezinha de Jesus": o primeiro foi seu pai, o segundo seu irmão, o terceiro foi aquele a quem Tereza – Amélie – deu a mão, no caso a Nino, um rapaz que, como ela, também era especial e tinha hábitos pouco comuns, como colecionar fotos rasgadas que retirava de cabines de máquinas de fotografar automáticas espalhadas pelas diversas estações do metrô, fotografar pés de pessoas que pisavam em cimento fresco e gravar gargalhadas, e que em seu trabalho parecia dividido entre um parque infantil e uma loja de vídeos pornô, divisão essa sugestiva de alguma dificuldade interna. Chamou a minha atenção o contexto em que ocorreu o primeiro encontro dos dois – ao som de uma música que ressalta a importância do outro: "sem você como eu poderia viver"...

Voltemos à sua infância. Certo dia sua mãe a leva à igreja para que peça aos céus um irmãozinho. Será que os céus ouviram seus reais desejos e por isso, em vez da possibilidade de um irmão, tiram-na a mãe? Fica aberta a possibilidade de nossa protagonista ter visto realizadas suas fantasias edípicas, a onipotência do seu pensamento seria assim confirmada. Amélie parece dar conta de estar só com seus sonhos, suas fantasias. Com seus olhos muito abertos, observa detalhadamente o cotidiano, pondo reparo em tudo o que se passa ao seu redor (aliás, não faltam olhares entre os protagonistas, às claras ou escondidos, como nas várias cenas de voyeurismo).

Penso que a sua grande capacidade de observação revela a curiosidade de quem sente falta, de quem quer aprender, de quem busca, de quem investiga. Ela, a curiosidade, é um elemento fundamental em quem quer se conhecer. Sabemos que uma análise, por exemplo, requer uma boa quota de curiosidade. É ela que permite o conhecimento, o contato com o novo, com o diferente.

O tempo passa, com seu pai envolvido em colocar objetos naquilo que ele definiu como um mausoléu para a esposa e que contém até um anãozinho que esta detestava, anão que, posteriormente, é utilizado por Amélie para estimular o pai a sair de seu universo tão limitado. Nos seus diálogos com o pai, percebe-se que ele pouco se toca com o que ela diz, permanecendo na formalidade, ao contrário dos diálogos fortes, densos que ela mantém com o pintor.

No início da idade adulta, Amélie deixa a casa paterna, passando a ter experiências muito novas a partir de então. O seu ambiente de trabalho permite que ela entre em contato com outras pessoas que, embora retratadas às vezes de modo caricato, são muito parecidas conosco, apresentando dificuldades semelhantes e velhos cacoetes tão conhecidos nossos. Nossa protagonista parece temer e não saber o que fazer com seus desejos, buscando de alguma forma realizá-los por meio do outro. Pelo menos foi assim que entendi as suas atitudes de fada madrinha em relação à zeladora, à vendedora de cigarros, entre outros.

Amélie identifica-se com Lucien, um rapaz que, como ela, não se expandiu e que trabalha numa banca de frutas e verduras para um patrão-pai opressor, em quem Amélie coloca sua raiva, seu ódio. Como Amélie, Lucien também parece oprimido e, coincidentemente, cresce na convivência com o pintor, pai, terapeuta.

Certo dia, em 1997, a inusitada queda da tampa do perfume, quando ouve a notícia da morte de Lady Di, provoca uma abertura na parede e a descoberta de uma caixinha contendo lembranças e brinquedos infantis. Esse fato abre uma porta para que Amélie entre também em contato com sua história, com seus aspectos infantis, com seus guardados, podendo ser comparada ao início de uma terapia. À semelhança da caixa de Pandora da mitologia grega, ela parece conter a esperança da busca, da procura, e não apenas a desgraça de uma infância aprisionada junto a pais pouco afetivos. É a partir da descoberta da caixa que ela entra em maior contato consigo.

Sua conversa com Mado, a zeladora do prédio, à procura do endereço do antigo morador de seu apartamento leva-a a ouvir uma história de amor e tragédia. Quando lhe é perguntado: "Você já recebeu carta assim?", ela pateticamente responde: "Não, não sou a doninha de ninguém". Um desafio parece se colocar diante de Amélie: ela também quer ter histórias amorosas para contar. A sua fala fez-me lembrar um trecho de um clássico da MPB que assim diz: "quem de dentro de si não sai, vai morrer sem amar ninguém".

Após muita procura e ajuda de terceiros, o dono da caixinha é encontrado. Sem que ele saiba quem ela é, comenta em sua presença que tem uma filha de sua idade e que vai ofertar a caixa ao neto, perguntando logo em seguida: "Você tem filhos?". Surpresa, Amélie diz que não com a cabeça. Aos poucos ela vai se dando conta de papéis seus que não se desenvolveram. O contato com o sr. Bretodeau, dono da caixinha, mobiliza-a bastante, defesas maníacas são acionadas no trajeto até sua casa, uma sensação de bem-estar e o desejo de ajudar os outros a invadem, tomando conta dela. A tristeza, a percepção de suas dificuldades em estabelecer vínculos seguem-se a esse estado de euforia.

Os caminhos arduamente trilhados por Amélie reportam-nos a pessoas que chegam até nós com suas trágicas histórias familiares, suas pesadas cargas genéticas, e com quem, num trabalho de parceria, abrimos picadas, percorremos trilhas novas. Quantos de nós já ouvimos de algumas pessoas comentários do tipo: "sou assim por causa de minha educação", "sou assim por causa de meus pais" etc. O filme de Jeunet de alguma forma resgata a esperança em nós mesmos, naquilo que podemos fazer por nós apesar das nossas fraturas, das nossas dores, da nossa história.

Não podemos deixar de fazer algumas considerações sobre o sr. Dufayel, o "Homem de Vidro", o artista solitário que teme o contato com os outros, que faz cópias e mais cópias de quadros de Renoir e parece não ter ousado pintar seus próprios quadros, ou seja, alguém que não expandiu sua capacidade criativa. Uma das moças do quadro *O almoço dos barqueiros* aparece distante e ele não consegue dar-lhe vida, não consegue pintar-lhe os olhos. O quadro vai tomando corpo ao longo do filme. Há momentos em que o diálogo entre Amélie e o pintor lembra uma conversa analítica. Vejamos recortes do diálogo dos dois, tendo o quadro de Renoir como pretexto para uma aproximação:

> *Amélie: Gosto muito deste quadro.*
>
> *Pintor: O Almoço dos Barqueiros, de Renoir. Há 20 anos pinto um por ano. O mais difícil são os olhares. Às vezes parece que mudam de humor assim que viro de costas.*
>
> *A: Parecem muito contentes.*
>
> *P: É claro! Nesse ano tiveram lebres com cogumelos e biscoitos polvilhados de canela para as crianças... [Eles dois, por sua vez, estão ali na intimidade, regados a vinho quente e biscoitos com canela.] Depois de todos esses anos, o único personagem que não consigo apreender é a menina com o copo d'água. Ela está no centro e ainda assim está fora.*
>
> *A: Talvez seja apenas diferente [indiscutivelmente falando de si própria].*
>
> *P: Em quê?*
>
> *A: Não sei.*
>
> *P: Quando era pequena quase não brincava com outras crianças. Talvez nunca [numa referência direta a ela].*

Em um outro encontro, Amélie retoma a conversa sobre o quadro:

> *A: Sabe a garota com o copo d'água? O seu ar desligado talvez seja por estar pensando em alguém.*
>
> *P: Alguém no quadro?*

> *A: Não, um garoto. Com quem cruzou em algum lugar e por quem sentiu uma afinidade.*
>
> *P: Em outras palavras, ela prefere imaginar uma relação com alguém ausente do que criar laços com aqueles que estão presentes.*
>
> *A: [Titubeia.] Humm, pelo contrário, talvez faça de tudo para arrumar a vida dos outros.*
>
> *P: E ela? E as suas desordens... quem vai pôr em ordem?*
>
> *A: Antes se dedicar aos outros do que a um anão de jardim [numa clara referência ao pai].*

Mais adiante no filme os dois encontram-se novamente e ele lhe diz:

> *P: Acho que fui muito duro com a moça do copo d'água. Ela tornou a ver o garoto com quem cruzou um outro dia?*
>
> *A: Não. Na verdade não se interessam pelas mesmas coisas.*
>
> *P: A sorte é como o Tour de France. Aguardado com ansiedade e passa tão rápido. Quando chega a hora tem que saltar sem hesitar [em alusão ao circuito e chamando-a para a realidade, como que lhe dizendo: "Acorda, Amélie, o tempo passa e você não é eterna, não tem todo o tempo do mundo..."]. Então, é este aqui com a mão para cima?*
>
> *A: Sim.*
>
> *P: Ela está apaixonada por ele?*
>
> *A: Sim.*
>
> *P: E acho que está na hora de ela assumir o risco.*
>
> *A: Sim. Ela está pensando em um estratagema para...*

> *P: Ela gosta mesmo de estratagemas. É, nós aqui sabemos o quanto ela é ardilosa!*
>
> *A: Sim.*
>
> *P: Na verdade é um pouco covarde. Por isso não consigo captar seu olhar.*

A conversa entre os dois é encerrada. Amélie vai pensativa para casa, sentindo-se incomodada e pressionada pelo que ouviu do amigo pintor. Um tanto dominada por angústias persecutórias, fantasia uma cena na TV em que um ditador, parece-me que Stalin, diz: "A vontade de Dufayel intervir é intolerável. Se Amélie prefere viver no sonho... e continuar uma jovem introvertida... tem todo o direito de estragar sua vida".

Depois disso, prepara um bolo em sua casa, fantasiando estar acompanhada por Nino, que foi comprar para ela o fermento que faltou. Sua fantasia não a satisfaz. Ela então se deprime e começa a chorar. Pouco antes ela já dissera, em resposta à pergunta da zeladora Mado, que naquele dia não estava acreditando em milagres. Naquele momento de dor é como se a ficha caísse (*insight*) e ela entrasse em contato com o vazio de sua existência. Pensei o fermento como algo que faz crescer, desabrochar, como o amor, a parceria que tempera a vida.

No momento seguinte, o telefone toca e seu amigo pintor pede para ela ir até o quarto. Lá ela liga o vídeo e ouve uma mensagem que diz em tom sério, profundo e amoroso: "Amélie, minha querida, seus ossos não são de vidro. Você pode suportar os baques da vida. Se deixar passar essa chance, com o tempo, o seu coração vai se tornar... tão seco e quebradiço quanto meu esqueleto. Por isso, vá em frente, pelo amor de Deus!".

Finalmente dá-se o encontro entre ela e Nino, após várias tentativas de aproximações (como o encontro dos dois no parque infantil), fugas, ardis, vivências de desmoronamento. Terá Amélie conseguido sair do seu fechamento em círculos? Das atitudes repetitivas? Terá ela conseguido viver sem seus estratagemas? A cena final do casal na moto acena para essa possibilidade.

Finalmente, gostaria de comentar que não é raro sentirmo-nos angustiados e até mesmo desesperados diante do desconhecido, daí chegarmos a conclusões precipitadas, mais em função de nossa impossibilidade em lidar com o não saber do que das reais demandas da realidade. Quantas fantasias tomam conta de nossa mente em algumas dessas ocasiões? Às vezes chegamos mesmo a alucinar e delirar. Esse desconhecido, muitas vezes, toma feições aterradoras.

O filme que vimos fez-me lembrar essa questão em algumas de suas cenas, por exemplo, as que trazem o estranho álbum de fotografias. Quem são aquelas pessoas? Quem é aquele homem que aparece inúmeras vezes? Mais uma vez, a curiosidade de Amélie permite que passo a passo, numa pesquisa cuidadosa, ela se aproxime da verdade. Provavelmente é isso que fazemos junto ao nosso paciente quando, num trabalho cheio de percalços, pegamos um fragmento aqui, outro ali, até que em determinado momento, o qual chamamos de *insight*, algo se configura, toma corpo, faz sentido e, ufa!, que alívio é nomear, encontrar significados.

Nossa protagonista faz isso concretamente quando encontra significado para aquele álbum. Isso segue paralelamente às nomeações que faz dentro de si. Quando o conteúdo do álbum é decifrado, ela o entrega ao seu dono e também se entrega a ele. Penso no álbum como uma metáfora para entender Amélie. À medida que reconstrói sua história, ela vai se tornando sujeito do seu processo. Como no álbum com fotos coladas e rasgadas, sua história contém também as marcas, as cicatrizes, as falhas que não puderam ser preenchidas, mas que não mais a imobilizam, nem a impedem de viver na própria pele suas experiências.

13. O invasor[1]

Suad Haddad de Andrade

Somos frequentemente invadidos; a raiva, a desconfiança, a inveja, a revolta, a insegurança, enfim, são muitos os sentimentos desagradáveis que podem nos invadir a qualquer momento. Mas também somos invadidos por bons sentimentos: de solidariedade, tranquilidade, paz, ânimo, vontade de fazer uma boa ação, procurar um amigo; somos invadidos por boas ideias, por soluções brilhantes onde antes não havia saída etc. Então, o bom e o ruim nos invadem. Vindos de onde? De onde vem a invasão, de fora de nós? O filme nos coloca essa questão, entre outras. A história do filme é clara, o desenvolvimento é linear, mas os questionamentos são muitos e vão além das imagens e do roteiro.

A sequência pode ser resumida: os dois sócios contratam um matador para eliminar o terceiro sócio que atravancava seus planos; o marginal assassino decide então invadir o universo dos mandantes, se infiltrando e pretendendo se instalar no ambiente de trabalho e na família deles.

---

1 *O invasor* (2002), direção: Beto Brant.

Mas, antes de nos determos na invasão desse marginal, vamos falar das invasões que ocorreram dentro dos dois personagens principais: eles já estavam invadidos pela voracidade, pela cobiça, pelo desejo de grandes lucros, pela competição. Principalmente, eles estavam invadidos pelo sentimento de onipotência: ao surgir um obstáculo a seus desejos grandiosos, eles pensam numa solução rápida e supostamente eficiente e resolvem o problema. Eles eliminam o sócio que emperra seus planos. Sabem que são tão criminosos como o matador, mas isso não tem importância, desde que seja um trabalho bem-feito e que o obstáculo seja removido e seus objetivos, alcançados. Há uma total negação da realidade das leis, dos limites, do valor pessoal de cada um, das qualidades próprias. Eles não se questionam – buscam a gratificação de seus desejos inadiáveis. Só que o marginal é tão onipotente quanto eles; aliás, eles não se diferenciam, e essa é a grande mensagem do filme.

A maneira como o invasor transita pelo ambiente dos ricos – tanto no ambiente de trabalho como na casa da jovem – é de completa liberdade, porque ele considera que são todos iguais naquela situação. Se são iguais no crime, também são iguais nos direitos, essa é a afirmação inusitada e surpreendente que o filme nos coloca. O marginal é o dono da situação e toma suas decisões unilateralmente, quer dizer, onipotentemente. Ele também busca o poder. A frase do Giba, de uma outra maneira, também é dita por Anísio; Giba aponta para um operário e diz a Ivan: "Ele só te respeita porque você tem o poder". E não é essa a noção que domina a marginalidade do tráfico?

Só pelo que está acontecendo no Rio podemos ver como se sentem donos do poder e querem mostrar isso. Eles carregam e exibem a metralhadora como se fosse um cajado real, e se oferecem para ser filmados como os senhores poderosos, e não mais os submissos, os dominados. Anísio diz para Marina: "Dono pode tudo". Daí seu sonho: ter um palácio – ou ter o poder. O que significa: poder tudo. Quando Anísio fala que primeiro ele tira as joias (como quando subimos os muros e escondemos o jardim de nossas casas), depois o dinheiro (nos sequestros, por exemplo), mas o seu troféu é a alma do outro, ele está dizendo que a verdadeira invasão ou a invasão mais poderosa é aquela que ocorre dentro de nós, quando somos invadidos pelo pânico, pelo ódio, pelo desespero. Essa também é a mais terrível e eficiente de todas as invasões: ao tomar conta da mente do outro, você passa a ter controle sobre ele.

Um exemplo disso é o que ocorreu com o povo dos EUA depois de 11 de setembro. Um povo sempre muito cioso de seus direitos, defensor das liberdades humanas, se transforma quando invadido pelo terror e pelo medo.

De onde vem o sentimento de onipotência e a ânsia de poder? Desde o nascimento vivemos terríveis angústias; a criança, extremamente dependente da mãe ou dos cuidados maternos, dependente em tudo para sobreviver, vive a terrível angústia do desamparo. Nada mais terrível que sentir fome, frio ou dores e precisar desesperadamente do outro para sobreviver. É então que a criança desamparada precisa negar seu desamparo e acreditar que ela é todo-poderosa, que se vira sozinha, que é grande, forte etc. É daí que nascem os super-homens, os heróis magníficos que nada temem e tudo podem. Não existe criação fantástica popular que não tenha respaldo nas nossas necessidades internas, as mais primitivas às vezes. Então, saltamos da impotência para a onipotência com a maior facilidade. Todos abrigamos, de certa maneira, o desejo de ser um super-homem.

Se você, adulto, passa por necessidades ou perigo de qualquer tipo, se você se sente ameaçado de alguma maneira, o desespero que o sentimento de impotência traz nos leva a recorrer à onipotência, como já aconteceu lá atrás, isto é, passamos a negar nossos limites, a negar os perigos e as consequências de nossos atos não pensados. É uma forma desesperada de buscar segurança. A onipotência é uma defesa do sentimento terrível de desamparo, e a ânsia de poder invade a pessoa. No filme, isso aconteceu com os três personagens: os dois sócios e o rapaz da periferia, o marginal.

O filme não traz a questão de quem é o mocinho e quem é o bandido. Desde o início, Giba já adverte Ivan: "Não pense que você não está sujando as mãos só porque o outro está fazendo o serviço". Isso é muito interessante porque desmistifica um dos grandes sonhos do ser humano: o de ser belo, perfeito, por dentro e por fora. Ninguém nasceu para ser mocinho ou bandido. Todos somos, ao mesmo tempo, mocinhos e bandidos, dependendo do que se instala em nós a cada passo.

Uma das letras cantadas no filme pelo Sabotage fala exatamente isso: "eu, você, ninguém presta". Todos vivemos momentos de onipotência, de negação da realidade, sentimentos de ódio, desejos de vingança, voracidade, inveja, mas também generosidade, capacidade de acolhimento, esperança, alegria no convívio, no aprendizado etc. E, principalmente, desenvolvemos a capacidade de conter, de dominar os impulsos mais destrutivos. O desejo de vencer o bandido dentro de nós é nossa permanente grande luta. E todos nós aqui, neste momento, somos a prova de que o mocinho pode ganhar a parada sobre o bandido; estamos aqui realizando o desejo de aprender, de criar, de desenvolver, de trocar conhecimentos, de pensar.

Mas, cuidado, o filme nos adverte: se formos ficar alienados, como Marina na última cena do filme, se quisermos acreditar que podemos dormir tranquilos, como se nada tivesse a ver conosco, podemos vir a acordar com a casa caindo sobre nós. Ou, como diz outro refrão do Sabotage: "a bomba vai explodir, ninguém vai te acudir".

Capacidade de pensar é o que falta a todos e a cada um nesta história. Vejamos o Ivan – parece que ele se angustia, parece que ele percebe mais a situação terrível em que se envolveu, parece que ele pensa. Na verdade, não, ele não tem essa condição de autocrítica; ele percebe os perigos e se assusta, mas não há um sentimento de culpa pelo crime cometido; ele vive uma angústia persecutória. Ivan fica perseguido pelo que poderá lhe acontecer e daí quer fugir. Ele não assume seu crime com o sentimento de responsabilidade pelo ato cometido. Só é diferente de Giba no sentido de que Giba é uma máquina, não tem conflitos, está sempre buscando as soluções, quaisquer que elas sejam; só pensa em como eliminar os obstáculos; sua mente é como um músculo forte, exercitado para os movimentos de força, não para pensar. Quando é para ser pai ele é ótimo, como esposo também, mas é tudo fragmentado e dissociado; no momento seguinte é um depravado, um antissocial que burla as leis com a maior tranquilidade. Onde está a coerência, a reflexão, a noção de sua responsabilidade diante dos outros, ou da própria família?

Quando uma pessoa não pode suportar as perdas nem tolera as frustrações, ela fica impedida de se desenvolver. Só quando elaboramos as perdas e buscamos sobreviver a elas é que vamos nos descobrir, descobrir nossos recursos, nossa força, nossos verdadeiros valores. Só então podemos optar e passamos a ser realmente livres. Ambos, Giba e Ivan, são prisioneiros de sua ganância, de sua mente entravada, voltada para um único objetivo que consiste em preservar a crença em sua onipotência.

E o jovem marginal? Ou, o que é um marginal? É aquele que vive à margem. No caso, à margem da sociedade que detém o poder. Toda a periferia de onde ele vem vive à margem da sociedade que tem o poder decisório, que comanda a sociedade; nós aqui representamos essa sociedade que tem o poder, não só econômico, mas político, poder social. E o marginal se infiltra no universo que não é o dele, e a que ele teria que se submeter. Ele vem de outro mundo, da periferia, que nos convém manter bem longe de nós, ou melhor, submetida às nossas necessidades.

Quem aqui não estremeceu ao ir se dando conta da invasão de Anísio? Invasão fria, onipotente, impossível de ser contida. Este é um dos aspectos magníficos do filme, porque nos identificamos imediatamente com os sócios e repelimos o invasor que nos ameaça. É como se o criminoso fosse ele, e só ele. Só que ele é o representante ou a expressão de um crime que é de outros, ou de todos nós, e do qual ele também é vítima de alguma forma.

Mas o que mais nos assusta em Anísio é que todos identificamos, conhecemos bem o sentimento de marginalidade e sabemos como ele é terrível. E aqui temos um paradoxo, porque repelimos o invasor e ao mesmo tempo nos identificamos com ele. Todos nós já experimentamos a marginalidade e sofremos com ela; e isso desde que nascemos. Sempre que ficamos de fora de qualquer grupo nos sentimos marginalizados e revivemos isso que já ocorreu quando bem novinhos, quando nos demos conta de que a mamãe não era só nossa e ela e papai formavam uma dupla da qual estávamos de fora inevitavelmente.

A marginalidade é uma condição inerente ao ser humano, ou melhor dizendo, de alguma maneira estamos sempre sendo marginalizados. Estou me referindo ao complexo de Édipo, conceito nuclear da psicanálise. Nascemos num universo socializado, onde sempre somos no mínimo três: eu, o objeto de meu interesse ou desejo e um outro que sempre ameaça roubar o que é meu. Mesmo que esse outro não exista de fato, estou sempre com medo de que ele apareça. Todo o nosso desenvolvimento, nossa saúde mental, vai depender de como convivemos com esta situação triangular, em que o risco da marginalidade existe e, inevitavelmente, está sempre se reproduzindo em qualquer situação.

Decorre disso uma sensação extremamente familiar a todos nós: o medo de perdermos nosso lugar, a angústia de não ter um lugar garantido, sólido, e a necessidade de cuidarmos da preservação do que é nosso. No processo de desenvolvimento pessoal estamos sempre elaborando a situação edípica. Isto é, estamos sempre tentando suportar a exclusão.

Quando da primeira exclusão, sabemos que os pais vão ajudar o filho a crescer e a ocupar seu lugar, aquele que lhe é próprio, aquele que lhe cabe. Ele não precisa roubar o lugar do pai nem ficar diminuído porque o pai tem um lugar mais importante que o seu. Ele pode esperar e vir a ocupar seu lugar, aquele que ele vai construir. E vai ocorrendo uma distribuição de poder, uma mobilização em que cada um tem sua vez e seu lugar, de acordo com seus próprios recursos. Mas se o pai permanece eternamente no poder sem nenhuma flexibilidade, sem nenhuma alteração nas regras decisórias, o filho vai reagir. Não tem outra saída, ele tem de protestar porque, de fato, está sendo lesado.

Nos tempos atuais, a periferia provocou uma explosão de persecutoriedade enorme ao invadir a área de poder máximo; o 11 de setembro foi uma invasão da periferia ao centro do poder. Um ataque violento que despertou uma reação também muito violenta. Não vou discutir aqui quem vem primeiro, se o ovo ou a galinha, se a globalização provocou o 11 de setembro ou se o 11 de setembro fez surgir, ou criou, um Bush. Mas está claro que a violência foi uma reação ao centro do poder que exige a permanência da periferia numa situação secundária e submissa.

Agora, vamos ver o outro lado da questão, ou examinar uma outra história: quando um metalúrgico assume a presidência de uma grande nação, não é a periferia chegando ao núcleo do poder? Mas aqui temos uma diferença: o lema é "paz e amor" e ele veio trazido por milhões invadidos pela esperança, pelo sonho de dias melhores, pelo entusiasmo, pela alegria. Esta é aquela boa invasão de que falei no início. Que elas se proliferem entre nós e entre todos os homens!

Também aparece no filme um outro tipo de marginalidade importante, que tem esta mesma característica de ser o reverso da medalha: é o Sabotage. No filme ele tem um tipo de marginalidade explícita, porque também veio da periferia, é amigo de Anísio. Mas ele representa um outro tipo de marginalidade muito importante – é o artista que compõe e canta a trilha sonora, e essa trilha sonora é uma descrição magnífica do quadro que se desenrola no filme. O artista vê e prevê o que está acontecendo no seu universo e para conseguir isso ele precisa, de alguma forma, se colocar na marginalidade, ou à margem, para olhar com certa distância o que está acontecendo. Portanto, é próprio do artista ser um marginal porque só quando se afasta do grupo é que ele pode ver o que acontece. Esta é uma marginalidade sadia, oportuna, e que tem dado ao ser humano, desde sempre, o seu colorido mais extraordinário.

Retornando ao filme, vamos examinar o relacionamento de Anísio com Marina. Ela não oferece qualquer resistência à sua invasão; é absolutamente tranquilo o envolvimento dos dois. Isso decorre do fato de que ela está totalmente enfraquecida: não tem um lugar na sociedade em que vive, não tem um projeto, não tem uma identidade. Qualquer um que lhe oferece drogas, sexo, facilidades para se divertir ou se manter alienada ela acompanha. Marina não quer saber quem ele é, como não quer saber quem ela é. Este desinteresse, esta falta de definição é o grande problema e só existe quando você extingue ou mata sua vida interior. Anísio nunca poderia prejudicá-la mais do que ela própria estava se prejudicando ao abdicar de fazer escolhas e de pensar quem ela é e o que quer da vida. Marina sofria da mais terrível invasão: a da sensação de incapacidade, de indiferença, a da descrença em si própria e principalmente a da destrutividade interna, que minava seus recursos pessoais.

É evidente que o tema social do filme é extremamente importante, porque expressa uma revolução ainda apenas se configurando em todo o mundo. Só que este é um movimento natural, que mais cedo ou mais tarde acabaria se manifestando, como no processo de desenvolvimento humano. Ninguém quer ser eternamente tutelado, infantilizado. Mas o vértice pessoal também é trazido de maneira brilhante, e se nem sempre podemos atuar dentro do universo maior, cabe cuidarmos de nosso mundo interno para que não sejamos vítimas da nossa própria destrutividade, da qual a cegueira e a negação são importantes sintomas.

14. Causos: em defesa de uma certa "anormalidade"

Ana Rita Nuti Pontes

O ano era 2003, e o C&P vivia um grande momento, tinha caído nas graças do público e era um ponto de encontro para os curiosos da psicanálise e amantes da sétima arte.

Nesta época, juntou-se ao nosso grupo Edgar de Castro, uma figura importantíssima no cenário cultural de Ribeirão Preto. Produtor de cinema, foi o responsável pela criação do Núcleo de Cinema na nossa cidade e sempre teve um papel de destaque na Feira Nacional do Livro e na Feira do Livro de Ribeirão Preto.

Entusiasmado e cheio de amor pelo cinema, Edgar nos direcionou para fazermos apresentações do C&P num cinema de verdade. A nossa intenção era levarmos para um público ainda mais abrangente, as pessoas da cidade, o olhar psicanalítico. Queríamos abrir um espaço de conversa para se falar das emoções, tendo como estímulo o cinema. Nós fomos ao encontro de um público "aberto", diferente daquele que nos conhecia e acompanhava mensalmente no auditório do HC-UE. Foi um grande salto!

No Cinemark do Novo Shopping, que nos recebeu e acolheu, aconteceu a Noite de Gala. O restaurante Mirai, que era um dos patrocinadores do C&P nessa época, fez um simpático coquetel com comidinhas japonesas. Ganhamos os *prosecco* do Armazém Geral, outro patrocinador. Uma fartura. O clima de festa, alegria e celebração era contagiante. As pessoas não paravam de chegar, e a sala foi lotando e lotando e o nosso coração também foi se enchendo de emoção, excitação e um certo medo. Quase nos sentíamos no tapete vermelho do Oscar! Afinal, era uma experiência que ninguém de nós tinha vivido até então.

Nós, analistas, sabemos falar para poucas pessoas, e aquele cinemão cheio de gente era um desafio. Acredito que a emoção maior era por falarmos para este público que estava ali mais pela curiosidade do que por algum conhecimento de psicanálise. E este era nosso objetivo, levar a psicanálise extramuros, ou seja, fora da conhecida circunscrição psicanalítica. A emoção da colega que faria o comentário do filme era nossa também, éramos um time. E deu tudo certo! O público foi se soltando aos poucos e tomando o microfone para falar. Davam opiniões, perguntavam, julgavam, enfim, cada um se expressando como podia. E este era o nosso propósito, criar um espaço para essa troca.

Agora, quando eu mencionar qual foi o filme, tenho certeza de que vou tirar um sorriso de seus lábios! Da grade de programação, escolhemos *Os normais*, comédia brasileira lançada em 2003, com Fernanda Torres e Luiz Fernando Guimarães e direção de José Alvarenga Jr. O grande desafio era trazer o olhar psicanalítico sobre uma comédia tão hilária, e a nossa querida colega Denise Lopes Rosado Antônio deu conta do recado com extraordinária maestria e bom humor.

Este foi um momento precioso que vale a pena ficar registrado, pois nos ensinou muito sobre a maleabilidade e o grande alcance do olhar psicanalítico. Tirou a psicanálise e os psicanalistas de um certo lugar encastelado e nos ensinou ainda mais sobre o grande prazer e a alegria que é conseguir conversar sobre as emoções. Nós sabemos como essas sessões, ao longo de toda a existência do C&P, foram muito além de um mero evento cultural.

15. Os normais[1]

Denise Lopes Rosado Antônio

Com a atenção voltada para o título do filme, comecei a refletir sobre o que a psicanálise entende por normal, e de que maneira ela se preocupa com a normalidade.

A psicanálise nasceu da observação clínica de adultos. Passou para a observação clínica da criança, de bebês, e hoje já temos até pesquisas sobre o psiquismo intraútero. Inúmeros conhecimentos sobre o desenvolvimento emocional normal do ser humano foram alcançados. Esse desenvolvimento é marcado pela constituição genética individual, pelas demandas instintivas (pulsão de vida e pulsão de morte) e pelas primeiras relações interpessoais, passando por estágios de desenvolvimento que podem ser superados ou alcançados e perdidos.

O desenvolvimento da sexualidade, simultâneo ao desenvolvimento do eu, não é linear: passa por estágios. Na idade adulta, quando o desenvolvimento corporal também já ocorreu, esse desenvolvimento impulsionará a pessoa a buscar sua realização e sua

1 *Os normais* (2003), direção: José Alvarenga Jr.

satisfação, tanto emocional quanto sexual, por meio de suas relações amorosas. Espera-se que nessas relações a base seja o amor pelo outro, que traga em seu bojo a responsabilidade, a cumplicidade e a fidelidade. Isso não impede que sejam vivenciados, em relação aos mesmos parceiros, o ódio, a inveja, a competição, que poderão ser mitigados pelo amor que acompanha a relação.

Quando isso pode ser alcançado de um modo relativamente integrado, o ser humano pode tolerar as emoções mais intensas sem construir defesas excessivas contra a ansiedade despertada nas relações. As defesas, porém, sempre existirão e levarão a uma variedade enorme de manifestações no ser humano, isto é, aos mais variados tipos de comportamentos e de ligações afetivas, inclusive as "anormalidades".

A psicanálise procura conhecer a pessoa bem de perto, percebê-la em suas emoções mais profundas e elucidar a origem de suas angústias por meio daquilo que não está aparente, já que entendemos que todo ser humano é em parte consciente, mas grande parte de suas ações, emoções, fantasias e pensamentos são frutos do seu inconsciente. A psicanálise não tem a intenção de normalizar o ser humano; ela guarda o mais profundo respeito pela pessoa, por sua individualidade e singularidade.

No título do filme (o logotipo impresso no cartaz), o R da palavra NORMAIS está invertido, sugerindo que no meio da normalidade encontraremos a inversão maior que é a "loucura" de cada um. De fato, encontraremos no decorrer do filme cenas em que as inúmeras inversões vão sendo apresentadas: de valores, da realidade e muitas outras. Esta comédia romântica, uma paródia inteligente das comédias românticas americanas, faz um regresso temporal que marca a passagem de *Os normais* da TV para o cinema. Ela mostra o momento em que Rui e Vani se conheceram e como se tornaram o casal que resultou numa série da Rede Globo – série esta considerada por muitos como uma das melhores que a TV produziu nos últimos tempos.

O filme começa com um belo plano externo: o casal de costas, vestidos de noivos, conversando numa manhã no porto da baía de Guanabara. Desenvolve-se entre eles um primeiro diálogo. Ela afirma que navio é muito louco; ele quer saber por que ela afirma isso, e ela responde sem muitas explicações que é porque, se ele é pesado, deveria afundar. Enfim, uma reflexão sobre o próprio peso das vivências afetivas. Só depois que assistimos ao filme, entendendo o que lhes havia ocorrido naquelas últimas horas, com experiências de perdas e decepções que levariam qualquer pessoa a vivenciar tristezas profundas, compreendemos que eles precisaram de suas mentes profundamente complexas para não afundarem ou, em outras palavras, não enlouquecerem.

A seguir, abre-se um cenário montado, uma cidade sem vida humana, ambiente noturno; apenas prédios. Uma montagem belíssima em preto e branco. Na rua, um cantor interpretando uma música romântica. A letra dessa música mostra a utilização de palavras inexistentes em língua alguma, como se fossem palavras da língua inglesa; apenas a palavra "crazy" (louco) é identificada, mas o todo não tem sentido algum. Procura-se aí a criação de um "clima" romântico. Essa apresentação me despertou a sensação de que entraríamos num mar onde navegaríamos sobre algo belo, porém falso e superficial, ou muitas vezes sem sentido ("crazy").

Na sequência uma cena em que os personagens principais, Rui e Vani, vestidos de noivos, correm na plataforma do porto e vão "atropelando" outros passageiros – que, supõe-se, pretendiam entrar em um navio – para ser os primeiros da fila, sem se constranger pelo fato de os estarem empurrando. A cena nos induz ao riso, por tamanha falta de educação dos personagens: seu egoísmo faz parte de suas personalidades irreverentes.

Então, eles se dirigem à igreja, onde farão o relato das suas últimas doze horas, mostrando os acontecimentos que ensejaram a sua presença na sacristia. Esse relato é feito ao padre da igreja católica que havia casado Rui e Vani na véspera com outros parceiros, respectivamente, Marta e Sérgio. É a partir desse relato que conheceremos as características principais dos personagens do filme e de seus relacionamentos interpessoais. É de se esperar que os casais que decidem pelo casamento estejam vivendo uma relação nos moldes de uma relação amorosa adulta, em que existe amor aliado a sentimentos de cumplicidade, fidelidade, companheirismo etc.

No início do relato já nos damos conta de que neste filme as coisas não são bem assim. Apresenta-se uma série de situações que não se parecem com amor. São cenas em que entram egoísmo, traições, agressões verbais e físicas, além de constantes ironias. Cenas assim muitas vezes são utilizadas como recurso do filme para provocar risadas no público, mas vão deixando transparecer uma grande farsa e a superficialidade nas relações que originaram seus respectivos casamentos.

Nas duas cerimônias e celebrações de casamento mostradas no filme, vão aparecendo as preocupações de ambos os casais em realizar todas as tradições relativas ao casamento: vestido de noiva branco, arroz para ser jogado nos noivos para lhes dar sorte nesse empreendimento difícil e complicado, o atraso da noiva, o carro enfeitado com alusões à noite de núpcias, jogar o buquê para dar sorte para um próximo casamento, carregar a noiva na entrada da casa, ter a relação sexual para consumar o casamento, a aposta em quem conseguirá pegar o buquê da noiva. Enfim, todas as tradições vão se apresentando e sendo realizadas como um comportamento massificado, não pensado, sem crença.

No entanto, para tantas relações desencontradas que vão se desenrolando no filme, nem as tradições serão capazes de evitar a quebra daqueles casamentos. Rui e Vani vão até a igreja onde se casaram na véspera na tentativa de destruir os documentos de seus casamentos; descobriram que fizeram escolhas erradas. Acreditam que dessa maneira é possível acabar não só com o casamento errado, mas também com a experiência de terem se envolvidos com pares como Sérgio e Marta; que a destruição dos documentos é uma maneira de fugir da responsabilidade pela percepção de que são pessoas que formam pares inférteis e de que não eram amados nem amavam seus pares.

Vani estava saindo da igreja após a celebração religiosa de seu casamento com Sérgio quando percebe que não tinha providenciado arroz para ser atirado pelos convidados. Ela pede a Rui, que é o noivo do casamento seguinte ao seu, um pouco de arroz emprestado, pois acredita na tradição de que o arroz atirado nos noivos traz sorte e felicidade ao casal; acredita que, não sendo assim, o casamento começaria mal, cheio de azar. Vani não percebe que sua preocupação em trazer sorte para o seu casamento é por já ter alguma percepção, mesmo que inconsciente, de que alguma coisa não está bem em sua relação com Sérgio. Ela precisa de sorte, assim como Marta precisa de 50 kg de arroz para fazer o seu casamento dar em alguma coisa.

Marta, tendo conhecimento de sua infidelidade e de que não é capaz de formar um vínculo amoroso, precisa de muita sorte, muito arroz, portanto. Arroz tem o significado de abundância e prosperidade. Utiliza-se este símbolo nos casamentos como forma de se desejar aos recém-casados que suas vidas juntas sejam abundantes e prósperas em todos os sentidos, na vida material, na procriação e no amor. Marta é hostil ao negar o arroz.

A partir daí inúmeras cenas de agressividade vão permeando todo o filme. Vani se vinga entrando na igreja xingando e arrancando as rosas que enfeitavam os bancos; os convidados atiram pétalas e arroz com força imprópria para o ritual; Rui esbofeteia a loira na igreja; Vani esmurra o segurança; as pessoas na rua xingam e atiram ovos nos noivos; o cocheiro xinga os outros motoristas; Vani também xinga os policiais, quebra as bebidas e os presentes ganhos pelo casamento; Rui e Marta se agridem verbalmente; Marta e Vani brigam; Rui, com seu carrinho de brinquedo, passa por cima de pedestres nas calçadas; o carro da polícia explode um caminhão, e Rui ri ao se sentir vencedor.

A agressividade existe em todos nós. Uma de nossas maiores lutas é a tentativa de desenvolver a capacidade de conter e dominar os impulsos mais agressivos. Essas cenas arrancam o riso da plateia porque, do modo como são apresentadas, mostram a agressividade de uma maneira que subverte o julgamento crítico por meio da bonificação de prazer oferecida, do "nonsense".

Marta e Rui formam um par sem paixão. Não trocaram carinhos durante o filme todo; até mesmo o beijo no altar é direcionado a demonstrar que aquele terno alugado estava contaminado pelos muitos "sacos" dos noivos que o alugaram anteriormente a ele: além da coceira, as pernas do Rui se movimentam de uma maneira que mais parece um cruzamento entre cachorros, uma cena que deixa transparecer uma sexualidade animal, e não uma sexualidade erótica. Eles são frios na relação, sentem prazer em "alfinetar" um ao outro. Enquanto casal, eles estimulam o que há de pior em suas personalidades; juntos são egoístas, interesseiros e materialistas.

Marta tem a aparência de uma mulher adulta íntegra. Sua família é antiga, tradicional; ela mantém a aparência de pertencer a uma família tradicional. Seu vestido de noiva é comportado, aparenta ser segura, independente, mas isso não passa de uma aparência superficial. Rui a conhece tão pouco que acreditou nesta imagem que ela criou de si mesma, chegando a acusá-la de ter mudado após o casamento. Aos poucos vamos conhecendo-a e ela vai se revelando fria, calculista, mimada, voraz e narcisista. Ela está, o tempo todo, preocupada com seu patrimônio, como forma de substituição a sua pobreza afetiva e de valores internos. Para ela só existe o "eu", um "eu" que quer sua satisfação e que não tem nenhum cuidado ou apreço pelo outro. Faz uso do sexo como se este pudesse aliviar suas tensões inconscientes; não é pelo encontro amoroso com o outro que ela busca a relação sexual, porque para ela o outro não existe: o homem é desejado por ela porque este tem o pênis (objeto parcial), do qual ela necessita para lhe fazer sentir poderosa. Vemos na cena em que ela não sabe se Sérgio é circuncidado ou não que ela nem olhou para ele; ela se relacionou por meio dele com a função do pênis, que é lhe dar prazer.

Ao voltar para casa, Marta diz que quer consumar o casamento, mas Rui a rejeita; ela reage tentando lhe seduzir com uma sexualidade substitutiva, oferecendo uma parte de sua "virgindade", fazendo alusão ao sexo anal. Em sua competição com Vani sobre os tamanhos da vagina, ela perde por não conhecer seu órgão sexual; ela comete um ato falho ao dizer que não ficará preocupada com o tamanho do seu útero, demonstrando confusão quanto à sua genitália, confundindo vagina com útero, e mostrando com isso como sua sexualidade é precária e permeada por objetos parciais. Ela não forma vínculos com ninguém. No final, conforme indica o filme, seu destino é ter só mais três relações sexuais com Sérgio e, a seguir, estará repetindo sua escolha por uma pessoa sem valores morais (pescador que ficou rico sendo contrabandista) e sua sexualidade em busca do objeto parcial (mão dentro da braguilha).

Faz parte do desenvolvimento do indivíduo passar pelo desconforto em consequência dos sacrifícios pulsionais exigidos pela vida social. No plano erótico, abre-se mão do incesto em benefício da sexualidade exogâmica, abre-se mão da "perversidade polimorfa" em benefício da genitalidade, e da promiscuidade em benefício da monogamia. Diante desse aspecto, podemos analisar Marta e Sérgio e dizer que ambos, ao traírem na véspera de seus casamentos, não abriram mão da promiscuidade em favor da monogamia. No entanto, eles deixaram "provas" de suas transgressões. Os vestígios deixados pelo "criminoso" são prova de que há conflitos internos, de que há culpa inconsciente, e, assim, é necessário serem descobertos para que haja um impedimento e uma punição vindos de fora.

Há uma pergunta do menino Miguilim, personagem do Guimarães Rosa em *Manuelzão e Miguilim*, que é a seguinte: "Como que a gente sabe que não se deve fazer uma coisa mesmo quando se está longe da vista dos outros?". Em nosso desenvolvimento, herdamos das relações com pai e mãe a condição interna de julgamento, controle, orientação, estímulo e apoio por meio dos valores adquiridos e da formação da instância psíquica, o superego. Pelo medo da perda do amor e pela angústia da castração, cria-se a condição de refletirmos sobre nossos desejos, bem como de abdicarmos das gratificações imediatas em função do nosso amor e respeito pelo outro.

Marta e Sérgio não apresentam um superego regulador de suas ações. Eles combinam que não se verão mais por um tempo porque "não pega bem recém-casados terem um caso". Essa não é uma decisão por amor ao outro nem por uma moral interna. É uma decisão racional e temporária para se protegerem de ser descobertos, já que isso os levaria a perder seus parceiros. Eles não se preocupavam com as dores que poderiam provocar em seus parceiros; eles queriam vivenciar suas impulsividades e satisfações.

O filme mostra Marta em companhia de um pai imaturo e Sérgio sendo protegido pela mãe, enquanto não é mostrado nenhum familiar mais próximo de Vani nem de Rui. Isso sugere, possivelmente, que para se estar preparado para assumir uma ligação amorosa adulta ou um casamento é necessário que já se tenha uma independência em relação à família original por meio da superação do complexo edípico. Marta e Sérgio ainda não haviam se individualizado, continuavam ligados imaturamente aos seus pais.

Rui estava se casando com Marta para que o avô pudesse assistir ao casamento da neta antes de morrer. Eles já moravam juntos, namoravam há um ano. Ele estava se casando sem pensar e agia sem afeto em relação à noiva. Mas por que se casou com Marta se não havia amor entre eles? Numa conversa íntima com a Vani, no telhado de sua casa, Rui responde para Vani que viu o sinal financeiro da entrada do apartamento (referência ao toque de sininhos quando o amor é sentido). Eles conversam sobre o tamanho dos peitos de Marta, outro motivo de escolha. Rui escolhe Marta como um mero objeto sexual, e não amoroso. Ele se mostra interesseiro, é capaz de fazer uma aposta e trapacear para ganhar tal aposta. Na cena em que a loira tem um traumatismo craniano provocado em parte pela sua aposta, ele sabe que foi o responsável por tal tragédia, mas faz a negação, não sofre, não sente culpa. Não havia naquela situação mais lugar para alegria. No entanto, ele pede para que se toque "Macarena" e provoca com isso espanto em todos diante de sua reação absurda.

Rui foi traído pela mulher com a qual acabara de se casar e decide anular o casamento para não entrar em contato com seu sofrimento. Ele foi se apaixonando pela Vani durante a noite, mas, quando ela lhe pede para ficar no porto com ela por duas horas, ele acha que é chato: continuava sem perceber a importância que ela adquirira dentro dele. Somente após o relato na sacristia é que ele pode perceber sua ligação com ela e o desejo de não a perder. Como um bom apaixonado, sem pensar, ele faz todas aquelas loucuras no automóvel, passa por cima de tudo e de todos para chegar a tempo de colocarem, um no outro, suas alianças e ficarem noivos.

Os relatos do que ocorreu com Rui e Vani no período de uma hora mostram que essa hora foi o tempo necessário para que eles fizessem certas integrações, culminando com a ligação amorosa entre eles. Relacionei essa percepção, ou esse *insight*, ao que acontece numa sessão de análise, quando o analisando vai relatando fatos para o analista e tem na relação com este uma experiência emocional que o leva a tomar consciência de seus sentimentos e de suas verdades em relação a si mesmo e em suas relações com o outro.

Rui e Vani tomaram consciência do prazer de estarem juntos e do desejo de continuarem juntos. Há um nascimento de sentimentos de amor entre Rui e Vani por perceberem semelhanças e interesses comuns (dançam como loucos, são descontraídos, irônicos, vingativos, irreverentes etc.); eles se seduzem sutilmente, a relação vai se tornando erotizada; eles vão gostando de ficar perto um do outro; há um começo de companheirismo e de cumplicidade.

Vani faz um tipo de pessoa despojada: vestido bastante decotado, fala tudo o que pensa, é desafiadora, espontânea, observadora e burra algumas vezes. Diz ser detetive (especialista em encontrar restos de vagabunda), porém foi traída em sua própria casa na véspera de seu casamento. Ela namorou Sérgio por um ano e nesse período deve ter feito negações sobre as suas percepções sobre ele. Descobre que foi traída e não resolve seu problema de forma adulta; foge para a atuação dizendo que vai dar para o primeiro pinto que passar na sua frente. Ela vai para a rua ao invés de olhar para dentro de si mesma para buscar os seus reais sentimentos; não para para pensar em seu casamento; tenta resolver os conflitos imediatamente, por meio da ameaça de vingança nos mesmos moldes – o que mais tarde ela consegue quando, numa cena hilariante, por meio de imagens na sombra da janela, faz Sérgio acreditar que ela está tendo uma relação sexual magistral com Rui.

Então, ela assume que não realizaria a vingança, que dissera aquilo só para provocar Sérgio, mostrando nessa cena que tem comportamentos que visavam instigar Sérgio a buscar forças dentro dele para tirá-la daquela dor que estava sentindo, que desejava que ele demonstrasse amor por ela. Tanto é assim que ela faz uma reconciliação com ele quando este ameaça se matar. Mas o famoso arroz, ou realidade, se faz presente, e ela volta a entrar em contato com o Sérgio infiel, fraco e mentiroso. Ela ainda tentou negar a verdade mais uma vez, mas não houve possibilidade, não teve mais como negar.

Vani reencontra Rui na rua enquanto atua o seu trágico começo de casamento. Ao ver Marta, ela a acusa na entrada do prédio de ter acabado com seu casamento. Vani acusa Marta porque esta não lhe deu um punhadinho de arroz. Ela não sabia, até então, que Marta era mesmo a protagonista de toda aquela dor que estava sentindo naquele momento. Marta não só deixara de emprestar arroz ou buzinara na frente da igreja espantando os cavalos; ela era a parceira de Sérgio na traição, na destruição da relação de confiança de Vani em relação a Sérgio. Nem mesmo nesta hora Marta demonstra algum sentimento de culpa e de preocupação em relação a Vani pelo sofrimento desta.

Rui acolhe Vani em seu apartamento; ele se mostra atencioso e solícito para com ela; Vani menstrua e dá início à discussão sobre o tamanho dos absorventes internos. Na discussão entre Vani e Marta sobre o tamanho dos absorventes, o que se mostra é a competição existente entre mulheres. Vani tenta impressionar Rui com a sua potente feminilidade; com aquela calcinha toda manchada pelo seu forte fluxo menstrual, sua vagina "super", oferece elementos para que Rui criasse fantasias de ter com ela um "supersexo". É na cena em que Rui e Vani conversam sobre o tamanho do absorvente que eles vivem o primeiro momento de maior intimidade, de cumplicidade. Ele se abre e ela o aconselha; ela o escuta e ele se sente compreendido. A relação de Rui com Vani começa a fazer mais sentido para ele do que a relação dele com Marta.

Marta não dá valor ao que ele diz, ela não o leva em consideração. Ele começa a perceber a diferença na relação com Vani. Esta lhe mostra que na relação conjugal o ligeiramente desconfortável vai ficando cada vez mais insuportável. Ela demonstra conhecimento de que as relações se deterioram quando pequenas dificuldades vão sendo deixadas de lado, ou negadas pelo casal. Com o passar do tempo essas dificuldades vão aumentando, vão se tornando mágoas tão intensas que passam a ser insuportáveis e fonte de muito ódio na relação.

Rui discute com Marta o tamanho do seu pênis e acaba dizendo que ela tem inveja de seu pênis "super" porque a vagina dela é "mini". Rui fala da inveja do pênis para Marta, que vive a busca deste para se sentir poderosa. O órgão sexual masculino é externo, é visto, é conhecido, é alvo de competições e gozações entre os homens desde crianças, quanto a tamanho ou distância dos jatos de urina, por exemplo. E o órgão sexual das meninas? Estes estão representados na mente da menina desde muito cedo, porém não estão à vista, são escondidos, dando margens para que a mulher, que sempre foi mais reprimida em sua sexualidade, mantenha seus genitais externos sem explorações, sem serem alvos de curiosidade quanto a tamanho etc. – o que levou Vani a insistir na hipocrisia da sociedade, na hipocrisia das relações em que não se conversa sobre sexo abertamente e sobre a igualdade de direitos.

No entanto, Vani escolheu Sérgio como marido. Ele é machista, imaturo e medroso, não assume as consequências de seus atos; ele a trai e fica pedindo perdão, mas não sai de dentro de sua casa, não se expõe, não luta pela mulher, ele é fraco, é de mentira, é falso. Tenta continuar enganando Vani, fazendo-a acreditar que ela é louca; ele insinua o desequilíbrio dela todo o tempo, tenta fazê-la negar a realidade. Ela precisa repetir para ele e para si mesma que não pode ser a empregada que deixou a marca de batom cor-de-rosa na taça de champanhe ou o arroz na cama – já que esta é viúva, mãe de 5 filhos, crente kardecista, e não faz sexo desde 1963 – como forma de convencer a si mesma de que não está delirando. Ela consegue arrancar as confissões de Sérgio mediante ameaça; sabe que ele cederá, que é fraco.

Porém, ela age como louca e grita para que ele não a chame de doida. Ela não o ameaça fisicamente; quebra objetos, mantendo assim a aparência de ensandecida; porém é extremamente dominadora. Sérgio não muda sua personalidade. Há a indicação, no final, de que Sérgio se casa com a filha de um delegado; em outras palavras, a lei e a proibição continuarão vindo de fora, já que ele não encontra os limites em seu mundo mental interno.

Vani e Marta usam o vestido de noiva do começo ao fim do filme. Seria uma referência à não consumação do casamento, ou seria uma simbolização de que não houve uma noite de sono entre os acontecimentos, e a ausência da descontinuidade não criou a possibilidade de uma mudança interna no modo de ser e de perceber a si mesmo e ao outro? Rui e Vani se enamoram. Rui teme perdê-la e corre para satisfazer o desejo dela. Ela não quer namorar, então ficam noivos de aliança, sem se importar que aquelas alianças vieram de outras mãos; o que importa para eles é a satisfação imediata. Não há dor alguma com a separação de seus pares anteriores, eles agem como se nada tivesse acontecido.

O filme mostra algo que vem acontecendo com as relações nos dias de hoje. O ser humano não tem sentido o quanto é importante passar pelo luto, pela dor da perda, pelo sofrimento advindo de uma separação. Há uma busca frenética pela substituição do objeto perdido; não há tempo de pensamento, de aprendizagem com a experiência. Não há a percepção de que se vai continuar repetindo e insistindo no mesmo comportamento, em prejuízo do desenvolvimento emocional – o qual, assim, permanecerá estagnado.

Uma reflexão à parte sobre a prima "magricela" chorona. Na primeira fila da igreja, no momento em que o noivo – Rui – espera a noiva para iniciarem a cerimônia, é mostrada uma mulher chorando intensamente. Num primeiro momento, Rui se aproxima dela e procura resolver o problema. O choro continua e passa a irritá-lo.

Ele começa a perder a paciência. O choro continua. Rui a esbofeteia. Numa cena posterior, somos esclarecidos, bem como o Rui, de que a loira é filha de pai alcoólatra que a espancava quando ela era criança e namorou três homens alcoólatras que também batiam nela. Esta compulsão à repetição da loira em agredir o outro por meio de sua imagem de fraqueza e de choro é colocada para dentro de Rui. Este, por identificação projetiva, reage devolvendo a agressão. Ela poderia pegar o buquê atirado pela noiva, mas ainda assim não se casaria nunca; ainda não sabe buscar um homem para si; continua mantendo essa versão falsa sobre sua vida, de que os homens são violentos gratuitamente. Não percebe a sua participação nas agressões de que, aparentemente, é vítima.

Essa cena provocou muitas gargalhadas na plateia. O riso substituiu a angústia diante de tamanha agressão, além de abrir a possibilidade de descarregar a pulsão sádica de cada um de uma forma econômica, psiquicamente falando. Houve, pela plateia, uma identificação com o agressor, não com a vítima.

16. Abril despedaçado[1]

Maria Lucimar Fortes Paiva

Gostaria de agradecer a oportunidade de estar aqui com vocês, dividindo as impressões que tive deste filme. Especialmente este filme, que de tão calado tem tanto a nos dizer, desperta uma intensidade muito grande de emoções e reflexões. Acho que nem sempre é demais lembrar que o que tenho aqui são as minhas impressões, o modo como eu pude ler essa história, esse filme. Essa é uma parte do trabalho que nós nos propomos a realizar para vocês. A outra, espero poder ouvir de vocês, para trocarmos as muitas ideias que, com certeza, vão surgindo à medida que nos ouvimos.

Esta é uma história que se passa no sertão do Nordeste brasileiro, em 1910. Mas poderia ser uma história que se passa na Albânia em 1930, como a que Kadaré nos conta, e de cujo romance Walter Salles extrai a ideia para este filme. Poderia ser ainda uma história siciliana, das *vendettas*, ou dos gregos, tanto faz. Porque é uma história dos sentimentos humanos de vingança e poder e da luta para conquistar o amor. Trata dos esfacelamentos que podem ser vividos em nome

---

1 *Abril despedaçado* (2001), direção: Walter Salles.

de cânones, códigos e leis instituídos, quando estes sobrepassam o existir de cada um. Oferece-nos a oportunidade de assistir a uma luta angustiante por manter a honra, sob a tutela da violência, segundo uma tradição, quando esses códigos se encontram também a serviço de impedir a liberdade e a própria existência.

No filme, a sucessão de tragédias é iniciada pela "disputa de terras" entre duas famílias rivais. E vemos uma camisa ao vento, manchada de sangue. Essa seria a marca de que se havia cumprido uma obrigação de vingança. Alguém morrera em retaliação. A partir de então, era esperar que o sangue amarelasse para que outra obrigação se fizesse, a de vingar aquele que morreu. Desse modo, se perpetrava o ciclo interminável de violência e morte.

Tonho, o segundo filho da família Breves, deve vingar a morte de seu irmão mais velho, o que significa sua morte também, após uma costumeira e curta trégua. Não há opção possível. Ou mata, dispondo-se a perder a vida, ou se perde a honra de sua família. Tonho nada pode escolher, como tampouco puderam seus antepassados, seus pais, seus irmãos, e seus rivais.

Não é possível ter ou saber os nomes, dar nomes e ter história, porque a lei da disputa ancestral é soberana. A única história que pode ser contada é a da vingança e da honra que deve ser resgatada. Não pode haver registro de outra história, ninguém pode se lembrar do que é querido, desejado. Pacu não se lembra de suas histórias sobre o mar, de que tanto gosta. Tonho não pode saber que deseja outros caminhos.

Pacu, ou simplesmente Menino, o filho mais novo dos Breves, reclama uma história para si. Uma história com amor, cheia de vida, de quem pode ter um nome. Todos parecem temer sentir o que sentem, o que desejam. Porque perceber e sentir, com liberdade para pensar, declara o que acontece dentro e fora de nós mesmos. E pode sugerir mudanças. No lugar desse pensar sobre o que acontece, de experimentar como próprio o que sentem, está a repetição. A bolandeira, eixo da história, como um relógio às avessas, repete o seu mesmo movimento provocado pelos bois, açoitados por quem acredita que lhes comanda o caminho.

No vaivém do balanço, Pacu se refugia nos seus momentos mais angustiantes. É nele que espera a volta de Tonho, após o enterro do Ferreira, que o irmão havia assassinado. Parece se balançar para atingir o nada, para não sentir o medo de que Tonho não volte. É aí que ele permanece, ainda, enquanto espera pelas lembranças da sua sereia. E é nesse balanço onde parece trocar o lugar de Tonho com o seu: "Hoje é tu quem vai avoá". Tonho lhe ensinara a voar, mas parece ter esquecido a lição, e o menino quer que Tonho recupere essa condição: voar, sonhar. Repete também o seu balançar como para procurar dentro de si alguma condição de se encontrar em alguém, com alguma coisa nele mesmo que o conforte.

Os giros na corda inebriam Clara, desde a tarde até o anoitecer, quando ela se encanta com Tonho, mas não sabe como libertar-se para esse amor. Pedindo que ele gire mais e mais, acredita que flutua no ar, que pode ser livre, e que possa estar com Tonho num giro amoroso e sensual. Um movimento repetido, mas cheio de amor, não como aquele da bolandeira. A canga, que aprisionava os bois e a todos, cumpria sua missão de atrelar os bois e os Breves na mesmice dos seus momentos, que caminhavam para trás com a bolandeira, como se seus afazeres, sempre iguais, os livrassem de perceber mais um dia de vingança e morte. Tudo se repetia para que nada novo pudesse surgir. Às vezes, repetindo para fazer surgir.

A repetição como recurso de não ver o novo, o desconhecido, nos é muito familiar. É a voz dos recursos que todos possuímos para nos manter na mesmice, no amortecimento. É o código da pulsão de morte em ação. A psicanálise nos traz a descoberta dessa condição humana de voltar ao inanimado, de seguir com facilidade os "desmovimentos", a inércia, ou a desconstrução arrasadora, destrutiva. Um legado humano que insistimos em não considerar como próprio da nossa natureza. A construção amorosa, outro legado nosso, parece mais difícil de se realizar. Exige que nos confrontemos com o caos, com a existência de um outro que difere de nós mesmos, de quem dependemos e que podemos perder. Essa dependência é sentida frequentemente como um perigo, uma ameaça às nossas ilusões de que somos capazes de possuir e controlar o que nos pertence, e os nossos sentimentos.

Perder o que amamos, ou perder o seu amor, implica a perda de um pouco de nós mesmos, daquele aspecto nosso que se liga tão fortemente ao outro, que já não se sabe mais a quem pertence, ou o que é. É um pouco do outro em nós, e um pouco de nós mesmos no outro. Só podemos perder o que temos como posse de nós mesmos. Mas, nessas relações que se alimentam da morte, o que se retém são coisas amortecidas. Conceber a existência do novo, do outro, é se dispor a uma dolorosa experiência de retaliação sem fim. Não se pode esperar que o desconhecido, o outro, seja mais complacente e amoroso do que aquilo que se sente ter em si mesmo.

Seguir o código de honra ancestral serve a diferentes propósitos. Persegue o culto ao ódio, à vingança, não permite a transgressão necessária, não admite a existência de cada um como ser independente. Não se faz necessário perceber as dores e os desejos de cada um; todos formam um bloco único, indiferenciado. Não se pode sentir o medo, porque há muito o que temer. Os nomes pouco importam. São os Breves, os Ferreiras. Na ausência de um, há o outro. Todos a serviço de um só objetivo: manter a honra, e o ciclo da violência. Não se podem entrever como fazendo falta um ao outro, embora isso esteja dilacerando o ser de cada um.

Aparentemente, menos oneroso é que se preencham com o desejo vingativo, por um mal sempre atribuído ao outro – Breves ou Ferreiras. São os Ferreiras que iniciaram a briga, do ponto de vista dos Breves, e a recíproca acontece, com certeza. Pacu conta que seu pai lhe dissera que a luta é "Olho por olho. E de um olho por outro olho, acaba que todo mundo ficou cego. E em terra de cego, quem tem um olho todo mundo pensa que é doido". É ele, o Menino, quem pode se aperceber desse olho que tem, que pode ver o que se passa, e que se sente enlouquecer, porque só ele, com a companhia de Tonho, pode enxergar a vida com os olhos de quem está vivo, enquanto os outros se fixam na morte. Nas palavras de sua mãe: "Nessa casa, os mortos é quem comanda os vivo".

Com muita insistência, Pacu tenta recuperar esse olhar em Tonho, para que ele também possa enxergar o que sempre viu: a dizimação das possibilidades de cada um, a ausência de encontros verdadeiros, amorosos, os estreitos limites de Riacho das Almas. Se o pai não lhe concedia a possibilidade de pensar, de existir, a Tonho essa proibição pareceu servir em algum momento como um escudo contra o temor de ser o que poderia ser sozinho, com suas escolhas, com suas mudanças. Enquanto Tonho acreditou que seu ódio ao pai era imenso, não o pôde declarar. Não se permitiu sequer questionar suas decisões sobre a entrada dos filhos no círculo da vendeta. Só mesmo um vínculo tão forte e fraternal como o de Tonho e Pacu poderia romper esse ciclo de morte e violência.

De início, a comunicação entre eles se dá predominantemente pelo olhar. Não se tocam, os diálogos dizem só o que aparenta ser necessário. O que é mesmo importante não pode ser dito. Os contatos são agudos, ríspidos, como o ranger das engrenagens da bolandeira. Tonho quebra essa regra no seu contato com Pacu porque ainda guarda consigo a garantia dessa possibilidade, insistentemente incentivada pelo irmão menor. Quando Pacu confronta a ordem do pai, pedindo que Tonho não cumpra a "obrigação" de cobrar o sangue do irmão mais velho, Pacu é atingido pelo ódio do pai, que o pune de maneira violenta. Tonho, então, aperta as mãos de Pacu sob a mesa, num gesto carinhoso e cúmplice, de quem sabe o que ele está sentindo. Pacu vai aos poucos contagiando Tonho com sua esperança, e o irmão se permite partilhar o que ele diz: "Olha, Tonho! Os bois tão rodando sozinho!".

Nesse momento, Tonho é surpreendido com o que se repete sem questão: os bois da bolandeira, como também eles próprios, seguem o seu patético e repetido curso, mesmo quando se lhes retira a canga. Ele, que se encontrava com a canga em seus ombros, pode perceber, então, a sua complacência e a sua mesmice, de quem se esquece de ser o que é. Quando a retira de seus ombros, jogando-a no chão, tem o olhar firme de quem deseja escolher. Ao que parece, Pacu recupera em Tonho a possibilidade de sentir o que nele existe de vivo e amoroso, e que pode ser reencontrado para que se liberte de seu jugo. Porque mesmo "cobrando o sangue", a mancha persistiria. Na voz de Pacu: "A mãe pensa que mancha de sangue sai; mas não sai, não".

A mancha da morte, do ferimento afetivo de quem perde alguém querido, essa não se desvanece. Não há para a mãe dos Breves como recuperar o filho que morreu. O que se torna imperioso é acreditar que a morte de um filho os livra de muitos males, o que o transforma em herói, em vencedor, e isso vale a sua vida ou, antes, a sua morte. Essa forma de proteção psíquica contra a dor nos faz lembrar as repetições obsessivas, que impedem que se possam conhecer os sentimentos ocultos, primitivos, já que se encontram tão involucrados.

Ao nosso olhar contemporâneo, parece muito estranho que a mãe não se insurja contra as regras da vendeta. A ela cabe rezar pelo filho morto, e pedir que sua alma encontre descanso, e que "a cada gota de seu sangue, sejam derramadas duas do inimigo", mesmo que isso coloque em risco a vida de outro filho seu. Essa maneira de a mãe partilhar os desígnios da vendeta parece ter sido a regra, em todos os momentos históricos em que a encontramos, desde a Grécia Antiga até os nossos tempos.

No livro sobre esse filme, Butcher e Müller, os autores, contam que a atriz que interpretou a mãe dos Breves, Rita Assemany, enquanto ensaiava a cena em que chora a morte de Inácio, seu primeiro filho, entoou uma canção. Essa canção, estranhamente, fazia parte de sua interpretação de Medeia no teatro. Seria uma simples coincidência? Ou sua alma de artista capturou, na personagem dessa mãe Breves, algo que se assemelhava aos sentimentos de Medeia? Poderíamos arriscar a suposição de que esse código poderia servir a sentimentos maternos menos nobres do que gostaríamos de creditar a uma mãe ideal?

Encontramos no decorrer do filme uma história de impedimentos: o impedimento à felicidade, o impedimento de se descobrir um caminho diferente, de pensar. Pacu nos mostra esses impedimentos em várias situações do filme, quando nos fala da sua dificuldade de lembrar as histórias. Ele cria histórias de esperança, de conseguir chegar aonde deseja, de ser querido e resgatado por alguém cheio de amor: a sereia Clara. No desespero de quem conhece a possibilidade de existir e de amar, ainda que seja como uma vaga lembrança, Pacu empenha-se em recuperar as histórias, os seus aspectos preservados que lhe permitem pensar seus pensamentos. Ele pode usar seu livro, "o livro de tudo", porque a partir dele pode criar e compreender as suas histórias. Pacu mostra, ainda, que seus desafetos não são tão poderosos a ponto de impedi-lo de contestar, de se contrapor ao que é vigente. É ele quem primeiro se insurge contra o pai.

Melanie Klein nos fala da importância de preservar os bons objetos internamente para que possamos nos desenvolver, pensar e criar. Caso contrário, a perpetuação daquilo que nos apavora e surpreende internamente se faz no interjogo de atribuí-lo ao outro e acreditar ser esse outro quem nos prejudica e arruína. É o interjogo entre os Breves e os Ferreiras, numa luta interminável que se realiza como se o objetivo fosse se protegerem de ataques e usurpações; mas esses ataques não visariam de fato somente recuperar as terras ou resgatar a honra que o outro aviltou; é a encenação dos ataques que desferem contra si próprios.

Para quem se sente sempre perseguido pela morte, a vida representa um grande tormento, e não há espaço para liberar o amor, a brincadeira, o riso. Em um único momento do filme se vê o riso: o momento em que Tonho cai do balanço e finge estar morto ou muito ferido. Quando percebem que nada aconteceu, a mãe e o pai riem convulsivamente, enquanto Tonho e Pacu vivem um dos momentos mais ternos de todo o filme. Eles se olham com afeto intenso e brincam como que comemorando a vida, tão rara naquele lugar. Pacu se recusa a partilhar do riso com o pai, confirmando suas mágoas de um pai que o castra, que lhe está retirando o que tem de riqueza: seu livro de "tudo", que lhe permite voar, descobrir, criar e manter suas ilusões. E, de certa forma, o pai vai lhe privando de Tonho, sua outra grande riqueza, com quem pode compartilhar a vida, com quem aprende a suportar o risco do chicote.

Num lugar assim, como Riacho das Almas, sem riacho, só com almas, não surpreende que os diálogos não aconteçam, que não se registrem os nomes. Dar nome significa conhecer, atribuir importância, pertinência, e admitir que esse algo nomeado se situe em nossa mente e no outro, como um registro de nós mesmos. O pai e a mãe não se denominam: são os Breves. Pacu nunca fora nomeado. Representa o desejo de liberdade, o lugar da fantasia, o vínculo amoroso com a vida. Esses nomes não existiam para os Breves, empenhados com a morte.

Pacu tampouco poderia ter nome, então. Recebe esse nome (do qual não se agrada muito) do artista do circo – Salustiano – que estranha o fato de que ele não tenha nome. Os dois "brincantes", Salustiano e Clara, como os denomina Walter Salles em seu roteiro, é que podem nomear Pacu. Porque eles conhecem o que o menino contém e representa: a alegria, as promessas de esperança, os planos de se encontrar com uma sereia no mar. Os brincantes, artistas de circo, trazem o novo, a ruptura, a alegria e a transgressão; para o menino Pacu, a alegria do espetáculo, a fantasia a partir do livro e das histórias, e um nome, afinal. Para Tonho chegam com eles as descobertas de novos rumos, da liberdade, nas cores do fogo e do amor de Clara, que soltava fogo pela boca, uma mulher que ele podia desejar e que receberia, sem receio, o fogo de seu amor.

As cores do fogo e do sangue são os únicos vermelhos no filme. E não por acaso. Essas são as cores das paixões violentas, da morte e do amor. E é com esse amor que Tonho também pode libertar Clara do seu aprisionamento a Salustiano e de sua condição de quem não pode desejar. Salustiano, outro encarcerado pela morte: "Pra quem já nasceu morto, o pior já passou, tudo é lucro". O banho, que um dia o acordou para a vida, apavorava Salustiano. Sua alma de artista, cheia de desbravar o novo, também mantinha lá suas mortes cultivadas.

Quando Clara pergunta a Tonho se ele conhece Ventura, não parece estar perguntando sobre os lugares que conhece, ou sobre um vilarejo simplesmente. O que pergunta mesmo é se ele conhece a felicidade. Um estado que ela ainda não teria sentido plenamente. Mas, desde que se encontram, o tempo é seu inimigo. Como dissera o sr. Ferreira no dia do velório de seu filho, Tonho deveria ouvir a cada batida do relógio menos um (minuto), menos um... A tarja preta, sinal da trégua, indicava que os dois precisavam se contrapor a esse tempo para poder viver com intensidade o seu encontro, enquanto o pai de Tonho tocava a bolandeira com os gritos de "Bora, bora", também contra o tempo, mas querendo vencer seus cansaços, seus limites, seu ódio. A bolandeira era o relógio que marcava o tempo e a vida dos Breves. De vidas "breves", com o ritmo demarcado pelo caminhar dos bois.

Se não se faz possível sentir o prazer de seguir o ritmo da vida, que essa cadência seja imposta pelos bois que se encontram pela vida afora.

Mesmo quando não se deseja o novo, o inusitado se impõe. A regra da vendeta é clara: se foi concedida a trégua, ela deve ser cumprida. Mas o irmão e a viúva do Ferreira assassinado, na sua fúria de vingança, mentem para o avô, um dos que não enxergam, e também é cego de seus olhos. Dizem que a camisa já estaria amarelando, quando ainda não havia essa senha para encerrar a trégua. O avô determina, então, o fim da trégua e ordena a vingança. Morte a um Breves, cobrando o sangue de seu neto assassinado por Tonho. Essa mentira carrega um mau presságio, que se concretiza quando o Ferreira vingador, não podendo enxergar sem os óculos, mata o homem errado.

Mas era uma história que parecia ser compactuada internamente também por Pacu. Empenhado em lembrar as suas histórias, ele delega a Tonho o despertar de uma outra história, com espaços infindáveis, como os do mar, que Tonho podia agora conhecer. A chuva, o mar, que trouxeram vida a Tonho, testemunham a morte de Pacu, num tempo de abril. Abril-morto, abril despedaçado. Mas não para Pacu, que o presenteia a Tonho; não para Tonho, que recebe o amor generoso de Pacu e as suas histórias. Faz pensar que talvez o Menino-Pacu seja um Tonho-Menino, que se sente maior e mais forte quando descobre o amor. Essa descoberta é que poderia lhe permitir escolher diante da encruzilhada, na estrada e na vida, com alguma esperança de seguir o caminho que vai dar no mar, onde "ninguém morria, e tinha lugar para todo mundo".

Essa é também a história das nossas próprias sagas internas. São as vendetas que sustentamos entre os rivais que construímos dentro de nós mesmos. Esses são os personagens que nos aprisionam, que refreiam as nossas possibilidades: o medo, a dúvida, a cegueira e a violência. Há de se encontrar algo densamente vivo e amoroso, que sobreviva além da morte e da ruína, para podermos escolher caminhos. Rumo a um encontro marcado internamente com nossos meninos – Pacus e Tonhos – para conhecermos um lugar nosso chamado Ventura.

Comentários realizados em 2004

17. Dogville[1]

Suad Haddad de Andrade

Uma característica marcante da construção da narrativa é a recorrência ao exagero e às configurações extremadas, embora o desenvolvimento seja linear, sem dificuldades de ser acompanhado. Por exemplo: o filme apresenta duas comunidades opostas – de um lado Dogville, uma comunidade inexpressiva, pacata e escondida, e de outro os mafiosos, com sua exibição de poder, força e determinação.

A docilidade da jovem é tão exagerada como o castigo que a cidade lhe impõe: coleira, correntes, roda pesada para arrastar. São todos aspectos simbólicos bem escolhidos que chocam e marcam. O filme fala, basicamente, da marginalidade, do que precisa ficar à margem, sejam grupos, sentimentos ou conhecimentos. Outro aspecto significativo é o cenário teatral. Esta particularidade de apresentação, a forma de expor o tema, já nos remete ao conteúdo: o diretor nos avisa que não se vai falar das situações externas, do concreto, mas do mundo interno das pessoas. As paredes não existem, a vegetação não existe, até o cão, Moisés, não existe, a não ser nos

1 *Dogville* (2003), direção: Lars Von Trier.

latidos ouvidos ao longe, ou então no final, quando ele aparece para significar a mensagem do filme: os aspectos internos assustadores.

Vejam bem, a cidade tem nome de cão. O cão é o personagem que abre o cenário (embora não apareça, sendo apenas mencionado), e Grace mostra, no final, que entende bem o cão, o único sobrevivente, e justifica a fúria dele para com ela (na verdade representando a fúria da cidade contra ela – "eu lhe roubei o osso", diz ao cão, ou roubei a tranquilidade da cidade, ou o alimento que a mantinha viva, como a ilusão de que todos eram tranquilos e pacatos). Então, se não existem paredes, jardins e objetos bem definidos, mas um vazio onde a trama se desenrola, isso significa que o mundo interno não é tão particular assim, nem tão protegido; o que vamos ver são vivências comuns a todos nós, que serão expostas neste cenário tão estranho e ao mesmo tempo tão facilmente identificável e de fácil circulação.

Tom é um jovem ambicioso e tem a pretensão de ser um grande pesquisador das características humanas, além de sonhar em ser um grande escritor. Enquanto isso não ocorre, ele quer fazer o rearmamento moral de sua comunidade; ele é o minerador de almas. E parte de uma proposta, que é a de desenvolver ou compreender a capacidade humana de aceitação. A comunidade, ao resistir em aceitar a jovem, intuitivamente está sabendo que não é ela que será testada durante as duas semanas, mas eles é que serão testados todo o tempo, eles é que se revelarão, para si próprios e para os outros. Este aspecto do aceitar o outro, que será tratado todo o tempo no filme, tem a ver com aceitar o outro real e o "outro" que também somos ou temos dentro de nós mesmos; esse "outro" que não conhecemos bem e que nos assusta.

Então, o cão foi o primeiro a entrar em contato com ela e não latiu! A questão já está proposta: o cão latia quando havia alguma pessoa estranha por perto, ou um lobo; mas não latiu, só rosnou quando ela apareceu, o que significa que ela não era uma estranha; de certo modo ela era muito conhecida, como são muito conhecidos de cada um de nós nossos sentimentos, embora não tenhamos sempre contato direto com eles ou não nos demos conta de sua existência.

E a narrativa vai se desenvolvendo com os moradores de Dogville manipulando Grace todo o tempo; aparentemente ela não tem escolha, eles fazem o que querem dela. Eles vão apresentando mudanças nas atitudes para com a moça e nós vamos nos convencendo de que Grace não é a responsável pelas mudanças; cada um reage a ela do jeito que é; aspectos diferentes de cada um vão aparecendo, maneiras de ser e de agir que nem mesmo eles suspeitavam ter. As exigências para com ela, suas cobranças, não têm o significado de se protegerem dos perigos externos, dos gângsteres que viviam mandando mensagens ou prometendo recompensas; não é o externo que os vai tornando mais desconfiados, mais duros, mais exploradores ou mais cruéis. O fato de a polícia estar atrás dela e ela não poder fugir era um pretexto para eles endurecerem, ou irem expondo sua própria crueldade, já que, quanto mais indefesa, mais eles podiam abusar dela impunemente.

O título do sexto capítulo é: "Dogville mostra os dentes!". Passam a ser tão cruéis que ela precisa fugir. Mas não consegue. E eles se tornam piores ainda; a prendem com uma coleira, como se ela fosse um animal perigoso, e a maltratam mais e mais. Onde está o perigo? É essa a pergunta que paira todo o tempo. Os gângsteres são convocados para que a comunidade se livre dela e para ganharem as recompensas em dinheiro. Ela foi, na verdade, um grande mal para a cidade porque permitiu que as pessoas se revelassem com todas as suas mazelas; em tempo tomará conhecimento disso e vai assumir seu papel.

Vamos ver como. A chegada do pai e seu diálogo com ele nos esclarecem aquilo que já estava sendo visto por nós: Grace tinha de manter sempre uma atitude passiva diante das agressões dos outros porque ela pretendia ser um modelo de aceitação, exatamente a tese que Tom propunha para a comunidade – a comunidade não foi capaz, mas ela era capaz de uma aceitação ilimitada. Essa sua postura diante da vida é que o pai afirma ser arrogante. Ele mostra, no diálogo com ela, como é absurdo ela pretender provar que as pessoas não têm recursos para aprender ou se desenvolver. Ele mostra como ela, ao não julgar as pessoas, está na verdade com pena delas, como se elas só merecessem piedade. "Até os cães podem superar sua natureza; nós os ensinamos e eles aprendem. Todos têm que responder pelos seus atos, e você não deixa isto ocorrer, você não lhes dá chance. Você os perdoa sempre e se coloca como a única que aguenta tudo. Esta é sua arrogância."

O pai, o gângster, faz um jogo aberto: aquele que julga perigoso ou que o contraria, ele elimina. Ele expõe todo o tempo sua voracidade, sua pretensão e seus objetivos. As pessoas sabem o que ele quer e a que ele veio. Ela não faz um jogo aberto: colocando-se como vulnerável e generosa, os deixa serem tudo e não impõe limites. Ora, o limite é absolutamente necessário sempre. Então vejamos: a criança precisa de limites – os pais sabem disso, os educadores também. Sem os limites a criança fica totalmente perdida, sem qualquer noção da realidade externa e das suas próprias condições. Isso aparece bem no filme quando o menino insiste em ser castigado por ela; só assim ele poderá saber o que é certo e errado e aprenderá a se conter, e não precisará carregar uma culpa imensa, que ele nem sabe bem por que sente. Mas, se ninguém reage, ele fica sem parâmetros, fica perdido. É para isso que existem as leis.

O mais importante para nós, nesse contexto, é pensarmos sobre a necessidade que temos do outro: é preciso que exista o outro para me delimitar, para me mostrar até onde posso ir, qual é minha força, quais são meus direitos e onde estou errado. É isso que o pai diz a ela (em outras palavras): você não julga, deixa o outro sem parâmetros e, pior, considera o outro totalmente incapaz de reagir, de aprender, de melhorar. Se você não oferece resistência é porque não acredita que o outro vá aguentar. Na verdade, o outro está sendo totalmente desprezado por você. E mais, só você aguenta tudo, só você aprende, só você suporta frustrações. Esta é a grande pretensão, a grande arrogância. Se ela, com sua experiência, seus conhecimentos, sua inteligência, tivesse ensinado essa gente a pensar, tudo poderia ter sido diferente.

E como ela faria isso? Simplesmente contestando! Ela nunca contestou nada; sempre se submeteu como se fosse totalmente generosa, boa, gentil. E isso é falso porque generosidade é oferecer não submissão ou serviços, mas recursos para o outro refletir, aprender. A verdadeira colaboração é aquela que possibilita o desenvolvimento interno, a capacidade de pensar do próximo.

Quando você corrige uma criança, mostra a ela por que aquilo que ela fez não pode ser feito, e mostra as consequências. É assim que a criança desenvolve a percepção de si, do outro, do mundo que a rodeia. A necessidade fundamental que temos do outro é exatamente para isso: para podermos aprender de nós mesmos. O outro não está para ser explorado, ou para me explorar, mas para me definir, para me oferecer com clareza a minha própria dimensão. Se você não faz isso, não se oferece como obstáculo para a voracidade do outro, para a crueldade do outro, está sendo igualmente cruel. Está negando a ele uma oportunidade de crescer, de aprender, de experimentar o novo e de se reformular.

Enquanto esteve com a comunidade, sofrendo as pressões todas, Grace foi com eles mais cruel que os gângsteres que os mataram a tiros: ela colaborou para matarem, dentro deles, o senso crítico, a generosidade, o respeito pelo outro, o sentimento de humanidade em cada uma daquelas pessoas. Em um momento, Tom sugere que ela mostre, na reunião da comunidade, os defeitos das pessoas; sugere que ela exponha o que achava deles. E isso foi pior porque ela de novo se colocou arrogantemente como alguém que avalia e julga, mas como alguém de fora; como o intelectual ou o cientista que faz avaliações e expõe seus resultados. Arrogantemente! Não era esse o caminho, porque falar depois é fácil e, no caso, oportunista. O importante é mostrar na vivência, quando está acontecendo e você está ali participando. É construir juntos a experiência. Como na análise.

É interessante como, quando nos dispomos a assistir a filmes de guerra, já sabemos da violência, da destrutividade, da crueldade que obviamente vão aparecer. E você pode escolher se assiste ou não. Em um filme como este vamos nos surpreendendo, porque mesmo o que é óbvio não o é totalmente, e o filme nos horroriza também; até ficamos encantados com essa jovem bem educada que trata a todos de maneira tão cortês e respeitosa, e não nos damos conta do que está latente: a agressividade encoberta que vai mobilizando mais violências. O mais chocante é, a meu ver, o símbolo: o cachorro feroz. Temos todos um Moisés dentro de nós? No filme o cão não morre, e fica a questão: Grace deixou Dogville? Ou Dogville deixou Grace? Ou dito de outra maneira: nós deixamos o cão feroz? Ou ele nos deixa? Essa pergunta ficou sem resposta. Ou não ficou?

Outra questão são os flashes do final, aquelas pessoas miseráveis, extremamente pobres, abandonadas, marginalizadas. Elas não se ajudam ou não são ajudadas? Quando não oferecem oposição e aceitam uma situação tão terrível, quem ou o que as está realmente massacrando? São elas que não confiam em si ou somos nós que não confiamos nelas? De quem elas são vítimas? Basicamente, não existiria uma destrutividade interna muito grande sendo alimentada pela destrutividade externa? A falta de vitalidade nesses quadros expõe uma violência externa ou uma violência interna? Ou ambas?

18. Simplesmente Martha[1]

Suad Haddad de Andrade

Martha é uma pessoa magnífica que vamos conhecendo e que vai nos surpreendendo e encantando; esta maluca, como Mario a chama. Vamos conhecendo e tentando entendê-la – quem não faz isso é ela mesma. Ela se mantém distante de si mesma, por incapacidade de se aproximar. Quando diz ao pai de Lina para ter paciência com a menina, porque ela era muito fechada e difícil de ser compreendida, ela diz: como eu!

Martha se sente uma estranha para si mesma. Não sabe por que está fazendo terapia, foi a patroa quem exigiu. E faz de seu próprio jeito, desfilando as receitas culinárias e levando as comidas que faz para o terapeuta. Aparentemente não fala de si, de seus sonhos, de suas frustrações, de suas relações, de suas necessidades. Fala do que sabe fazer. E se ocupa totalmente com a precisão: é precisa nas receitas, na casa, na cozinha, que não só tem tudo como é absolutamente limpa, perfeita. E não só a do restaurante, a de sua casa também.

1 *Bella Martha* (2002), direção: Sandra Nettelbeck.

É extremamente correta com as pessoas, só não consegue ser desenvolta e criativa com elas. Na cozinha, sim: além de correta ela é precisa e exigente nas medidas, nos produtos usados, nos tipos de ingredientes, no tempo de preparo etc. E é muito criativa. Sabe saborear as comidas, embora inapetente, mas não saboreia as tarefas, as companhias, as trocas entre as pessoas, nem distingue os diferentes sentimentos. Tampouco sabe conviver com os diversos clientes. Ela só aprecia os que gostam do que ela faz, os que a aplaudem. Os que a questionam, ela rejeita violentamente. Não sabe conviver com o diferente quando é o diferente que nos ajuda a aprender, a ampliar nossos horizontes.

E Martha fica no concreto das situações e das receitas; até quando está cansada, com a cabeça quente, ela vai descansar no frigorífico. Não sabe que o frio concreto não serve para aliviar ou esfriar sua cabeça quente com angústias, expectativas, temores, tensões e insatisfações. O terapeuta dela está totalmente atarantado, tão perdido que eu resolvi ajudá-lo; vou fazer uma supervisão do trabalho dele com ela.

Nós estamos vendo que ele é um terapeuta, mas não um psicanalista. Vou mostrar a ele como um psicanalista trabalha. Convido-o para me falar de seu trabalho com Martha; aí fico sabendo, todos estamos sabendo, que ele está entediado, sem esperanças, totalmente desanimado com Martha. Tem horas que ele sente raiva dela e a agride porque fica irritado com essa paciente para quem ele pede, mas não adianta, que não lhe traga mais comida e que não fique todo o tempo falando de sua cozinha. Então eu digo a ele: por que você está tão bravo? Ele vai me dizer que não sabe por que ela vem fazer terapia, tanto que respondeu a ele que vinha porque a chefe dela mandou. Então, pergunto: você acha que ela está desinteressada, que ela não traz suas dificuldades, seus pensamentos, não traz seus problemas, seus questionamentos? É isso que você acha? Ele me dirá que sim. Aí eu coloco a pergunta: será que não? Será que ela não está trazendo, e de uma maneira bem explícita?

Veja como você se sente!, digo a ele. Há uma comunicação inconsciente dela e uma captação inconsciente sua. Como terapeutas, você sabe, temos obrigação de saber que devemos usar o que sentimos da seguinte maneira: se você tem esses sentimentos quando com Martha, não duvide, isso tem a ver com a relação. Há aí uma comunicação importantíssima, que é a seguinte: ela está lhe dizendo que vive assim, desorientada, sem rumo, se sentindo insatisfeita, impotente e desanimada; há um caos interno que a deixa tensa todo o tempo. Então ela está fazendo uma Identificação Projetiva (I.P.), colocando em você e fazendo você sentir os sentimentos dela.

É assim que um analista trabalha, com toda a sua personalidade, seus recursos internos de sentir e reagir, sua sensibilidade, seus afetos e principalmente toda a sua atenção. E isso sem falar nas teorias, muitas, que ele conhece e instrumentaliza, mas precisa sempre estar estudando mais para se atualizar, pesquisar, ampliar, contribuir para que os conhecimentos clínicos se enriqueçam sempre.

E sabe por que Martha vive dessa maneira – por que ela foge de viver os vínculos com as pessoas? Isso nós também sabemos, é porque ela tem medo de sentir com intensidade seus sentimentos, sentir a dor que sempre aparece quando nos relacionamos. Ela se agarra no concreto das receitas, no sensorial dos gostos e cheiros, da limpeza e da ordem externa. Mas dentro dela é tudo insosso, confuso, desorganizado. Tanto que ela diz ao terapeuta no final: "eu fico atenta ao que você não usou" (o ingrediente que ele deixou de usar). É assim que o terapeuta tem de fazer sempre. Tem de ficar atento ao que não comparece.

O paciente não sabe, mas ele usa a mente do analista para o analista saber o que ele está sentindo, tanto que o desespero dele é o desespero dela. Ela quer que ele a entenda e a ajude, que venha em seu socorro. Ele fica no concreto de suas colocações, e não naquilo que não é dito, mas é projetado. Então, o tempo todo, analista e analisando vivem emoções que dizem respeito à relação que se estabelece e é vivida ali. Temos de captá-las.

Vamos entender então o que se passa com Martha (já que o terapeuta não pode elaborar as identificações projetivas que ela faz sobre ele). Se no externo tudo é limpo, arrumado, perfeito, com as medidas exatas, no seu interior é tudo caótico – ela quer ser boa e não sabe como, acaba distante, grosseira, sem sensibilidade. Nem com o vizinho de quem quer se aproximar consegue ser espontânea, natural. É ele que, sensível, vai descobri-la e apreciá-la. Dentro dela os ingredientes estão todos misturados. E é muito violenta; vimos isso com Lina, com o cliente, com Mario. Ela tem dificuldade de conter a violência interna de quem não suporta ser contrariado, e ao mesmo tempo não sabe como se aproximar. No caso com o cliente, a patroa diz: "ele pode estar errado, mas ele é o cliente". Mas Martha não tem esta maleabilidade, tudo dentro dela é duro, estabelecido; o diferente não tem vez.

O terapeuta não viu que essa é sua defesa, ficar no concreto, no conhecido, no correto. É isso que o magnífico Mario percebe logo. Ele, sim, uma pessoa extremamente sensível, humana, um sábio nas relações, na captação dos desejos, fantasias e necessidades do outro. Trata a criança como criança, imagina seus desejos e necessidades e a vai acalmando. Ele é melhor terapeuta que o terapeuta de Martha. Martha não chega perto de Lina porque não chega perto da menina dentro dela; é como se ela tivesse sufocado a menina sonhadora e necessitada que existe em todos nós. Ela não pode sentir o que Lina busca porque não pode buscá-lo para si mesma: alguém que seja companheiro, um outro comigo.

Quando depara com a cozinha suja e desarrumada, com uma refeição no seu santuário transformado em lugar de piquenique, onde se come com as mãos e todos partilham dos mesmos pratos, ela vive uma experiência inusitada. É assim que Mario quer desmontá-la, apelando para seu lado criança. E ela vai aprendendo lentamente que não adianta dar seu quarto para Lina se não dava sua sensibilidade, seu coração, e não porque não quisesse, mas porque não tinha condições para isso, já que vivia amarrada aos seus esquemas muito duros. Lina quer o pai; ela vai concretamente procurar o pai da menina. Não percebe o que Lina quer dizer: que quer alguém com ela, quer calor humano, alguém com capacidade de conter seu desespero, de entender sua dor, de partilhar suas fantasias.

O que torna Martha uma obsessiva, uma verdadeira máquina ambulante? Se ela se ligar, se ela se encontrar consigo própria, vai encontrar uma pessoa tão apaixonada, forte, cheia de vida que ela teme não poder controlar; ou fica se contendo a vida toda ou se solta e vai descobrir do que é capaz, e corre o risco de fazer muitos estragos. A vida é assim, corremos sempre muitos riscos porque não sabemos do que somos capazes em cada situação, no sentido de saber de nossas capacidades e recursos internos. Dos recursos externos ela sabe: sabe de cozinha, e ninguém vai lhe dizer como se faz um bife mal passado!

Pela primeira vez ela vai pedir ajuda a Mario: preciso de você. Quando ela larga o restaurante, na verdade está largando para trás a pessoa que vem sustentando a vida toda, uma prisioneira que ela agora vai libertar para viver sua vida plenamente.

Ela muda tudo e passa a viver suas relações com paixão, com vibração, com possibilidades de escolha. Quando eles escolhem a gravata de Mario para o casamento, isso é simbólico: podemos escolher e podemos muitas vezes escolher errado, e daí? Cada escolha que fazemos é aquela que é possível no momento. Vemos que ela mudou internamente sem mudar na sua tarefa profissional; ela diz isso ao terapeuta – tem coisas que a gente não muda, mesmo querendo. E não precisa mudar! Cada um tem sua marca e podemos, devemos, mantê-la.

Então, o filme é todo simbólico – temos sempre as duas partes, coração e mente, razão e emoção; Mario e Martha, o italiano e a alemã, os dias claros e lindos da Itália e o frio e a eficiência da Alemanha. Todos temos essas duas nacionalidades, e precisamos fazer um bom casamento interno desses nossos aspectos. Tanto é assim que ela diz ao terapeuta atônito: "eu vejo o que você não usou, o que você não fez, o que não está aqui". É assim que temos de ser sempre, se não vemos o alemão da pessoa, temos de perguntar: por que ele não aparece? Se não está o italiano, *o que foi feito dele?* Essa é a pergunta sempre. Como quando o paciente diz: "eu não sei o que falar", e já está falando de sua angústia de ser incapaz, ou quando acha que não tem nada de importante para falar e nós, então, já ficamos com a questão de precisarmos pesquisar com ele o que é que ele chama de importante, e assim por diante.

Assim vamos apresentando a pessoa para ela mesma, para se conhecer, e não para ela mudar. Não mudamos ninguém, é a capacidade de mudar de cada um que se vai descobrindo ou se construindo. Foi o que Mario fez: apresentou a ela a pessoa afetiva, amorosa, calorosa, rica de recursos que ela não sabia que era. Ele não a transformou; ela sempre foi assim, apenas não podia viver a pessoa que era. Mario a ajudou a se transformar para se tornar simplesmente Martha.

Um outro aspecto magnífico do filme é sua mensagem de respeito ao profissional: quando Mario quer deixar o emprego e diz que é ela, a *chef de cuisine*, quem tem de decidir – não é a dona do restaurante quem decide, mas a dona da cozinha, que é Martha –, ele está mostrando uma coisa a que raramente a gente assiste hoje em dia, que é o respeito ao conhecimento, à eficiência. Estamos vivendo num universo onde se gastam fortunas para desenvolver conhecimentos científicos de toda espécie, e no entanto não se respeita o conhecimento, ou aquele que pensa; o verdadeiro cientista não é levado em conta nas grandes decisões. O dono é quem manda, ou o dinheiro, o lucro. É uma coisa terrível, que temos de reverter o mais rápido possível para salvarmos este mundo da desumanidade que nos ameaça seriamente.

19. Encontros e desencontros[1]

Rosângela de Oliveira Faria

Quando assisti a esse filme pela primeira vez, há cerca de um ano, mais ou menos, o comentário que me ocorreu de imediato, ao sair do cinema, foi: "Que filme rico!". Rico porque nos oferece uma "fartura" de questões para pensar, sonhar, contemplar... Questões que abrangem tanto temas intimistas, como a solidão ou a banalização das relações afetivas, quanto temas mais sociais e atuais, como as consequências de um mundo hiperconectado ou o desenvolvimento tecnológico e seu uso indiscriminado. Nesse sentido, de pronto, eu diria que se trata de um filme "generoso". Eu o assisti algumas outras vezes e essa impressão se manteve, pois a cada vez um novo elemento se apresentava como que se dispondo gentilmente a ser olhado, pensado, considerado.

Além disso, penso que é um filme rico também porque traz um roteiro que não é saturado, ou seja, um roteiro que é construído de modo a nos chamar a participar da história, como autores. Por exemplo, na cena final, quando Bob sussurra algo no ouvido de

1 *Lost in Translation* (2004), direção: Sofia Coppola.

Charlotte, cada um de nós é convidado a imaginar o que foi dito e, a partir daí, a imprimir a continuação da história, de acordo com as próprias referências afetivas.

Um outro ponto que me chamou a atenção foi que, à época de sua estreia no Brasil, em fevereiro de 2004, li na revista *Bravo!* que o filme estava conquistando algo raro: a consagração simultânea de crítica, público e indústria. (Mais tarde ele receberia o Oscar de Melhor Roteiro Original.) Daí já me ocorreu uma questão: o que teria esse filme para conseguir tal façanha?

Bem, o filme foi escrito e dirigido por Sofia Coppola, uma jovem cineasta ítalo-americana. Foi baseado em suas próprias experiências em Tóquio, e, ao que consta, revela semelhanças biográficas da cineasta com a protagonista. (Ela, como Charlotte, foi casada com um fotógrafo *workaholic*, que mais tarde veio a se tornar também um diretor de cinema.) Mas penso que esse roteiro mereceu atenção porque também revela semelhanças biográficas com qualquer um de nós.

Não precisamos ter estado em Tóquio para saber o que é estar *Lost in Translation* – "perdidos na tradução". Tóquio, com suas luzes e movimentos incessantes, sua linguagem incompreensível para nós, ocidentais, é apenas uma situação da realidade externa que serve para trazer à tona um estado emocional que nos é familiar: o sentimento de estranhamento, de falta de referência, de desencontro com a gente mesmo, que em alguns momentos da vida experimentamos.

Logo no início do filme, há duas cenas que ilustram bem essa situação. A primeira ocorre quando Charlotte, tendo voltado de um passeio a um templo budista, telefona a Lauren (um dos pontos de insaturação do filme: cada um de nós vai imaginar quem é Lauren) e diz, chorando: "Não sei com quem me casei". Penso que ela quer dizer que está perdida na tradução de si mesma, pois é como se dissesse: "Quem é essa que escolheu esse homem como marido?". Ela não se reconhece. A outra cena ocorre quando Bob se esquiva da conversa com dois estadunidenses, no bar do hotel, que o identificam e querem falar de seus filmes. Seu desconforto tão evidente indica que ele não se parece com aquele de que falam. Ele não se reconhece. Isso não nos é familiar? Quem de nós nunca se sentiu assim, desconhecendo as próprias escolhas, as próprias ações?

Dentre as muitas questões que o filme nos oferece para troca de ideias, vou privilegiar apenas uma. Na verdade, vou tentar contar aqui a primeira história que o filme me contou, que é a história do processo de aquisição de um novo "senso de identidade", ou de um novo "senso de subjetividade". Vejo esse processo ocorrer no espaço de uma semana em que a história do filme se desenrola.

As primeiras cenas mostram Bob e Charlotte antes de se conhecerem. Charlotte é uma estadunidense recém-graduada em Filosofia, de 20 e poucos anos, que foi a Tóquio acompanhar o marido, um jovem fotógrafo *workaholic*. Bob é um ator estadunidense com cerca de 50 anos, casado, que foi a Tóquio ganhar dois milhões de dólares por um comercial de uísque. Logo no início, a diferença entre eles fica em segundo plano, pois em ambos é evidente o mesmo "tédio". Tédio é desgosto, desconforto, distanciamento de si mesmo e do outro, incluindo, e talvez principalmente (neste caso), os respectivos cônjuges. Ambos não querem estar ali, mas também não sabem onde querem estar. Já não são quem eram antes, mas ainda não sabem quem são. Nesse sentido, estão perdidos do próprio senso de identidade. Penso que, a partir do primeiro dia em que se encontram, inicia-se o processo, para cada um, de aquisição de uma nova identidade, ou de uma nova subjetividade.

Primeiro dia: Bob e Charlotte encontram-se pela primeira vez no elevador do hotel. Há apenas os dois ocidentais em meio a uma porção de orientais. Por ser o mais alto de todos, ele não tem dificuldade em vê-la. Ela, no entanto, só o vê quando olha para o lado e, ao achá-lo, sorri. Penso que esse é o sorriso do reconhecimento. Ela se reconhece nele, assim como, no início da vida, no processo de aquisição da individualidade, o bebê sorri ao encontrar o olhar da mãe, porque na verdade é aí que ele começa a ter existência: ele se vê por meio do olhar enternecido da mãe.

Segundo dia: no bar do hotel eles "se acham" novamente. Riem da mesma coisa, de algo que lhes parece estranho. Ela pede ao garçom que lhe entregue uma bebida. Ele aceita. Parece que estão selando o estabelecimento de um vínculo, naquele momento, imprescindível a ambos.

Terceiro dia: é madrugada. Como não conseguem dormir, vão até o bar e lá se encontram. Ocorre então a primeira conversa entre eles. Ambos perguntam ao outro (o que na verdade estão perguntando a si mesmos): "O que faz por aqui?", e esperam que o outro possa responder por eles aquilo que ainda não tem significado. Assim, um passa a ser o farol de orientação para o outro. Como o bebê, que espera que a mãe possa dar significado para vivências que ainda não sabe nomear, como a fome, a dor de ouvido ou o medo.

Quarto dia: Charlotte acompanha o marido até o restaurante do hotel onde este se encontra com a jovem atriz para acertar um trabalho. À mesa, enquanto todos conversam, ela, visivelmente deslocada daquele ambiente, "acha" Bob sentado no bar, no mesmo lugar de sempre. Vai até ele, que, percebendo seu desconforto, propõe uma fuga. "Procuro uma cúmplice", ele diz. Na verdade, nesse momento penso que o que ele diz também significa: "Sei o que você está vivendo, sou seu cúmplice". Cumplicidade, então, é o nome do vínculo que estabelecem.

Quinto dia: se encontram na piscina. Ela quer saber até quando ele vai ficar em Tóquio. Ele, que antes queria voltar o mais rápido possível, decide, a meu ver naquele momento, ficar até a última hora. Ela responde: "Que bom!", e então o convida para sair com os amigos. No videokê, tentam, por meio das músicas que cantam, explicitar o que estão vivendo internamente. Primeiro Bob, que canta: "Enquanto caminho por esse mundo perverso em busca de luz na escuridão dessa insanidade, eu me pergunto: 'A esperança está perdida? Há somente dor, ódio e sofrimento?'. E cada vez que sinto isso dentro de mim, há uma coisa que quero saber: 'Que graça há na paz, no amor e na compreensão?'". Em seguida, é a vez de Charlotte. A música que ela escolhe conta a história de uma pessoa que está tentando ser vista, está tentando existir para alguém. Talvez seja endereçada ao marido, que, apesar de lhe dizer o tempo todo "eu te amo", de fato não a vê: só vê a si mesmo. Na volta para o hotel, eles se revezam num tipo de "função materna": enquanto Bob adormece no táxi, Charlotte acolhedoramente vela por ele. Depois, é a vez de Bob velar por ela. Concretamente, a carrega no colo, a coloca na cama e a cobre.

Sexto dia: ambos já não exibem o ar de tédio. Durante o dia, podem ser crianças que brincam juntas, riem juntas, como nos mostram as cenas do hospital. À noite, podem ser adultos pensantes. Pela primeira vez podem conversar sobre suas vidas. Livres da angústia que os aprisionava, conseguem agora nomear seus medos. Nomeando-os, sentem-se aliviados. Isso aparece na fala de Bob, que diz a Charlotte: "Quanto mais você sabe quem é e o que quer, menos deixa que as coisas o perturbem". Aliviados, podem finalmente dormir. E dormem ao mesmo tempo, pois agora cada um, de posse de sua subjetividade, de seu novo senso de identidade, já não precisa do outro como farol de orientação.

No dia seguinte, Charlotte passeia pelo que chamei de "caminho das pedras". Penso que é a cena mais bonita do filme. Bonita pela paisagem em si, bonita pelo seu significado: indica o encontro do rumo, da direção, o encontro consigo mesmo. Porém, ao se encontrar consigo, o outro passa a ser, de fato, o "outro" – e não mais o porta-voz de si mesmo. Então, é hora de uma nova gama de sentimentos vir à tona: ciúme, exclusão, posse. Penso que ninguém está a salvo disso, nem mesmo Bob e Charlotte, que enfim, movidos por esses sentimentos, vivem a sua primeira briga (cena do almoço). Mas eis que soa um "alarme" no hotel, que penso ser uma metáfora para um alarme interno que os reorienta e os aproxima dos sentimentos de amor e gratidão que nutrem entre si.

De madrugada, no restaurante do hotel, lhes basta olhar embevecidos um para o outro. Na hora da despedida, não sabem como fazê-lo, porque agora, sendo dois, ainda não sabem como definir o vínculo que têm. A cena do beijo no elevador ilustra bem isso: Bob não sabe se beija Charlotte no rosto, na boca, na testa... porque eles ainda não sabem se se situam como amigos, namorados, pai e filha, mãe e filho. Penso que eles precisam de tempo para isso. Tempo para elaboração.

Como posso fazer o meu final do filme, penso que foi isso que Bob compreendeu ao buscar Charlotte no meio da multidão. E então, pôde se permitir abraçá-la, beijá-la e lhe sussurrar no ouvido, quem sabe, parodiando a si mesmo, palavras como: "Há esperança para nós dois".

20. A lenda do pianista do mar[1]

Telma Regina Fernandes

Introdução

Quando vemos uma obra de arte, é natural querermos saber sobre o autor, às vezes vem a curiosidade de saber algo sobre sua vida. Nesse contexto, quando assistimos a um filme, o diretor tem importância fundamental, pois está presente em todo o filme. Torna-se ainda mais importante quando ele é também autor do roteiro, pois aí existe uma marca profunda deste.

A lenda do pianista do mar é dirigido e escrito por Giuseppe Tornatore e foi baseado no livro *Novecento*, de Alessandro Baricco. É seu primeiro filme no idioma inglês. Uma das características de Tornatore é escrever os roteiros de alguns de seus filmes, como *Cinema Paradiso* (1988), sua obra mais conhecida e premiada tanto na Europa quanto nos Estados Unidos. Numa entrevista em 1989, disse: "Desde menino eu era apaixonado por cinema. Era nos filmes que

1 *La leggenda del pianista sull'oceano* (1998), direção: Giuseppe Tornatore.

eu encontrava as respostas. O cinema me ensinava tudo", mostrando assim a proximidade, para ele, entre o cinema e a vida.

Nasceu num povoado da Sicília. Seus primeiros trabalhos surgiram nas áreas de fotografia e teatro. Estreou como diretor de cinema em 1986 e seguiu com outras produções, todas elas contendo características peculiares. Elementos como a Segunda Guerra, o mar, a Sicília e o próprio cinema não deixam de comparecer. Outra presença constante em sua obra é um menino sempre muito curioso à procura de respostas para suas inquietações do momento e as formas de expressá-las, ora no cinema, ora na música...

Também faz parcerias que se repetem, por exemplo, com o músico Ennio Morricone, autor da trilha sonora deste filme, vencedora do Globo de Ouro daquele ano. Outro parceiro constante é Lajos Koltai, responsável pela fotografia de *Cinema Paradiso, A lenda do pianista do mar* e *Malena*.

O filme

A partir deste momento, vou centrar a atenção no filme a que acabamos de assistir. Tornatore traz neste filme alguns dos seus elementos constantes: o mar, a Segunda Guerra, um menino, depois um homem buscando expressar suas inquietações por meio da música.

A tradução livre para o português como *A lenda do pianista do mar*, além de ser poética, capta aquilo que é a essência do filme: sua natureza de lenda, narração escrita ou oral de caráter maravilhoso, na qual os fatos históricos são deformados pela imaginação popular ou poética. A história narrada por Max, um trompetista, é sobre um pianista que passa sua vida num transatlântico. Quando bebê, é deixado em cima do piano do salão da primeira classe do navio. Esse bebê é encontrado e criado por Danny (funcionário do navio), sendo batizado com o nome de 1900, por ter nascido nesse ano.

A criança cresce no interior do navio, sem registro algum de sua existência, sendo embalado pelas ondas do mar e o barulho da casa de máquinas. Danny, o qual é chamado de pai pelo menino, dizia-lhe que não saísse do navio, pois os perigos eram inúmeros na imensidão do mundo lá fora e eles poderiam separar-se. De dentro do navio ele observava atentamente o mundo. Às vezes ficava na janela do navio olhando encantado o oceano, outras vezes, o olhar era vago, com expressões sugestivas de medo e desamparo.

Quando o pai morre em um acidente na casa de máquinas, o menino se "recolhe", fica em seu quarto, sozinho, olhando tristemente para o mar (este movimento de recolhimento acontece em vários momentos nos quais está vivendo uma grande dor), e numa noite todos do navio são surpreendidos por uma linda música ao piano. Começa assim uma lenda incomum: a lenda do pianista do mar, um homem que vivia por meio da música.

Após esses momentos de recolhimento, há movimentos de busca por expressar o seu sentir, na tentativa de sobreviver. Também penso ser importante a escolha do piano, volta ao lugar onde foi encontrado, o seu ponto de referência no mundo, busca amparo nesse objeto (mãe). Encontra na linguagem musical a expressão do seu sentir.

Aqui vale a pena fazer algumas reflexões usando os conhecimentos atuais. Hoje sabemos com certeza que com 20 semanas, e até antes, o feto reage aos estímulos sonoros externos, então já existe, mesmo que precariamente, o desenvolvimento da audição. Sabemos também que um bebê "reconhece" sua mãe pela voz (sonoridade) e pelo cheiro, fatos que me fazem pensar na tentativa de 1900 de buscar, lá no fundo do seu ser, algo primitivamente conhecido para acalentá-lo, apesar da cicatriz primária de um abandono sofrido em tenra idade.

1900 tornou-se um pianista excepcional. Tocava sem nunca ter aprendido piano. Criava no momento, sendo que as músicas iam embora com a brisa do mar. Não podiam existir sem ele, como se fossem partes do seu próprio corpo. Olhava atentamente ao seu redor e desenhava o que via, as pessoas, por meio da linguagem musical. Também "sonhava acordado" enquanto compunha, isto é, o mundo de suas fantasias vinha à tona e mostrava o desejo de conhecer o mundo além do navio, do oceano, porém esse desejo saía por meio da música, pois suas fantasias ficavam guardadas, encapsuladas, dentro dele mesmo. Fato que vai se modificando no contato com Max, "a moça" e "o italiano". Fazia desafios constantes ao maestro, pois era uma maneira de se sentir infinito diante da finitude do piano.

É interessante notar que Tornatore optou por não traçar um acompanhamento do que estava acontecendo no continente após o nascimento de 1900. Ele nos convida a ficarmos enclausurados junto com o "pianista do mar", mas de forma sutil mostra o mundo além do navio, por meio dos imigrantes europeus, os quais fugiam de uma Europa que passou por várias transformações entre a metade do século XIX e o início do século XX, em pleno desenvolvimento industrial e, consequentemente, precisando de mão de obra mais qualificada. Imigravam os camponeses, os mais pobres, visando realizar os seus sonhos na América, tendo nesse sonho a idealização, até por uma questão de sobrevivência, de encontrar uma terra-mãe boa, acolhedora e com possibilidade de prosperidade. Não deixa de ter aí a eterna busca do "paraíso perdido".

Neste momento ocorre-me um dos diálogos densos e belos deste filme. Na conversa entre 1900 e Max, quando este lhe pergunta se nunca pensou em deixar o navio, 1900 diz que as pessoas no continente vivem se questionando, procurando um lugar distante, onde sempre é verão, e até aquele momento o "pianista do mar" acreditava possuir esse "verão eterno", que era o próprio navio.

Tornatore nos mostra também, de forma sutil, a riqueza dos acontecimentos deste início de século XX. Aparecem fotos de Einstein,

Freud, entre outros, e até no duelo musical com o inventor do jazz nos dá a noção da existência do "tempo" e da inexorabilidade deste, ele continua transcorrendo dia após dia. Os registros do tempo estão nas mudanças, acontecem novas descobertas, pessoas nascem, morrem, envelhecem, aconteceu a Segunda Guerra Mundial, o navio envelheceu.

Nesse tempo que transcorre existe sempre a possibilidade de mudanças dentro de nós mesmos diante das experiências que vivemos, mas 1900 vive o tempo de maneira circular e não da forma linear como ele transcorre, por exemplo, o tempo no navio para os imigrantes termina quando veem a Estátua da Liberdade, ou seja, a América.

Para haver mudanças há a necessidade do encontro entre o que se passa dentro de nós (interior) e fora de nós (externo). Ele se fixa no navio enquanto objeto que tem movimentos, mas dá estabilidade. Vive o dilema do estar aprisionado, mas sempre com a liberdade para fazer escolhas. Há um momento no qual 1900, impulsionado pelo amor por uma mulher, a qual conhece durante uma das viagens, chega a preparar-se para sair do navio, vai para a rampa de descida, fica parado olhando atentamente a cidade que se mostra para ele, porém retorna para o navio. Por não tolerar o desconhecido, o qual acaba sendo assustador para todos nós, as dúvidas, as escolhas, deixa de existir junto com o navio.

Comentários e algumas considerações psicanalíticas

Na entrevista citada anteriormente o diretor do filme afirma a existência de uma proximidade do cinema, ou seja, das obras de arte, com a vida, e podemos ver neste filme três posturas diferentes diante da vida, as quais são acompanhadas por diálogos que são a própria essência dessas posturas.

Antes de comentá-las, porém, faço algumas perguntas instigantes: afinal, quando nascemos? Por quantos nascimentos passamos durante nossas vidas? O que é nascer?

Pensando no nascimento, concretamente falando, podemos pensar que não deixa de ser "uma grande invasão bárbara", pois de repente os sons são mais intensos, há luz, os pulmões se expandem e o alimento não vem mais passivamente...

Falei sobre as três diferentes posturas, ou estados mentais, diante da vida mostradas neste filme e agora vou citá-las.

Primeira postura: "terra firme" ou "continente"

Há um personagem neste filme, que chamarei de "o imigrante italiano", que se aproximou de 1900 por ficar encantado ao ouvi-lo tocar. Iniciam uma conversa, na qual diz que todo dia o mundo começava e terminava no mesmo pedaço de terra. Somente conhecia sua terra, sua casa, sua aldeia. Era casado e tinha cinco filhos, mas num certo dia foi lançado em um turbilhão de mudanças. Perdeu tudo e quase todos, restando apenas uma filha, e por ela resolveu lutar contra a má sorte e saiu viajando pelo mundo. Conheceu o mar e sua voz, e neste momento sua cabeça passou por uma revolução, pois percebeu que a vida, o mundo, são imensos. Tomou, então, a decisão de mudar de vida e começar tudo de novo.

"O imigrante italiano" passou por momentos catastróficos em sua vida, mas depois dessa tempestade transformou-se, e como existia dentro dele a condição de fazer vínculos de amor, pôde expandir seus horizontes, ter dúvidas, fazer escolhas, correr riscos. Aprendeu com as experiências pelas quais passou, pôde nascer para a vida.

Segunda postura: "na beira do porto" ou "zona de fronteira"

Aqui entra o narrador da lenda. Max é solitário, fechado, quieto, introspectivo, porém, para sair do porto e ir para o oceano, ele sai de seu fechamento e se expõe por meio da música, a qual possibilita a sua existência, o seu ser. Toca o seu trompete com toda a alma e consegue então uma vaga no navio como músico. 1900 o vê tocando e o aplaude muito. Começa assim uma aproximação entre ambos.

Max diz ser possível deixar o navio, mas não o oceano; fica perambulando pelo porto, sendo que no continente não consegue existir como um homem de habilidade e talento. Vende sua forma de expressão e de existência, o seu trompete, seu maior vínculo com a vida.

Tem um outro belo diálogo neste filme entre Max e 1900. Quando diz para Max que sairá do navio em Nova York porque precisa ver o oceano, ver o continente e de lá ouvir a voz do mar, pois quem a ouve percebe que o mundo é imenso, sabe o que fazer para seguir vivendo, 1900 coloca o seu desejo de ser uma pessoa normal. É interessante a resposta de Max: ele diz para 1900 que é "a moça" o motivo real do seu desejo de sair. Coloca-lhe também que sempre o incentivou para que saísse do navio, fizesse sucesso, casasse e tivesse filhos, coisas que não são imensas, mas valem a pena.

Só que Max, apesar de ter deixado o navio, não conseguiu deixar o "oceano". Não conseguiu realizar no "continente" essas coisas que valem a pena. Fica na "margem", na "beira do porto", ambivalente entre o "oceano" e o "continente".

Terceira postura: "dentro do navio" ou "encapsulado"

Trata-se do "pianista do mar". Num certo momento diz não ser possível ouvir a voz do oceano de dentro do navio. Realmente, faz-se necessário sair do navio, nascer, separar-se, para poder ver o "oceano", o "outro", e ouvir sua voz.

1900 diz também que "nada tem um fim se tiver uma boa história e alguém para ouvi-la"! Aqui se coloca a necessidade que temos do outro, para existirmos tanto física quanto emocionalmente. Somente existe a possibilidade de desenvolvimento por meio das relações humanas e dos vínculos que advêm destas. 1900 não teve, após seu nascimento físico, a experiência psíquica do feminino, como uma mãe que não representa o pai para a criança. Seu pai lhe dizia que "Dona" era cavalo. O potencial do "pianista do mar" existia, era sensível, criativo, quis fazer uma revolução em sua vida, tentou sair do navio, e isso foi surgindo conforme se relacionou com Max, "a moça", "o italiano".

No final do filme existe um outro diálogo belo de 1900 com Max. O pianista diz claramente para o amigo que o seu motivo para retornar ao navio não foi o que viu, mas o que não viu. Diz que só tolera viver num mundo do qual possa ver os limites e não conseguia ver onde a cidade terminava. E quando é assim, tudo tão imenso, vem a necessidade de fazer escolhas, e como fazê-las? 1900 gosta das pessoas, só que num número limitado de cada vez. Por não tolerar o "desconhecido", morre junto com o navio. Não consegue sair, não consegue nascer, e qual será o porquê?

Comentários realizados em 2005

21. Blade Runner, o caçador de androides[1]

Nilton César Bianchi

Não tenho aqui a pretensão de "psicanalisar" o filme como um todo, pois estou convencido de que isso seria uma tarefa impossível, sobretudo em se tratando de uma obra com as características desta. Além disso, penso que toda obra de arte, dada sua natural complexidade, guarda em si as mais vastas possibilidades de distintos aportes de análise e interpretação a respeito de seus diferentes aspectos, todos eles mais ou menos válidos.

Desse modo, objetivando pensar um pouco sobre a questão existencial central aqui, decidi abordar um personagem que, ao contrário do que as primeiras evidências poderiam inadvertidamente sugerir, no meu entender, encarna de forma radical e sem concessões a busca por si mesmo. Este não é o personagem pretensamente principal, o *blade runner* Deckard; seu papel é aparentemente secundário. É uma espécie de anti-herói que o tempo todo faz o contraponto a Deckard, a Tyrell e a todo o *status quo* vigente: trata-se de Roy, o

---

1 *Blade Runner* (1982), direção: Ridley Scott.

androide guerreiro da linhagem Nexus 6 que lidera uma rebelião extraplanetária e foge para a Terra em busca de seu criador.

Roy (que quer dizer rei) é o único que reage de forma ativa, consequente e organizada. Ele é um apaixonado por excelência: ama, odeia, entristece-se, decepciona-se, tudo com grande intensidade e vitalidade. Se Tyrell manda matar friamente visando apenas aos próprios e escusos interesses, Roy, ao contrário, quando mata o faz tomado pela paixão, pela emoção. Eis a maior distinção entre ambos: a afetividade.

Ele assume a "paternidade" de seus atos sob a forma de comando e de cuidados para com os outros androides e, no final, para com os próprios seres humanos, representados pela figura de Deckard. Age, assim, muito diversamente da postura indiferente do infantil Sebastian, do encapsulado geneticista japonês Chaw e do impecável narcisista Tyrell.

Calculista, odioso, amoroso, sonhador, alucinado, forte, caloroso, contraditório e brilhante, Roy é a intensa luz de inquietação existencial que transpassa a escuridão claustrofóbica e niilista do filme. É ele quem busca verdadeiramente os próprios "nexos", ao mesmo tempo que tem plena consciência da morte que habita em seu interior de muitas maneiras. Apesar disso, não deixa de ter esperanças.

Há uma interessante e reveladora contradição contida em seu nome: como disse antes, Roy significa "rei". Seu sobrenome é Batty, que em inglês significa "com deficiência mental, pateta, palerma". Essa contradição permite supor que, na sua origem, Roy fora vítima de um atroz desprezo por parte de seu "criador". Talvez Tyrell, temeroso e invejoso de sua criação, tenha-lhe imposto um "elemento" altamente inferiorizante em seu "registro" vital na esperança de desvitalizá-lo para mantê-lo submisso. Eu penso que é contra esse desprezo e essa exclusão originais entranhados no mais íntimo de si mesmo que ele luta tão tenaz e solitariamente.

Nosso anti-herói aparece em cinco momentos distintos do filme. O primeiro deles é numa cena ambígua em que sua mão se contrai, aparentemente contra sua vontade, e o espectador fica sem saber direito se isso ocorre em função de seu ódio ou por alguma degenerescência. Ele claramente luta contra aspectos obscuros e mortíferos internos que ainda não compreende bem, porém que não têm somente a ver com morte física em si, mas muito mais com sua grande destrutividade e obstinação.

Logo em seguida, temos sua outra cena, agora com o geneticista japonês Chaw. Aqui ele expõe o cientista aos rigores de sua própria frieza, tirando a "armadura" protetora que o mantinha artificialmente aquecido e vivo. Sua atitude é direta e impiedosa para com o idoso senhor. Neste momento, ele deixa transparecer a intensa mágoa que tem para com seus "criadores", devolvendo na mesma moeda a indiferença e o desprezo com que, inconscientemente, se sente tratado por eles, que, evidentemente, neste momento, já não são personagens que habitam fora dele, mas são objetos de seu mundo interno, com os quais ele necessariamente terá de lidar ao longo de toda a sua existência. Ignorante dessa verdade, sua postura é a do vingador intrépido e insensível, que se sente no direito de cobrar sua dívida a qualquer custo, como se ela pudesse ser resgatada a partir de fora dele.

O terceiro momento dá-se quando Roy encontra-se com Pris na casa de Sebastian e chora ao contar-lhe da morte do androide Leon. Apesar de sua tristeza pela morte do companheiro, aqui, ao se encontrar com seu segundo "criador", ele se mostra cínico e manipulador. Arroga-se um ar de superioridade em relação à fragilidade emocional de Sebastian. Ao mesmo tempo, o "rapaz que envelhece precocemente", alheio à possibilidade de reconhecer qualquer alteridade nos dois androides, pede-lhes que "façam alguma coisa... qualquer coisa", como se eles fossem meros brinquedos. Roy defende-se, argumentando que é um ser, e Pris adverte-o, com o "cogito" de Descartes, de que ela pensa, logo *existe*. Sob a capa de indefeso, Sebastian terminou por revelar-se extremamente violento para com ambos, pois sua fala, aparentemente inocente, era uma sentença desumanizante, com a qual tentava transformá-los em simples objetos de uso desinvestidos de qualquer afeto. Nesse sentido, mais uma vez, ressalta-se a atitude perversa do "criador", que tanto o fere internamente. A contrapartida de Roy e Pris é tratar Sebastian da mesma forma utilitarista, usando-o como mero "peão" de um tabuleiro de xadrez para atingir seu objetivo, que é chegar a Tyrell.

E assim chegamos ao quarto momento de Roy: seu encontro com o "criador supremo". Para isso, numa cena que lembra o jogo de xadrez que faz com a morte o personagem de Bergman no filme *O sétimo selo*, nosso herói, por meio da boca de Sebastian, joga uma partida de xadrez com Tyrell (aqui claramente identificado, pela subjetividade daquele, como um "Deus da Morte"). Tyrell autoriza Sebastian a entrar em seu santuário olímpico e, ao dar-se conta de que o replicante Roy estava também em seus aposentos, assusta-se, mas, arrogantemente, diz-lhe: "Não sei como você não veio antes...", numa clara tentativa de inferiorizá-lo e, assim, enfraquecê-lo. Roy, ciente da magnitude daquele confronto digno de uma tragédia de Sófocles, responde: "É difícil encontrar o criador", ou seja, ele assume o quão intensamente emocionante é estar diante não de Deus, mas do Pai. Após alguns breves diálogos, Roy aproxima-se de Tyrell – que, com medo, recua – e diz: "Eu quero mais vida... *fucker*". A fala é extremamente ameaçadora e a mensagem que ela contém é de que Roy quer não exatamente *mais* vida, mas *sua própria* vida. O uso da palavra *fucker* aqui denota o quanto ele se sentia abusado e lesado por este pai que só amava a si mesmo.

O "jogo de xadrez" entre os dois homens ainda não terminou e Tyrell tenta astuciosamente tomar a dianteira novamente. Os lances entre os dois prosseguem por meio de uma discussão pretensamente científica, da qual Tyrell agora sai como vencedor. Triunfante, este, então, parte para o lance derradeiro que daria um fim definitivo à partida: a sedução que visava à emasculação de Roy (elogiava-lhe de forma infantilizante, até que Roy baixou a cabeça). Roy finge sucumbir ao pai eliciador e filicida, até que este, confiante, senta-se ao seu lado e passa-lhe a mão pela cabeça. O androide, então, dá-lhe um beijo na boca.

Esse beijo é surpreendente, não somente por ser incestuoso, mas sobretudo porque, ao profanar a figura paterna, ele estava na realidade desinvestindo-a afetivamente. Trata-se de um beijo de ruptura, que representa a quebra de uma idealização infantil, tanto que, ao final, ele o matou esmagando seus olhos, remetendo-o com esse gesto, simbolicamente, à sua própria escuridão. Esse momento marca a equacionalização da relação de Roy com a imago de um pai denegridor, manipulador e perverso. Ele agora ganha uma estatura trágica e, portanto, definitivamente humana: tornou-se um homem pleno.

Finalmente, o quinto e último momento. Roy retorna ao apartamento de Sebastian e vê que Deckard matou Pris. Agora os papéis se invertem e ele passa a caçar o caçador. Roy está completamente só e sabe que seu fim está próximo. Sua caçada a Deckard é mais um jogo para ele, mas de outra natureza. Penso que, de uma certa forma, agora ele tenta comunicar algo a seu opositor; um opositor, aliás, que durante todo o filme, apesar de alguns lampejos de emoção comovida, procurou a todo custo salvar a própria pele.

Roy poderia facilmente ter matado Deckard. Entretanto, já não o movia o desejo de vingança, sua questão com o pai estava resolvida, e ele não necessitava mais do expediente da violência por si mesma. Roy quer como que resgatar Deckard do niilismo em que se acha mergulhado; reconhece-o, por assim dizer, como um igual. Ele parece querer fazer o caçador de androides sentir os sentimentos derivados da experiência, e começa por fazê-lo sentir na própria carne a dor pelas duas mulheres que matou, quebrando-lhe dois dedos da mão direita, a mão com que empunhava a arma. O próprio Roy precisa, agora, chorar seus mortos. Ele uiva, como um lobo solitário e enlouquecido, a sua dor. E o faz como uma espécie de lamento em honra de seus companheiros caídos. O outro homem, ao mesmo tempo, também grita. Grita por sua própria dor existencial e pelas mortes que causou.

A mão de Roy começa a fechar-se, agora definitivamente, num claro sinal de sua morte que se aproxima. Ele, então, crava-lhe um prego, para mantê-la aberta. Agora, como numa espécie de pacto, ambos têm a mão direita ferida, o que nos remete à lembrança de que Édipo significa "de pés furados", numa clara analogia à situação que aqui se apresenta. Acredito que, simbolicamente, a mão direita represente aquela que sela um vínculo de compromisso, de honra, portanto; aquela que promove o estabelecimento de um elo de ligação entre iguais em condição. Mas a mão cravejada de Roy também nos remete à ideia de que ele, no filme, representa a figura de um Cristo sacrificado... Nesse sentido, tranquilamente se poderia fazer uma ponte mitológica e pensar nele como uma espécie de Prometeu, que, desafiando Zeus, tornou-se o portador da luz – que tanto falta no filme – aos homens. A luz do autoconhecimento.

Com efeito, quando Deckard está dependurado, prestes a cair no abismo de seu próprio vazio existencial, Roy o resgata exatamente com essa mão cravejada, num ato amoroso de suprema e generosa fraternidade. E ei-lo de posse de toda a sua dignidade: a assunção de que é igual a todos e de que todos são iguais a ele! Expressa, do ponto de vista ético, o imperativo categórico de Kant, segundo o qual se deve tomar o outro como um fim, e não como um meio. Com isso, completa um ciclo vital, porque encontrou dentro de si mesmo aquilo que tanto buscou fora. Agora está em paz consigo.

Sua última fala é magnífica e dá conta da fragilidade da humilde condição humana de que finalmente tornou-se consciente: "Eu vi coisas que vocês humanos não acreditariam. Naves de combate em chamas em Orion. Vi raios C brilharem na escuridão de Tannhauser. Todos aqueles momentos ficarão... perdidos no tempo... como lágrimas na chuva. Hora... de morrer".

22. Causos: tecendo a história entre psicanálise, cinema, filhos e a vida

Josimara Magro Fernandez de Souza

Estávamos em 1999. Eu já nadava em águas psicanalíticas há mais de década – análise, supervisão, grupos de estudo – quando comecei a ouvir falar das sessões de debates de filmes que andavam acontecendo em Ribeirão Preto. Cinema mais psicanálise? Era tudo o que minha curiosidade e a paixão pelas duas áreas pediam!

Mas em 1999 eu nadava também pelas águas da maternidade, tinha um filho de 5 anos e uma filha bebê, com 1 aninho. Sair na sexta à noite, mesmo que por poucas horas, ainda era pouco provável. Passei alguns anos só ouvindo falar das tais sessões de cinema e psicanálise e aguardando o momento possível, com água na boca. Foi somente em 2002 que comecei a frequentar as sessões, que aconteciam, então, no anfiteatro do HC-UE. As saídas de sexta à noite eram um evento! As crianças já antecipavam: "Ah... Hoje tem aquele cinema lá??".

Logo as sessões mudariam para o Cine Bristol (que mudou de nome para Cauim) e depois para o anfiteatro do Colégio Auxiliadora. As sessões realizadas no antigo Cine Bristol eram de pura nostalgia – aquele cinema enorme, que já havia sido protagonista da cena cultural de Ribeirão Preto. Chegamos a pensar que a plateia ficaria pequena em meio a tantos lugares, mas houve sessões de casa cheia e muita emoção: *Blade Runner*, *Sábado* (com a presença do diretor), *Dogville*...

Mas particularmente marcante para mim seria a mudança para o anfiteatro do Colégio Auxiliadora. Localizado, como o Cine Bristol, no centro da cidade, nossas sessões atraíram um personagem muito especial: o pipoqueiro vestido de Charlie Chaplin. Chegávamos para a sessão e lá estava ele, bem-humorado e numa performance espontânea que encantava a todos. Quem era ele? Qual era seu nome? O pipoqueiro Carlitos, que, pelo que parece, fazia parte do grupo dos "Irmãos Bombom", era uma atração à parte, que arrancava sorrisos de todos e já trazia a magia do cinema à entrada da sessão.

Nessa época, lá por 2005/2006, eu já integrava a comissão que cuidava do projeto Cinema e Psicanálise, que tinha um público cativo – membros da Sociedade Brasileira de Psicanálise de Ribeirão Preto (SBPRP), estudantes de Psicologia, estudantes de outros cursos, curiosos e amantes da sétima arte. Aos poucos, um frequentador bastante assíduo começou a chamar nossa atenção: ele acompanhava as sessões e os debates com atenção e volta e meia pedia a palavra, fazendo comentários espontâneos e interessantes. Denise Antônio, que coordenava a comissão, se aproximou de Tiago Bressan e descobrimos que ele e o padrasto consertavam máquinas de lavar roupa. Tiago nos acompanhou por um bom tempo e chegou a fazer parte da comissão, como membro da comunidade. Ele enriquecia nossos debates e ajudava a tornar a conversa mais livre e menos "empolada", pois não é pequeno o risco de tais conversas tomarem um caminho intelectualizado demais e perderem a espontaneidade.

Depois de compor a comissão por quatro anos, tive a oportunidade de coordená-la (outubro de 2010 a setembro de 2012), período em que as sessões voltaram para o anfiteatro do HC-UE. Sinto muito orgulho de fazer parte dessa história e de ter ajudado nessa tessitura entre psicanálise, cinema e comunidade. O que vamos tecendo nesses encontros é o tecido da vida, motivados pela curiosidade e pelo amor às descobertas, que só podemos realizar em conjunto – inspirados pelas imagens em movimento, pelas cores, narrativas que trazem sentido ao não sentido imanente de nossos cotidianos.

Comentários realizados em 2006

23. Um corpo que cai[1]

Beatriz Troncon Busatto

Alfred Hitchcock é inglês e mudou-se para os Estados Unidos em 1939. *Rebecca* foi a primeira obra que dirigiu em Hollywood, sendo muito bem acolhida, recebendo o Oscar de Melhor Filme. A ela seguiram-se muitas outras, como *Quando fala o coração*, *Janela indiscreta*, *Psicose*, *Os pássaros*, *A sombra de uma dúvida*, *Marnie* e *O terceiro tiro*.

Hitchcock visitou São Francisco pela primeira vez em 1951, quando se preparava para filmar *Pacto sinistro*. Gostou muito da cidade cosmopolita e culturalmente desenvolvida (chamou-a de "Paris americana"). A cidade teve um impacto sobre ele, que ficou estudando um jeito de filmar uma história de assassinato ali. Isso levou sete anos, sendo neste período escrita a novela na qual o filme foi baseado, *Dentre os mortos*, por Pierre Boileau e Thomas Narcejac. Figurinos sofisticados e fotografia cuidadosa (a maior documentação fotográfica que existe sobre a São Francisco da década de 1950 está contida nele), sem mencionar a música de Bernard Herrmann, são

1 *Vertigo* (1958), direção: Alfred Hitchcock.

alguns dos ingredientes de *Um corpo que cai*, que, mesmo não sendo à época de seu lançamento um grande sucesso, é hoje considerado um dos melhores filmes já produzidos.

Descendentes de variadas nacionalidades encontravam-se instalados pacificamente quando Hitchcock conheceu São Francisco. Mas não foi sempre assim. Até o século XVII, viviam na baía onde hoje é a cidade diversos povos nativos americanos, distribuídos em pequenas aldeias ou tribos. Quando os europeus vieram colonizar a América, a região de São Francisco foi, por muito tempo, explorada pela Espanha, daí as muitas referências às missões em todo o filme. Infelizmente, esses povos nativos, que tinham vivido muitos séculos na região, após duas gerações em contato com o europeu simplesmente desapareceram, em virtude das doenças que contraíram deste e da opressão a que foram submetidos. Depois dos espanhóis, vieram os ingleses e os mexicanos.

Assim, da história de São Francisco pincei este elemento: o cortar a relação de alguém com sua terra, com suas raízes e sua cultura, levando ao desaparecimento da identidade e até mesmo da existência. Hitchcock recebeu críticas de feministas por este filme, porque estaria apresentando uma visão machista. Penso que ele enfoca a luta humana para lidar ou negar suas áreas de desamparo, de solidão, os caminhos difíceis que temos de percorrer para nos desenvolver, que podem desestruturar nossas mentes e, por isso mesmo, nos aterrorizar. Mas mostra também elementos que são capazes de reunir as forças internas e as pessoas, em laços de amor e criatividade, sempre sob um vértice surpreendente e com toques de humor refinado e irônico.

Minhas ideias concentram-se em três pontos que considero os mais importantes. O primeiro é que Hitchcock afirmou que usou, propositalmente, vários símbolos fálicos neste filme. Os principais são a Coit Tower, que aparece incontáveis vezes ao ar livre e pela janela da casa de Scottie, e a Golden Gate. Mas temos também a arma do policial na primeira cena, os guindastes no estaleiro de Elster, as sequoias gigantes, a torre da missão. Obviamente, são alusões à potência masculina.

Aprofundando um pouco mais, podemos fazer uma discriminação mais acurada. Além de simbolizar potência masculina, o pênis simboliza as funções de elo de ligação e de fertilização. Essas funções, que são também funções mentais, têm por objetivo estabelecer conexões entre as emoções e as ideias, por exemplo. O elo de ligação tem uma função estruturante, sendo o ponto de partida para muitos outros tipos de ligação. Uma possibilidade importante é unir, dentro da mente, as figuras paterna e materna, o masculino e o feminino. O elo de ligação está também relacionado diretamente à possibilidade de uma pessoa ter condições internas de usufruir de prazer em sua vida e de ser criativa. A Golden Gate representa um elo de ligação. De outro lado, está o símbolo meramente fálico, que seria a expressão de um elemento idealizado. Este elemento de potência idealizada estaria muito mais relacionado ao narcisismo e à onipotência.

O segundo aspecto, muito caro à psicanálise e, portanto, ao desenvolvimento humano, é o da triangulação. Quando se pode unir, na mente, o pai e a mãe, com o filho por perto, nesses três pontos fecha-se um triângulo. Para a mente isso cria um "espaço" protegido no qual ocorre uma livre circulação dos mais variados sentimentos, e é nesse processo que se estruturam capacidades de autorreflexão e de auto-observação. Além disso, proporciona o reconhecimento de que existem relações das quais não podemos participar, mas que podemos observar, aprender e crescer com elas. Assim, também adquirimos a condição de desenvolver nossas próprias relações, sem a intromissão de outros.

O terceiro ponto diz respeito à vertigem – tradução literal do título em inglês, *Vertigo*. A psicanalista Danielle Quinodoz, em sua obra sobre a vertigem (1997), a descreve como resultado de duas forças opostas agindo dentro da mente de uma pessoa. Uma dessas forças expressaria uma fantasia infantil de se ter um poder ilimitado, inclusive o de superar os pais e os irmãos em tudo. A outra parte conseguiria avaliar mais realisticamente qual o poder que se possui. A vertigem viria como resultado do choque destas duas correntes, como dois rios que se encontram: uma mais infantil, que alimenta uma onipotência ilusória, e outra mais desenvolvida, que desdenha desse tipo de satisfação. Direcionando um pouco mais esta nossa conversa, podemos ter um "olhar" para o filme como algo que caminha partindo de espaços abertos e sem forma (do estar pendurado precariamente em alguma elevação ilusória) à condição de se estar dentro de um espaço protegido, com os pés em solo firme. De uma condição mental de dispersão para outra de estruturação e coesão. Creio que nossos estados mentais oscilam continuamente entre essas situações.

A primeira cena nos apresenta a precariedade da onipotência e a morte a ela ligada. Lembremo-nos de Ícaro e Dédalo. Mas o fio da história, na verdade, começa com os tristes fatos sobre a vida da jovem que vem sozinha para a cidade grande, proveniente das missões espanholas, sugerindo abandono, falta de pais e de família. Aparentemente, se prostituiu no cabaré e um homem mais velho e casado a "salvou" de seu desamparo, tornando-a sua amante. Essa jovem, Carlotta, tem uma filha com esse homem, que preenche um vazio tão imenso que, sendo-lhe subtraída, precipita a loucura e o suicídio. Esta é outra situação de precariedade. A filha cresce sem a mãe e após três gerações temos Madeleine, que aparece em um único instante, já morta no alto da torre. Sabemos que seus pais já morreram, que a mãe não elaborou suas origens e o pai deixou herança material, mas não um bom modelo masculino.

O mesmo Elster que assassina Madeleine para ficar com as posses do sogro tinha também encontrado Judy, a quem poderíamos chamar de uma espécie de Judy/Carlotta, ou uma Carlotta reeditada. Também vem de um lar partido, de ausência de figuras masculinas confiáveis. Reparem nas fotos de sua penteadeira: ela e a mãe em uma, o pai sozinho na outra. Sem a triangulação adequada, não tinha identidade separada da mãe, não podia ser ela mesma, queria ocupar o lugar da refinada Madeleine...

Scottie planeja ser um grande homem, um brilhante advogado, chefe de polícia. Ele deseja e ao mesmo tempo teme essa grandeza. Decaído dessa posição, está concretamente incapaz, mas brincando com sua própria tragédia. Com Mitch ele desenvolve uma relação maternal ou fraternal. Apesar disso, creio que fica sugerido que ela teria mais condições de se direcionar para um desenvolvimento genuíno ou até mesmo de formar um casal criativo com Scottie. Ela representa a mulher moderna, que chega a se relacionar com outros homens, mas é ao mesmo tempo imatura, alguém que esconde a sexualidade sob seu lado intelectual e profissional. Ela não enfrenta a competição com as outras mulheres por quem Scottie está fascinado.

A tentativa de Scottie de evitar viver as dores do crescimento de maneira realista o coloca em sérias dificuldades e grande sofrimento. Ele minimiza seu problema, achando que poderá superá-lo sem ajuda nem elaboração. Assim, desvia-se da dor, atraído pelo voyeurismo e pela crença onipotente de que poderia conquistar a linda mulher, e ainda salvá-la de seus vazios. Isso sem falar no triunfo sobre Elster. No entanto, esses esquemas funcionam apenas para fazer com que seja sugado para dentro de uma armadilha. Pensa estar dando um grande salto e acaba imerso em culpa, transformado em mais uma Carlotta, vagando pelas ruas à procura de seu amor perdido. É preciso que ele veja que não tem mágicas a desenvolver.

Elster parece representar isso. Alguém que cresce sem se empenhar, dando golpes. Para tornar-se um ser humano elevado, com estatura e recursos, e ainda desenvolver condições de usá-los, é preciso a aceitação dos limites humanos. Aceitação do longo percurso exigido em todo esse processo, que inclui fracassos e tombos. Somando-se a isso, é ainda necessário renunciar ao amor idealizado, à vida em perfeição, e sofrer as perdas de todas essas ilusões.

Pela terceira vez, Scottie vai dando um salto, acreditando magicamente que "elevará" a sua reedição de Madeleine, que poderá se engrandecer também e ainda fugir da dor da perda. Mas, desta vez, gradativamente, ele percebe o truque e a mentira. Sua mente talvez esteja mais estruturada, entende a verdade e que não teria poder para salvar ninguém. No alto da torre, quando Judy insiste em convencer Scottie de que poderiam se amar, penso que ela vê no vulto que se aproxima a figura de Madeleine. Sua culpa e sua perseguição explodem e agora é ela quem vai para o abismo, ocupar tragicamente o lugar de Madeleine...

Misteriosa e surpreendentemente, Scottie cura-se de sua vertigem. Seria um momento em que sua mente poderia estar menos tumultuada? Estaria agora em melhores condições de elaborar seus lutos e viver as realizações de um homem normal? Esta é uma questão que fica em aberto, o que acontecerá com Scottie a partir dali, e a resposta cada um de nós pode imaginar como quiser, refletir e, mais que isso, sonhar! Afinal, são estes os movimentos mentais que a obra de Hitchcock constantemente nos provoca.

Referência

Quinodoz, Dannielle. (1997). *Emotional Vertigo*. Ed. Routledge.

24. Um grande garoto[1]

Josimara Magro Fernandez de Souza

Diz o poeta John Donne em sua "Meditação XVII", de 1624:

> *Nenhum homem é uma ilha, completa em si mesma; todo homem é um pedaço do continente, uma parte da terra firme. Se um torrão de terra for levado pelo mar, a Europa fica menor, como se tivesse perdido um promontório, ou perdido o solar de um teu amigo, ou o teu próprio. A morte de qualquer homem diminui a mim, porque na humanidade me encontro envolvido; por isso, nunca mandes perguntar por quem os sinos dobram; eles dobram por ti.*

Já o nosso cínico protagonista, que possui o sugestivo nome de Will Freeman (Will "Homem Livre", numa tradução literal), diz: "É tudo bobagem. Na minha opinião, todos os homens são ilhas. E tem mais, agora é a melhor hora. Esta é a hora das ilhas. Cem anos

---

1 *About a Boy* (2002), direção: Paul Weitz e Chris Weitz.

atrás, por exemplo, você dependia de outras pessoas. Não havia TV, nem CDs ou DVDs, nem cafeteiras de café expresso. Na verdade, eles não tinham nada legal, ao passo que hoje você pode se tornar uma ilha paradisíaca... Gosto de imaginar que sou Ibiza".

E então? Nenhum homem é uma ilha ou todos somos ilhas??? É sobre isso que quero conversar com vocês, por meio deste filme ao mesmo tempo terno, comovente e engraçado, que nos conta a história não de um garoto, mas de dois garotos que se encontram por acaso, e que vão viver transformações graças à relação que nasce entre eles.

Temos, de um lado, esse sujeito assumidamente cínico e superficial, que acredita piamente que as coisas que o rodeiam lhe garantem a sensação de se bastar – não é isso que ele diz? "Esta é a hora das ilhas." O consumismo preenche suas horas e sua vida, e seus relacionamentos são mais uma forma de consumo, de fast-food. Will não possui a mínima noção de laços emocionais, do que liga as pessoas entre si. Teria pânico da intimidade? Provavelmente sim, e por isso tinha uma grossa casca que o protegia dos contatos e vivia dentro dela, não se deixando penetrar pelas pessoas.

Fazendo questão de afirmar sua autossuficiência, Will tentava a todo custo evitar o sentimento de dependência e garantir uma ilusória satisfação com seus objetos, CDs, DVDs etc. Como não conhecia os próprios sentimentos, também não poderia conhecer os dos outros, ter consideração, empatia, respeito, condições tão necessárias em nossas interações. A certa altura do filme ele diz: "relacionamentos com humanos de verdade não são fáceis", como se ele mesmo não fosse humano! Ele se distanciou tanto de si que passou a não se reconhecer e não saber mais a verdade sobre si, por isso mente tanto. Isso não parece familiar a vocês? Não há uma verdade em sua constatação de que esta é a hora das ilhas?

De fato, não estamos vivendo um momento fast-food, em que tudo tem de ser alcançado rapidamente, o consumismo é supervalorizado e parece haver pouco tempo e tolerância para o exercício e o cultivo das relações de intimidade? Será que as pessoas não estarão perdendo a condição de olhar para si mesmas e para os outros?

Particularmente, na história de Will temos também a dificuldade com a figura do pai, um músico frustrado, que fez sucesso com uma só música – é como se o dinheiro não fosse um produto da criatividade e do trabalho, mas de algo vazio e sem sentido. Mas todos gostam da tal música, por que Will não pode valorizá-la e a partir daí construir um sentido para sua vida, inclusive no trabalho? Ele parece ter ficado com a lembrança dentro de si de um pai fraco e sem valor, talvez a lembrança de um pai muito triste (no livro ficamos sabendo que o pai morreu de tanto beber). O vazio de Will talvez seja para não se encontrar com fortes sentimentos – medo, desamparo, tristeza, raiva?

De outro lado temos Marcus, um garoto de 12 anos, sensível, solitário e excêntrico. Apesar de ser oficialmente o garoto da história, em certos aspectos é bem mais crescido que Will – ele busca os relacionamentos, sabe que não é autossuficiente, tem noção e consideração pelos sentimentos alheios e acaba ensinando a Will o valor da verdade. Quando procurado por Marcus para saírem, Will pensa: "Por que não ajudar esse pobre coitado?". Mas quem será o pobre coitado desta história? Bom, cada um tem lá suas misérias, mas me parece que o mais pobre mesmo é Will...

Acontece que Marcus é um pré-adolescente completamente desadaptado e que não consegue encontrar formas confortáveis de se relacionar com os garotos e as garotas da sua idade. Ele tem uma mãe um tanto perturbada e fica em torno desta, tentando cuidar dela e entendê-la, e acaba não podendo ficar livre para ser ele mesmo, crescer do seu jeito, prestar atenção ao ambiente e saber quem ele é. E se lança ao mundo sem proteção: enquanto Will não sai da casca, Marcus não tem casca nenhuma, não sabe como se defender, como reconhecer as hostilidades e reagir a elas, como se defender da crueldade dos colegas (que, como sabemos, acabam elegendo os mais frágeis para exercitar suas maldades, para se iludirem que só aquele eleito tem defeitos e problemas).

A condição de Marcus com relação à doença da mãe é algo que merece um destaque. Mães são seres humanos e, como tais, estão sujeitas, assim como todos, a problemas emocionais. Filhos dependem emocionalmente das mães e ficam apavorados quando as veem deprimidas e frágeis. Vocês se lembram do desespero de Marcus ao perceber que a mãe não parava de chorar, inclusive pelas manhãs? E o ápice de seu desespero será quando a mãe tenta se matar – e agora? Marcus conclui: "De repente eu entendi: duas pessoas não bastam. Precisa de uma reserva. Se forem somente duas e alguém cair no abismo, então você está por conta própria. Dois não é um número grande".

Ele tem razão, a relação entre mãe e filho não pode ficar restrita e fechada em si mesma, deve se abrir e permitir a entrada de outras pessoas, a mãe precisa apresentar o mundo ao filho, e não confiná-lo dentro de seu mundo. A presença do pai, dos irmãos, enfim, de outras pessoas é de fato muito importante para a criança. Nesta história, sem perceber, a mãe estava confinando o filho ao seu mundo, com suas manias e gostos – a música, a comida vegetariana, as roupas e principalmente a sua tristeza, da qual o menino sentia obrigação de resgatá-la. "Quando eu cantava, trazia o raio de sol e a felicidade para a vida dela. Então eu cantaria, mesmo se acabasse com a minha vida".

O encontro entre esses dois seres tão solitários vai operar milagres, mas não será nada fácil logo de início, pois foi preciso muita insistência de Marcus para furar o bloqueio de Will. Temos então um adulto-menino dentro de uma casca, que já não consegue se convencer de que estar blindado contra as relações é tão bom assim, e temos o outro lado desta história, o menino sem casca nenhuma, que busca desesperadamente por companhia.

Há um momento do filme em que Will está assistindo a um filme de terror, *Frankenstein*, em que o monstro diz: "Sozinho - ruim. Amigo - bom". Will percebe que, ao estar com as pessoas, começa a sentir uma "estranha sensação, uma sensação calorosa", e é esse calor que vai derreter o gelo de suas barreiras (o verdadeiro terror é a solidão). Will foi resgatado de sua ilha gelada e Marcus também foi resgatado da confusão e do desespero.

Não é lindo o momento em que Will surge no palco e salva Marcus do vexame? Neste momento, Will resgatou algo dentro de si também, talvez a boa música que poderia tirar daquela guitarra e das memórias do pai. Will descobre algo que Marcus já sabia, que as pessoas precisam muito umas das outras, que nós podemos passar boa parte do tempo em relações sociais superficiais, mas são as relações íntimas as que nos trarão emoções verdadeiras, e são essas emoções que constroem o sentido de nossas vidas, que ligam as experiências dentro de nós. Por isso, se não cultivamos intimidades, estamos condenados à superficialidade, ao vazio e até à mentira.

Will não dá o braço a torcer, mas, já mudado, reformula sua afirmação: "Cada homem é uma ilha, continuo afirmando isso, mas obviamente alguns homens fazem parte de um arquipélago. Debaixo da superfície do oceano eles estão ligados".

25. Shine – brilhante[1]

Pedro Paulo de Azevedo Ortolan

Este filme foi produzido na Austrália em 1996 e teve a direção de Scott Hicks. Concorreu a vários prêmios, sendo que Geoffrey Rush, que faz o papel de David na vida adulta, ganhou o Oscar de Melhor Ator naquele ano. Trata-se de um filme inspirado na história real de um menino prodígio australiano, David Helfgott, que morava no interior desse país. O diretor contou com a colaboração do próprio David e de sua companheira Gillian na realização do filme.

E eu gostaria de fazer um primeiro comentário em torno dessa particularidade. Embora não se trate de um filme biográfico propriamente, ele se propõe a contar a história de uma vida humana e isso é sempre uma tarefa complexa, que implica um longo, difícil e criterioso trabalho de reconstrução: juntar peças, lembranças, fatos, imagens, dados... não só no registro do mundo real, ou seja, por meio de fotos, documentos, versões de narrativas, cartas, reportagens etc., como também no registro do mundo subjetivo, por meio das

---

1 *Shine* (1996), direção: Scott Hicks.

emoções, dos vínculos e dos determinantes afetivos que subjazem às memórias.

Durante esse processo, muitas emoções são revividas: lugares, espaços e tempos especiais da intimidade afetiva são revisitados e nuances diferentes de algo já conhecido podem vir à tona. O que selecionar? Que vértices seriam importantes no contexto do roteiro? Clarice Lispector (1984), comentando sobre a atividade de escrever, disse o seguinte: "Escrever é procurar entender, é procurar reproduzir o irreproduzível, é sentir até o último fim o sentimento que permaneceria apenas vago e sufocador". O mesmo se pode dizer sobre escrever o roteiro de um filme, e poderíamos nos perguntar: o que levou o diretor a tal escolha e envolvimento?

Com base no que foi colocado até aqui, penso que nosso encontro pode ser visto como a resultante de três fatores: a) a elaboração ou reconstrução dos fatos-emoções que compõem a história de David, uma história que versa sobre a arte de viver ou, como é o caso dele, o esforço para sobreviver; b) a sensibilidade, o sonho e a capacidade do diretor em transformar essa história em uma obra de arte: o filme; e c) o impacto estético (experiência emocional) gerado em cada um de nós ao assistir ao filme.

No início do filme há uma sequência de três cenas bastante importantes, e que cumpre, a meu ver, a função de uma porta de entrada para tudo aquilo que foi determinante na história de David. Por isso, peço a paciência de vocês para repassar esse trecho. Deparamos, então, com um personagem em idade adulta, visivelmente atrapalhado, perdido, chegando ao bar. O diálogo no bar, embora aparentemente divertido e entremeado por risos, denota uma nítida apreensão diante da inusitada chegada daquele personagem ansioso, falante, com comportamento desordenado e uma comunicação um tanto confusa.

Contudo, examinando mais atentamente essas cenas e diálogos, podemos observar que, tanto no discurso isolado de David como no diálogo com os personagens do bar, já estão presentes muitos dos elementos que compõem o seu intrincado mundo mental. Evidentemente, esses elementos aparecem de forma dispersa, muito fragmentada e condensada. Por exemplo:

- a perda do sentimento de identidade: a condição de estar perdido, de ter se distanciado muito de casa e não saber o caminho de volta, logo se configura como ele tendo se distanciado muito de si mesmo, não reconhecendo a si próprio. Quando Silvia indaga qual o problema e se ele está perdido, ele responde: "Perdido, talvez... Acho que eu sou o problema". Outras falas que demonstram isso são: "Quem sou eu? Quem sabe? Eu não conheço a mim mesmo" e "Eu pensava que eu era um gato, de certo modo eu me identificava com os gatos";
- a presença de intensas vivências persecutórias: encontramos em sua fala alusões à vida como uma luta sangrenta, a pessoas que eram queimadas vivas, à ameaça de ser destruído pelo resto da vida se fizer algo errado, ou à luta para que a cabeça não seja decapitada;
- sentimentos de culpa e de denegrimento, acompanhados de constante preocupação de estar agindo corretamente ou de estar prejudicando alguém;
- sua ligação com a música: no diálogo, de forma descontextualizada, diz palavras como "Molto", "Schubert", e, quando vê o piano, abraça feliz Silvia, diz que talvez ele deva tocar e pergunta se pode tocar;
- a sinalização de uma relação conflitiva com o pai.

Enfim, é um discurso e um diálogo que anunciam e denunciam alguma catástrofe já ocorrida. Essa situação remeteu-me a uma conhecida analogia proposta por Freud para a investigação psicanalítica da mente humana: o método da escavação arqueológica. Ambos os métodos buscam a reconstrução a partir do que restou após uma destruição, a partir dos pedaços de fragmentos. Mas, no caso da psicanálise, tem-se a vantagem de lidar com algo que ainda está vivo, e cujos elementos essenciais estão preservados: mesmo coisas (lembranças, fatos psíquicos) que parecem completamente esquecidas estão presentes, de alguma maneira e em algum lugar da mente, tendo apenas se tornado inacessíveis para a pessoa. Há uma fala de David em que essas ideias encontram boa ressonância: "Parte de um esboço. Você tem que juntar as peças, tentar formar as palavras. Engraçado. Engraçado. É um mistério".

Essas cenas iniciais culminam num dos momentos mais belos do filme: a câmera volta a focar apenas o rosto de David e, enquanto ele se remete às vivências com o pai, a imagem vai escurecendo e esvanecendo; ouve-se ainda ele dizer "porque foi uma tragédia... uma tragédia ridícula". Por alguns instantes não há imagens, ouve-se apenas o som de batidas de palmas cadenciadas; em seguida, ouve-se uma voz sussurrando "vou ganhar", e surge então a cena do concurso: David, garoto, adentrando a sala pelo corredor central, repetindo para si mesmo "vou vencer, vou vencer". Bem, esse recurso do *flashback* no cinema é muito comum, mas aqui ele foi explorado pelo diretor de forma brilhante.

A partir daí vai se descortinando para o espectador a história pessoal e familiar de David, centrada, em grande parte, no relacionamento com o pai, na obsessão deste pela música e por transformar o filho num pianista vencedor. Considero que, nesse aspecto, o filme é ilustrativo o suficiente e vou me deter apenas nas possíveis questões psicológicas que habitam os bastidores (inconscientes).

Sabemos que o desenvolvimento psíquico sadio depende da existência de um ambiente humano favorável, que assiste às necessidades fisiológicas e emocionais da criança, facilita a integração do eu e o amadurecimento desde o estado de dependência até a independência. Pode-se dizer que os pais, os primeiros e principais personagens de tal ambiente, como que apresentam a criança a si mesma. Portanto, a aquisição de um sentimento de identidade coeso e harmônico e a estruturação de um verdadeiro *self* resultam do reconhecimento e da elaboração das distintas identificações que, desde o começo, vão se incorporando na criança pela introjeção das figuras parentais, de suas qualidades e dos seus códigos de valores. Mais tarde, a estrutura familiar fundada no casal de pais funciona como espaço de transição entre a criança e suas relações mais próximas e o mundo social, cumprindo assim a dupla função de protegê-la diante das exigências do meio e abrir-lhe caminho para novas relações.

E o que encontramos na configuração familiar de David? Resumidamente, deparamos com uma mãe fraca, submissa, pouco afetiva e sem condições de amparar os filhos em seus sonhos e necessidades, por não conseguir fazer um contraponto ao pai. Já o pai domina completamente a cena familiar. Do ponto de vista psicológico, ele apresenta o que Bion considera uma "forma psicótica de pensar": é alguém que acredita que tudo pode, sabe, controla e condena, substituindo assim a capacidade de pensar pela onipotência, o reconhecimento da fragilidade e da dependência humana pela prepotência, e a capacidade de discriminar entre o verdadeiro e o falso fica comprometida por um radicalismo arrogante. Uma pessoa com essas características rege-se por uma moralidade própria, a qual insiste em impor aos outros e ao mundo, por meio da afirmação de sua superioridade e da desvalorização dos outros; por isso devota um ódio a toda verdade diferente da dele, impedindo, logo, toda tendência a uma evolução psíquica e social, como se esta representasse um inimigo que deve ser eliminado.

No filme, ao estabelecer uma relação simbiótica com o filho, o pai impõe, sob a forma de doutrinação e chantagem afetiva, o papel de manter-se infantilizado, para que nunca possa prescindir dele (pai). E qualquer movimento no sentido de uma emancipação gera a acusação de um crime de grande infidelidade, traição e ingratidão.

Livra-se assim de suas próprias culpas, levando o filho a sentir-se culpado. Paradoxalmente, oferece-se aos filhos como um objeto protetor e fonte de um amor sem igual, mas que, diante da menor frustração ou oposição, transforma-se em desprezo e ódio violentos. Além disso, ele projeta em David os ideais que tinha para si próprio com relação à música, se propondo, obstinadamente, a torná-lo um pianista vencedor.

Com base nessa estrutura familiar, avalia-se que os pais falharam em apresentar o filho tanto a si mesmo quanto ao mundo. Inserido nesse contexto, e ancorado também em suas próprias ilusões narcisistas, bem como em sua própria fragilidade, David precocemente identifica-se com o ideal e as aspirações do pai e sua vida passa a ser pautada pela preocupação em corresponder às expectativas dele, tanto pela esperança de ser amado verdadeiramente como pelo medo de perder seu amor e sua proteção. O resultado é a construção de uma personalidade tímida, submissa, fóbica (pelo terror de não corresponder), e até mesmo de um falso *self*.

Vimos no filme como as mínimas manifestações de David a respeito de seus interesses e necessidades outras que não a música, como o tênis, a química, as garotas, eram rápida e frontalmente desestimuladas. E, mesmo com relação à música, sem dúvida ele tinha um enorme talento, mas até que ponto vai a escolha dele e onde começa a intrusão do pai? De qualquer modo, a relação com o pai vai se tornando cada vez mais ambivalente, com o surgimento de intenso ódio e o esboço de tentativas de defender seus interesses. Estas não são suficientes e ele vê destruído o convite da bolsa para estudar nos EUA.

Surge então a amizade com a escritora. Uma relação mais madura, com uma mulher-mãe acolhedora, sensível, e ao mesmo tempo firme, que encoraja David a enfrentar o pai e seguir sua vida. Aqui temos uma outra cena magnífica: quando ele enfrenta o pai, mesmo sofrendo a truculência física, a acusação de estar destruindo a família e a condenação a ser banido desta, David vai embora – aparece então o pai queimando, com muito ódio, as fotos, as reportagens das apresentações, como se pretendesse apagar, dentro de si, qualquer vestígio do filho. É uma cena tocante, em que parece que se vê o ódio refletido nas fagulhas de fogo que vão se espalhando pelo ar... E imediatamente a cena muda, com David chegando, num dia iluminado, à imponente Royal Academy of Music, em Londres.

Mas logo se percebe que a força das primeiras experiências afetivas, das identificações e adaptações já construídas subsiste na mente dele. E as dificuldades de estabelecer relações mais íntimas, de se proteger e manejar melhor as nuances da convivência social vão restringindo cada vez mais sua vida ao treinamento musical. David sente falta da família, das irmãs e mesmo do pai; escreve para ele e não tem resposta alguma. Sofre um golpe maior quando recebe a notícia da morte da amiga escritora, o único elo afetivo com sua vida pregressa, com quem se correspondia.

Outra figura importante surge em sua vida, o professor, que acredita em seu talento e tenta ser também um pai conselheiro e amigo, mas David já está perdido em seus conflitos e no vazio existencial. Joga tudo então no concurso: escolhe uma das peças mais difíceis de serem interpretadas, desafio no qual poucos pianistas se aventuram, a peça preferida do pai, que este esperava que David tocasse um dia.

O ápice desse processo acontece durante a apresentação. As turbulentas e profundas emoções encontram eco enquanto ele toca, parece que se amplificam enorme e insuportavelmente, e ele se exaure na luta entre cortar o contato com o som perturbador vindo de dentro ou mantê-lo (é muito bonito como isso está representado no filme: o som do piano se torna mecânico, duro, sem vibração). Ele consegue concluir a peça, mas entra em colapso mental, o corte entre os mundos interno e externo se impõe como meio de se proteger do sofrimento terrível (achei também genial a maneira como o diretor apresenta essa situação: quando ele desfalece, bate a cabeça no piano, e a câmera foca apenas metade de seu rosto, ou seja, a representação da cisão esquizofrênica).

É submetido a tratamento e, parcialmente recuperado, tenta voltar para casa, precisando de amparo, proteção e amor. A recusa radical do pai, que ao ouvir o pedido do filho ao telefone desliga sem dizer uma palavra, configura-se como um golpe definitivo nas esperanças de David. Esta cena também é marcante porque, enquanto David fala ao telefone, a tela se divide e aparece o pai abaixando uma cortina preta sobre a janela de vidro. A partir daí, David fecha a janela para o mundo e para os seus próprios sentimentos. Surge a desorganização psicótica, a regressão, o isolamento afetivo, que perdura por muitos anos. A psicose é ainda uma tentativa de sobreviver, é a adaptação possível. Caso contrário recorreria, por exemplo, ao suicídio?

Algum resgate de sua individualidade e de sua história começa quando a pianista do hospital (Beryl) descobre quem ele é: "David Helfgott". Mas, sem dúvida, é a amizade com Silvia e o relacionamento com Gillian que propiciam a reconstrução parcial da vida dele: eu diria que ele passou a ter, de vez em quando, momentos de relativa integração e interação afetiva (um desses momentos acontece após sua apresentação e ele efetivamente se emociona, chora e suporta a realização e o sucesso), além de ter retomado uma relação mais natural com seu talento musical e de ter conseguido se desligar da ascendência do pai.

Finalizando, quero fazer um comentário a respeito da grande contribuição do dr. Bion sobre a questão da existência no psiquismo do ser humano de uma parte psicótica da personalidade e uma parte não psicótica. No caso, de maneira evidente, tanto em David como em seu pai.

Referência

Lispector, C. (1984). *A descoberta do mundo*. Nova Fronteira.

26. Lavoura arcaica[1]

Maria Bernadete A. C. de Assis

Marisa Giannecchini G. de Souza

Considerando que o filme é de longa duração e que temos duas pessoas para comentá-lo, resolvemos nos concentrar em poucos pontos, eleitos por cada uma de nós como significativos.

Por Maria Bernadete A. C. de Assis

Escolhi focalizar três temas: a palavra do pai; natureza e cultura; e o afeto da mãe.

A palavra do pai

A palavra do pai, que pode ser estruturante na construção da personalidade, apresenta-se nesta história como veículo da tragédia. A palavra do pai contempla a paciência como a maior das virtudes e a paixão como a mais perigosa das experiências do homem. Nessa

---

1 *Lavoura arcaica* (2001), direção: Luiz Fernando Carvalho.

medida, não cria a palavra que constitui a compreensão ou a continência para a paixão. A ausência desse espaço mental para pensar a paixão produz um campo propício para a proliferação de ações impensadas e carregadas de emoções intensas não elaboradas.

André é o personagem que "encarna" a paixão não elaborada. Ele se apresenta como o filho-ventania, o filho-tempestade, o filho epilético, que ameaça a quietude e a retidão da casa paterna. É o filho que leva para casa os objetos mundanos, os acessórios usados pelas prostitutas, é o que traz a sexualidade incestuosa, desmedida, sem elaboração. É o filho que denuncia a parcialidade do discurso do pai – quando este faz o discurso da ordem e da clareza absolutas, André se contrapõe: "Toda ordem traz uma semente de desordem e a clareza uma semente de obscuridade". Isso está brilhantemente expresso na cena em que André relata ao irmão Pedro como seria seu retorno à casa paterna. A casa é reforçada com tábuas para não ruir e as irmãs em coro entoam: "Ele traz o demônio no corpo!".

A fábula do faminto – parte emblemática do discurso paterno –, quando é recontada por André, contém um jovem que "vira a mesa", que agride a figura do velho "sábio" que exige paciência e comedimento. A palavra de André dita: "A impaciência também tem seus direitos".

A palavra do pai, que se pretende onisciente e soberana, cria de um lado filhos submissos e obedientes e de outro, representados por André, aqueles que gritam para se fazer ouvir. O grito vem em forma de loucura, de ações impulsivas ou do exílio do lar. Vale o alerta para pais "desavisados": quando os filhos são impedidos de constituir o próprio discurso, podem se tornar errantes, sem lugar de repouso e continência.

O filme é de tal riqueza poética que parece impróprio valer-se de outras palavras que não as ditas por intermédio dos personagens. No entanto, foi-me inevitável fazer a associação com a letra de "Cálice", de Chico Buarque e Gilberto Gil. O pai, com atitudes e palavras, grita "cale-se", e André responde com "um grito desumano, que é a maneira de ser escutado". Na letra da música, há o questionamento das máximas: "Talvez o mundo não seja pequeno, nem seja a vida um fato consumado", e no filme, o questionamento da sabedoria paterna: "Minha loucura era mais sábia que a sabedoria do pai". Na música, encontramos: "Quero inventar o meu próprio pecado, quero morrer do meu próprio veneno". No filme: "Eu posso ser o profeta de minha própria história".

E mais, a construção de si passa, como sabem os psicanalistas, pelo "assassinato" simbólico dos pais, na medida em que a constituição do ser emancipado é feita a partir de uma elaboração pessoal do discurso parental. Em um processo salutar de constituição de independência e emancipação, os pais não são "engolidos" pelos filhos, mas "assimilados" e transformados. Na letra da música, isso aparece de forma clara: "Quero perder de vez *tua* cabeça; minha cabeça, perder *teu* juízo". No filme, André afirma: "Acho um triste faz de conta viver na pele de terceiros".

Natureza e cultura

Quando se pensa no "conflito" natureza /cultura, é comum associarmos a ideia de que a cultura reprime a natureza, não permitindo que ela se manifeste. Ora, a essa ideia pode-se associar uma outra, que é a de que a cultura gera continentes para a manifestação da natureza e, assim, lhe oferece expressividade. A natureza, vista como conjunto de elementos brutos, no sentido de não elaborados, "pede" um trabalho psíquico para ter possibilidade de se manifestar. Podemos pensar no movimento que se faz do id ao ego (Freud), do cru ao cozido (Lévi-Strauss) ou do extrativismo à lavoura (na história da humanidade).

A primeira cena do filme nos remete a essa reflexão. Trata-se de uma cena em que André se masturba estirado no chão. A câmera move-se lentamente e se detém no teto. A dualidade "em cima" e "em baixo" é retomada por diversas vezes no decorrer do filme. André embrenha os pés na terra úmida; atira-se da janela da casa para cair em um colchão de folhas; tem uma relação incestuosa com a irmã no porão da casa abandonada. O chão, a terra e o porão podem ser interpretados como representações dos elementos primários, brutos, não aculturados.

Nesse contexto, trabalhar a terra é uma metáfora para o trabalho interno com as pulsões, fonte inesgotável de demanda para o funcionamento do aparelho mental. A família, no filme, é especialista no trabalho com a terra, mas falha no trabalho com os elementos psíquicos brutos. A foice usada pelo pai para matar a filha é um instrumento da cultura, deslocado de sua função de des-matar para a função de assassinato. A cultura provê instrumentos e o homem dispõe deles para a construção ou a destruição, conforme a condição mental lhe permite. Essa condição mental é ditada pelas possibilidades de transformação de que o indivíduo dispõe. Essas possibilidades, por sua vez, são geradas no contato com a experiência emocional, e não na fuga ou repressão a ela.

Na fábula do faminto relatada no filme, há uma apologia do adiamento ou repressão das necessidades do corpo, o que coloca a virtude da paciência em uma posição arrogante que conclama a mente a "estar acima" das forças brutas. A arrogância é a ideia de que é possível dominar a natureza. Valendo-me mais uma vez de Chico Buarque (que me provê de palavras para dizer), na letra de "O que será" ele expressa a sábia humildade – necessária – diante das pulsões: "O que será que será, que dá dentro da gente e que não devia, que desacata a gente, que é revelia . . . que nem dez mandamentos vão conciliar . . . que não tem descanso nem nunca terá . . . que todos os avisos não vão evitar". A psicanálise nos ajuda a compreender que não se evita com avisos o que clama por dentro, mas se lhe oferece expressividade por intermédio de continentes, de um labor interno, criativamente construídos nos vínculos afetivos que vamos tecendo ao longo de nossas vidas.

O afeto da mãe

Há uma frase de André que resume a questão do afeto materno tal como é apresentado no filme: "Se o pai, no seu gesto austero, quis fazer da casa um templo, a mãe, transbordando em seu afeto, só conseguiu fazer dela uma casa de perdição". A dualidade templo/casa de perdição aponta na direção de extremos, da ausência à explosão da sexualidade. A expressão "transbordando em seu afeto" aponta na direção da desmedida (*hybris*).

Há uma cena em que a mãe acorda o filho fazendo carinhos (ou carícias) embaixo dos lençóis. Pode-se pensar no despertar da sensualidade. Ali ela não apenas o acorda para o dia que se inicia, mas para o corpo e para o prazer que provém dele. Esse comportamento materno inaugura o amor e a sensualidade que serão posteriormente transferidos a pessoas fora do círculo familiar.

No caso de André, a sensualidade ficou aprisionada às figuras familiares. Da mãe deslocou-se para a irmã e foi aí atuada, provocando sentimentos de culpa correspondentes à transgressão. Quando Pedro encontra o irmão, ele não está fora de casa produzindo, trabalhando, criando uma autonomia; ele está "se acabando", consumindo-se, destruindo-se. Esses são sinais de expiação de culpa.

A tragédia não está somente na morte de Ana, mas na morte de André, enquanto homem autônomo e independente dos vínculos familiares. Havia em André um desejo de liberdade que, ao encontrar as cercas construídas ao redor de seu lar, rompe-as com brutalidade, porque não encontra outro caminho que o leve a si mesmo. Os limites, necessários para nossa aculturação, são internos. Quando externos, insensatos e arrogantes, podem provocar transgressões igualmente insanas.

O filme é por si só uma ilustração de como a cultura nos oferece elementos de continência para nossas experiências emocionais. Ele é um texto que contém com lirismo e delicadeza poética o que está na nossa natureza de forma bruta e assustadora. Precisamos de poetas, de escritores, de músicos, de artistas para nos acompanhar em nossas andanças pela vida. Assim, assistir a um filme como este é um alento, um repouso na continência possível.

Lavoura em cena, por Marisa Giannecchini G. de Souza

O filme de Luiz Fernando Carvalho mantém, no título e em sua construção, a interlocução exigente com a obra literária de Raduan Nassar, *Lavoura Arcaica.* Essa parceria que também se formou durante a produção fílmica traz à superfície o que é uma invariante em nível de profundidade. O próprio Luiz Fernando Carvalho pretende que o filme seja, além de um conjunto de linguagens, um feixe que traz consigo a perspectiva histórica de todas as demais manifestações artísticas com as quais dialoga.

Trata-se de uma reação artística – é seu forte desejo – ao gosto pela produção fílmica de consumo, mais preocupada com um mercado competitivo; de uma busca por uma criação estética que envolva o público pela "demora" na reflexão. Esses níveis, que podemos chamar de metanarrativa fílmica, narrativa materialmente arquitetada pela história que se conta, revelam que o *duplo* é a marca dessa produção poética na literatura/no cinema.

No texto de Raduan Nassar, o fio condutor é a recriação da parábola bíblica do filho pródigo. O filho desgarrado deixa a casa e a ela retorna, pondo em cena oposições e busca de contratos, sem que os conflitos se calem ao longo da produção literária.

Fora de casa, o irmão Pedro, que fora buscar André, o filho que saíra do âmbito familiar, ouve-lhe a confissão de que "era boa a luz doméstica da nossa infância", em oposição às trevas que ardem do outro lado. Esse jogo entre ordem e desordem estrutura a narrativa literária e fílmica, mas, ao sustentar a estabilidade desses termos – pelo menos no discurso do pai –, vai trazendo à tona o caráter fluido desses limites, propondo a essa dicotomia um limiar sem pontos fixos, capaz de inverter a avaliação desses termos se for outra a perspectiva adotada.

Relendo os mitos arcaicos, ligados à terra e ao ciclo da floração, André, o filho "perdido" (segundo o discurso do pai), é por um lado pura natureza: tem a turbulência do subterrâneo e aí pensa em "fundar sua igreja". Do outro lado, há o pai, exigindo que a lavoura não saia dos estreitos limites da família. As lições paternas determinam que a paciência é a régua que deve medir a superfície, certo de que a maior extensidade de tempo dá conta da menor intensidade das paixões. Opõem-se a dureza da fala patriarcal e o barro amorfo de quem lhe oferece resistência.

A princípio, alguns contratos impostos sustentam a aparente estabilidade: a espacialidade é uma categoria que recorta o tema da produção literária-fílmica, avaliando, no olhar do pai, o lado direito da mesa que o segue, o esquerdo que se lhe opõe. Sentados à cabeceira – a câmera de Luiz Fernando Carvalho escolhe a perspectiva dele (personagem) para situar esquerdo e direito – estão, de um lado, os filhos que deram certo; de outro, as paixões mais fortes do que a dureza da fala do pai, a mãe, André, os irmãos, Ana e Lula, que não se ajustam ao *Maktub* islâmico nessa família de libaneses, cujo patriarca acredita que a medida de superfície esconde e vence a turbulência do plantio. As palavras paternas ecoam um rigor ancestral: é dentro da família que as relações se estabelecem, irmão com irmão, sem abrir a casa para outras experiências, pois a lavoura é de dentro, não de fora.

Na novela em análise, vai-se assistindo a um manipulador que pratica uma cultura que lhe é arraigada. O excessivo rigor dessa disciplina quer que se neguem os traços da natureza. Revoltado, André se rebela, como se pudesse viver só sob impulsos, dando vazão a suas pulsões, sem as coerções estabelecidas no ambiente patriarcal. Mas o que o enunciador empresta ao narrador André é um discurso que pretende radicalizar, mas já é pontuado pelos sermões do pai. Ele próprio sente culpa, fala da peste virulenta que o queima, chama-se de filho torto. Moralizando o comportamento que ele pretendia ser só da ordem da natureza, ele não percebe que já ali estão investidos os valores culturais que seu pai representa. A vida que ele quer viver, em retorno à mais profunda ancestralidade, está marcada pela moral em que cabem erro, culpa, expiação.

Contidas nesse interior, as convulsões explodem quando, na verdade, deveriam ser anuladas pela ordem instituída pelo patriarca, André foge de casa porque, condenado pelo código dominante, ousou rompê-lo com a irmã Ana, duplo da mãe, universo em que a paixão e seu exercício se manifestam na própria casa.

André abandona esse espaço e o vazio do lugar à mesa se mantém como falta. A tristeza invade o mundo familiar e cabe a Pedro, irmão mais velho, resgatar o filho que se perdera, segredo só partilhado por André e Ana, seu duplo, um contrato que não se pode realizar porque, convulsionado, perde o controle para sua sustentação.

A revelação de um irmão a outro vai tecendo a narrativa sequencial à partida de André. Lá fora, este vive com outras mulheres, as quais lhe dão presentes que são guardados em uma caixa, e enfrenta um mundo que o acolhe sem restrições.

No retorno à casa paterna, convencido pelo irmão de que a falta se restabelecera, ele volta como um boi que vai ao poço, tentando cumprir o ritual estabelecido pelo código paterno – a contenção de suas convulsões – e trazendo consigo "a caixa dos guardados", verdadeira caixa de Pandora, mantida sob segredo. O pai, então, propõe a festa aos vizinhos para comemorar a chegada, mas, em meio à tentativa de André de curvar-se ao pai, certo de que está condenado a repetir as velhas lições, Ana, a irmã, enfeita-se com gargantilha, pulseiras, anéis que apanha do fundo da caixa proibida e traz à superfície, expondo os presentes em uma dança sensual que invade a cena.

Em meio à festa, à dança, que, naquele momento, extrapola a régua determinada pelo pai, surge a foice que corta o desejo exposto a todos, contendo a filha que ousara opor-se à lavoura permitida. Ecoa o choro da mãe, que repete a dor da costa pobre do Mediterrâneo, como se a atemporalidade do trágico revelasse a catástrofe naquele meio rural.

Há um gado que sempre vai ao poço, há um André que tem de se curvar para rezar o discurso imposto, enquanto aqueles que não se curvam são condenados à inexistência. É trágico ver o narrador André, depois da morte de Ana, tentar entender que, mergulhado na cultura, perde-se a condição de ser natural. Estando ela instalada, torna-se impraticável resgatar o homem primordial porque, uma vez inserido em novo tempo, mesmo negando-o, aí estão as marcas da coerção que, em maior ou menor grau, se manifestam, até quando se tenta negá-las.

Em suma, este ensaio faz ouvir, em dialogismo, termo criado pelo teórico Mikhail Bakhtin, a "geometria barroca do destino", os poetas, em dupla, em torno de *Lavoura arcaica*, relidos pelo crítico de literatura Ivan Marques, voz autoral que rege o enunciado "Lavoura em cena".

Todo trabalho que se materializa em um artigo precisa, por coerção da própria escritura, do ponto-final. Mas o tempo de fechamento é mera estratégia retórica para recomeços. Nas duas manifestações estéticas, nas *Lavouras arcaicas*, mundos em oposição contaminam a própria linguagem verbal, reveladora da diluição dos gêneros, mesclando poesia e prosa, parábola e tragédia, experimentalismo e tradição. O lirismo se afirma por imagens precisas, luminosas, mas também pelo que não se diz, pelas entrelinhas, pelos interditos que se escondem sob a convulsão da própria linguagem.

Raduan Nassar e Luiz Fernando Carvalho elegem o alarido e o silêncio, a luz e a sombra para trabalhar a oposição, mas também a coexistência de outros contrários – invariante que permite o trânsito, o movimento entre esses extremos –, construindo a narrativa literário-fílmica como um jogo expressionista sinestésico em que a lavoura sobre a terra não pode negar a turbulência da gestação sob ela. O trágico proposto à demora de nossa reflexão ensina que a elaboração do nosso mundo interno se reflete em nossa superfície e não há régua que deva medir onde a vida começa.

27. Samsara[1]

Ana Rita Nuti Pontes

O argumento "o homem em busca de si mesmo e sua descoberta por meio da sexualidade" é tema recorrente na literatura e no cinema. Siddharta (Buda) abandonou sua família para sozinho buscar a iluminação. Hermann Hesse tratou de semelhante tema em seu livro, *Narciso e Boccadoro*.

Samsara conta a história de um jovem aspirante a monge budista que parte em busca da vida de um homem comum fora dos domínios do mosteiro budista onde vivera desde a mais tenra infância, para conhecer o mundo e realizar seus sonhos. Tashi, o jovem monge, quer sentir-se livre porque considera que livre é o homem capaz de fazer as próprias escolhas. E para isso precisa viver as próprias experiências.

O determinante para essa busca é justamente a figura feminina, que delicadamente vai aparecendo e se articulando com o despertar da sua sexualidade. A sexualidade está intrinsecamente ligada à capacidade de a pessoa utilizar os próprios pensamentos, fazer escolhas, ir em busca de saber quem é e o que quer da vida. Assim,

1 *Samsara* (2001), direção: Pan Nalin.

há um erotismo que permeia o filme, de maneira intensa e elegante, em meio à belíssima paisagem de Ladakh, na Índia. Uma paisagem árida e imensa dominada por um céu azul, como se vê somente em altitudes elevadas.

Um grupo de monges tibetanos – um velho, um jovem, um menino – sobe o penhasco rochoso para alcançar o lugar solitário onde um deles, Tashi, se encontra há três anos em solitária e intensa meditação. Uma ave de rapina voa no céu, escolhe uma presa, recolhe uma pedra e a lança do alto. Lá embaixo, cai por terra uma ovelha. Todos reverenciam a ovelha morta. Assim é anunciada a vida nos primeiros minutos deste belo filme, assim o diretor apresenta os ciclos que movimentam a vida.

Tashi, após três anos, três meses e três dias de meditação em busca do nirvana, volta para Samsara, que tem o sentido literal de "perambulação". Muitas pessoas pensam que esse é o nome budista para o lugar em que vivemos no momento – o lugar que abandonamos quando vamos para nibbana ou nirvana. Nibbana é a denominação para a libertação transcendente e singularmente indescritível que é o objetivo final dos ensinamentos do Buda.

Contudo, nos textos budistas mais antigos Samsara não é a resposta para a pergunta: "Onde nós estamos?", mas para a questão: "O que estamos fazendo?". Ao invés de um lugar, é um processo: a tendência de ficar criando mundos e depois se mudando para dentro deles. À medida que um mundo se desintegra, a pessoa cria um outro mundo e lá se instala, até que este se desintegre para se recriar novamente.

Tashi é então despertado pelos monges com muita delicadeza. Os cuidados que os monges têm com ele lembram os zelos com um recém-nascido.

Gostaria de iniciar os meus comentários sobre como o despertar da sexualidade de Tashi levou ao desenvolvimento do pensamento:

aquele dotado de desejo pela liberdade de escolha, que leva ao anseio do conhecimento das próprias verdades, da busca da identidade, do conhecimento de si mesmo. Quando Tashi volta para o monastério está debilitado, mal consegue andar e não fala. Tem um cachorro, Kala, que o acompanha como se fosse o seu lado mais primitivo e instintivo se manifestando. O corpo e a mente começam a despertar; Tashi tem muitas poluções noturnas, como se fosse uma explosão de vida.

Certa manhã, enquanto lava sua roupa suja de esperma, ouve um monge contando para uma criança a vida de Buda. O menino que ouve a história chora e quer voltar para casa, quer ficar com os pais. A partir daí algo muito importante começa a acontecer com Tashi, que está muito sensível para questões que se referem à própria história psíquica. Parece que sair do transe significa também buscar as suas raízes: ele é filho de um casal, de um pai e uma mãe que um dia se amaram e o conceberam. Ele fica muito perturbado quando vê uma mãe amamentando no seio o seu bebê. No meio de tanta gente, envolvido pela música, pela dança, pela presença de um importante Lama, ele vê o seio de uma mulher e o bebê que busca esse seio. Ele vê aquilo que está dentro dele e fica muito angustiado. A sexualidade vai então se anunciando assim, aos poucos, delicadamente, mas com muita força, permitindo observar que a fantasia inconsciente é a representação mental dos instintos.

Nas cenas seguintes, quando conhece Pema, Tashi vai lentamente percebendo seus próprios desejos. Ele fica fascinado pela mão de Pema, pelas pulseiras que ela usa e pelo chacoalhar destas, que anunciam a sua presença, como o bebê fica fascinado pelo seio da mãe. Os objetos são ainda parciais. A sexualidade é vivida ainda como se fosse um sonho, porém Tashi sente-se intensamente envolvido pelo encontro com uma mulher. É por meio da sexualidade que punge no mais profundo do seu corpo e de sua mente que Tashi começa a questionar a sua vida e o seu destino; quem ele é.

Os pensamentos estão ligados ao conhecimento quando uma pessoa quer dar-lhes significado; a função de pensar de qualquer pessoa está ligada à sua capacidade de fazer juízos críticos e, desse modo, leva a uma separação, porque a função de pensar exige a condição de o sujeito estabelecer uma diferenciação com o outro e admitir as inevitáveis diferenças em relação a ele. Em outras palavras, passar para a posição depressiva significa conseguir perder, se separar, e isso faz parte do processo da busca de si mesmo.

"Como posso ser livre se não tive a oportunidade de escolher esta vida?", diz Tashi a Apo quando retorna da casa do monge que lhe mostrara os desenhos com figuras que faziam sexo. O príncipe Siddharta já tinha 29 anos, era casado e tinha um filho quando resolveu sair em busca da iluminação. É preciso desconstruir para construir novamente, é preciso possuir para perder. Os ciclos da vida levam à contínua transformação tão temida pelo ser humano porque é o ciclo de vida e morte, integração e desintegração. É preciso escolher para ser livre, é preciso mudar para ser vivo! "Desta vez você foi longe demais", diz Apo a Tashi. De fato, vemos no filme a trajetória de um homem que ousa transgredir para ir em busca do sentido da vida. A capacidade de dar significado ao pensamento precisa ocorrer por meio da experiência real. E várias serão as experiências de Tashi através da ousadia e transgressão.

Ele sai do mosteiro porque ousa pensar sobre o que está acontecendo com o seu corpo, seu coração e sua mente. Ousa buscar a mulher desejada, se casa, tem um filho, trabalha no campo como um homem comum. Estaria ele à procura de uma experiência emocional que o colocasse mais próximo de seus pais internos? Este seria um conhecimento fundamental que lhe faltava para se sentir adulto e autônomo? Porém, Tashi não é um homem comum: ele ousa pensar e cria problemas por isso. A busca e o enfrentamento do novo raramente são situações pacíficas.

No mosteiro, ele perturba a ordem porque quer sair para a vida mundana; na vila casa-se com Pema, que lhe mostrou os prazeres do sexo carnal e já era comprometida, briga com o comprador de arroz, interfere na tradição do vale; é punido por ousar transgredir. O rapaz apaixonado por Pema, aquele que não queria mudar a tradição do vale, tinha medo de ousar e brigar pelo que queria porque isso significava transgredir. Ele fica sem a mulher amada, agarrado às antigas tradições.

Tashi ainda não tinha sentido na pele a dor profunda da necessidade da escolha. Essa dor e este incômodo começam a surgir com o seu interesse por Sujata, a bela camponesa que há tempos o provocava com sua beleza e sensualidade. A curiosidade, a atração e o sexo com outra mulher fazem Tashi se sentir muito perturbado com seu ato de transgressão. Ele escolhe voltar para o mosteiro, mas ainda parece que, mais uma vez, vai em busca de um lugar que o proteja das vicissitudes da vida e do mundo mental, como quando ficou por anos em meditação.

Não pensar seria um modo de evitar a dor da vida? A ausência de desejo é a ausência da dor. O desejo implica frustração, o desejo caminha em direção à formação de vínculo. Eu desejo e preciso de você, por isso me vinculo. Essa condição coloca o ser humano mais próximo de sua condição real de ser precário e imperfeito.

É justamente Pema, sua mulher, aquela que o iniciou nos prazeres carnais, que o chama para a realidade da vida. Ela também ousou transgredir, teve coragem para buscar ser feliz. Ela tinha noção de seu lugar no mundo, e essa dor é vivida profundamente por Tashi, quando finalmente depara de fato com o significado de suas escolhas. Só aí, então, a meu ver, Tashi adquire a condição de pensar plenamente, de sofrer a dor da existência, de ser precário, por ser apenas um com tantos desejos e conflitos.

A última cena faz pensar em um nascimento, porém é muito diferente das cenas iniciais do filme. É um parto dolorido porque existe o conflito da dúvida, o desespero de descobrir-se somente um homem com desejos e arrependimentos, medos e vontade de acertar, de não saber qual é o seu rumo. Qual seria a escolha mais importante na vida dentre todas as outras?

Comentários realizados em 2007

28. Shrek[1]

Adriana Laura Navarrete Bianchi

Antes de começar a falar sobre as reflexões que este filme me propôs, quero me deter um pouco sobre a história da sua criação. Foi com *Shrek* que, em 2001, a DreamWorks de Spielberg se lançou na disputa do mercado forte da animação em 3D contra a hegemonia da parceria Pixar e Disney. E não poderia ter começado essa disputa de forma mais explícita e agressiva, criticando e parodiando todos os estereótipos que a Disney vinha propagando em suas animações desde 1937, com o lançamento de *Branca de Neve e os sete anões*. Assim, fez-se questão de seguir a cartilha da Disney de como fazer um bom filme de animação ao contrário, ou seja, nada de personagens corretos e bem-educados, como na maioria dos contos de fadas, com mensagens muitas vezes moralistas de pano de fundo e roteiros previsíveis, alguns deles repletos de canções ternas e românticas, quando não musicais.

A tentativa foi bem-sucedida, pois este filme ganhou o Oscar de Melhor Filme de Animação em 2002 e o prêmio BAFTA de Melhor

1 *Shrek* (2001), direção: Vicky Jenson e Andrew Adamson.

Roteiro Adaptado, além de ser indicado nas categorias de Melhor Filme, Melhor Ator, Melhor Ator Coadjuvante, Melhor Trilha Sonora, Melhor Equipe em festivais como Oscar, Globo de Ouro, BAFTA e MTV Movie Awards. Foi também o primeiro filme de animação desde *O mundo selvagem*, de 1974, a concorrer à Palma de Ouro no Festival de Cannes.

O personagem Shrek foi criado pelo escritor William Steig em 1990 e cinco anos depois a DreamWorks e a PDI começaram a trabalhar na sua adaptação para o cinema, que, por sua vez, levou três anos para ser finalizada. Do livro, o filme capta os personagens principais e o argumento da história – e, quem sabe, do autor, sua personalidade, sua essência.

William Steig nasceu em 14 de novembro de 1907 e faleceu de morte natural em 3 de outubro de 2003, ou seja, após o lançamento desse filme, com 95 anos. Estadunidense descendente de imigrantes judeus poloneses, desde criança tinha grande habilidade para o desenho e era especialmente fascinado por Pinóquio. Sempre apoiado pela família, ingressou em várias faculdades de artes e design, não permanecendo por muito tempo em nenhuma delas. Durante a Grande Depressão, por questões financeiras, começou a trabalhar como cartunista freelancer. Logo foi contratado pela *New Yorker* e lá conseguiu a fama do "rei dos cartuns" em função do grande número de prêmios que conquistou.

Foi só com 60 anos de idade que William Steig começou a escrever livros infantis. Ganhador de várias medalhas com seus livros, escreveu trinta deles. Shrek, que já era um sucesso como livro, foi escrito pelo autor quando este estava com 80 anos. Apenas como curiosidade, Steig foi paciente de Wilhelm Reich e ilustrou o seu polêmico livro *Escute, Zé-Ninguém!*

Como vocês viram, trata-se de um conto de fadas, mas, mais que isso, de um filme que usa, num olhar irônico e às avessas, as "coisas de contos de fadas", como diz Shrek, ou seja, os personagens e os chavões dos contos são utilizados para contar a história. Consegue isso transformando o ogro (bicho-papão) em mocinho e o príncipe em bandido, que acaba morto no fim, trazendo ainda uma princesa que não é tão indefesa e um burro que também não é nada burro.

Apesar de toda essa desconstrução dos personagens clássicos, o filme se desenvolve nos moldes de todo bom roteiro de contos de fadas, em que o bem vence o mal apesar de "serem feios para sempre".

Paralelamente, também efetua uma crítica acerca da ideologia do "politicamente correto" vigente na sociedade estadunidense e globalizada. Isso aparece, por exemplo, quando a princesa Fiona, após a explosão da passarinha que cantava com ela, pega seus ovos e os frita, servindo-os no café da manhã aos seus companheiros, sem apresentar nenhuma consciência moral, culpa ou sentimento acerca de seu ato. No seu lugar, transmite a mensagem de que, se você puder ser autêntico, ter suas opiniões e mantê-las, pode haver um final feliz, mesmo que não seja bem como você ou os outros imaginaram.

E, assim, o filme começa desmoralizando os contos de fadas, ao usar uma folha de um livro de contos como papel higiênico do ogro perspicaz, inteligente e corajoso, que não se deixa levar pelas fantasias do que dizem que é certo ou bom, ou do que tem de acontecer para se poder ser feliz. Ele mora sozinho no pântano que transformou em seu lar e no qual se sente muito bem, confortável, aconchegado. Shrek é habilidoso, confiante, autêntico. E, apesar das mágoas que possa ter por ser logo discriminado ao verem a sua aparência como a de alguém muito ruim, perigoso e feio, ele se adaptou a essa situação e ainda faz ironia disso.

Tem aquela passagem, por exemplo, em que depois de assustar os homens que foram caçá-lo ele diz: "Essa é a parte em que vocês saem correndo". Para que se possa ter um olhar irônico sobre o que lhe acontece, é preciso ter desenvolvido a capacidade de olhar para o que lhe está acontecendo desde fora, desde um outro ângulo. O ângulo de quem especta, observa o que se passa consigo. Ou seja, tem de conseguir não só sentir dor e pena de si mesmo, mas tentar observar a situação que está vivendo por um prisma mais amplo. Se isso for conseguido, então, será possível ter um olhar crítico dos fatos e pensar sobre eles. Daí, sim, dá para fazer piada do que lhe acontece.

O contraponto de Shrek é Lord Farquaad. Ele não assume nem gosta do que é. Quer ser nobre, bonito, alto, forte, corajoso... mesmo sem ter nenhuma condição para isso, nem física, nem mental, como o lembra o Espelho Mágico. Já que no fundo ele sabe disso, os expedientes que usa para conseguir o que quer sem esforço próprio são a extorsão, a discriminação, a segregação, como um bom ditador.

É nessa tentativa de conseguir a sua Duloc perfeita (parodiando a Disneylândia) que o Lord Farquaad manda todas as coisas bizarras dos contos de fadas embora, deixando seu castelo perfeito, mas vazio. Ele quer a fantasia do perfeito e controlado banindo os personagens bizarros de suas terras e comandando o povo de forma autoritária, feito marionetes (referência a *Matrix*). Muitas pessoas acreditam que tentando controlar os outros e o mundo à sua volta conseguirão transformar-se naquilo que querem ser.

Mas o seu mundo ainda não estava perfeito, só faltava a princesa. O par, o outro que poderia constituir uma dupla criativa e fértil com ele. E então, para conseguir isso, numa jogada de "esperteza", envia Shrek, por meio de um acordo extorsivo, para a tarefa que seria sua: salvar a princesa.

Dentre os personagens, temos também o Burro. Numa cena que imita a corrida no bosque de *Guerra nas estrelas*, ele topa com Shrek e se encanta com sua coragem de enfrentar as ameaças e de ser o que é sem se preocupar com a opinião dos outros. Dessa forma, decide ficar com ele e ser seu amigo, seguindo-o sem trégua aonde ele for.

Como se intuísse, se pudéssemos falar assim, que com Shrek poderia aprender a ter sua própria opinião e ser quem ele é. Afinal, de que adianta poder falar se não se pode dizer o que se pensa?

É interessante ver como ele supera a aparência e o medo que Shrek tenta lhe passar para que saia correndo como todos os outros. Com ele, essa técnica de evitação não funciona, pois o seu medo de ficar sozinho e sem ninguém é maior que o medo de ogro. Burro usa, para tapar a solidão e o vazio que sente dentro de si, a extroversão, a fala constante, o tentar agradar, querendo ser o tempo todo "pavê" em vez de "cebola". Mas todas essas manobras não adiantam de nada. No fundo ele só quer ficar grudado, junto mesmo do outro, como tábua de salvação, pois não sabe, como Shrek sabe, se cuidar sozinho, acompanhar-se de si mesmo. Shrek também quer ter um amigo e por isso vai deixando-o ficar.

Com a convivência, a relação vai ficando mais intensa e eles podem se preocupar um com o outro e, aí sim, ser amigos de verdade. Penso que foi também por esta razão, a de querer ter alguém em sua vida, que Shrek topou o acordo com Lord Farquaad. Como muito bem o Burro aponta, ele bem que podia ter dado um jeito, mesmo que não fosse "beber os fluidos de todos", e conseguir o que queria de outra forma. Aceitando esse acordo, fica como se quisesse pagar para ver como seria aquela princesa. Vai que não é "aquela chatice que cospe fogo"?

Aí chegamos à cena da princesa Fiona, a escolhida de Lord Farquaad. Fiona e Farquaad, os dois nomes com a inicial F, combinando! E não poderia ser ela a escolhida, entre as outras princesas disponíveis no programa *Namoro na TV* da TV/Espelho Mágico, por ser cheia de vida? Afinal, ela gosta de piña-colada e está num castelo ardente... Mas Fiona não estava adormecida nem presa. Ela estava bem acordada tentando controlar também o seu mundo, cheia de regras de como tinha de ser o seu príncipe, como ele tinha de salvá-la, o que este devia falar ou como devia se comportar com ela. Mesmo que tivesse um exército de provas/cadáveres de que não dava certo essa sua estratégia para conseguir o amor verdadeiro, ela insistia. Como diz Shrek, ela "teve muito tempo para planejar isso, não teve?", só que sozinha. Esta é uma excelente receita de como esmagar pretendentes ou possíveis relações.

Não sei se vocês perceberam, mas existia, aguardando no corredor do castelo, ao sair do seu quarto, um caldeirão gigante e fervente com um livro de receitas enorme e vários tonéis de vinho prontos para preparar um banquete para o Príncipe Encantado. A falha no plano, ou a sorte da princesa, é que um "cavaleiro do tipo único" era desta vez o seu "salvador". Fazendo aparentemente tudo errado, mas seguindo sua cabeça, foi ele que a tirou do castelo. Mas não para salvá-la, a intenção de Shrek estava longe disso. Depois ela mostra, e muito bem, que não precisava ser salva, por exemplo, na luta com Robin Hood. Afinal, como se consegue um amor verdadeiro? A resposta que o filme traz é que não vai ser tentando ser quem não se é ou querendo controlar tudo e todos.

Durante o caminho de volta, Shrek e a princesa acabam se conhecendo e percebendo que têm mais coisas em comum do que supunham. Ele consegue ser mais cavalheiro com ela, mesmo descobrindo que não é mais a única fera temida da floresta agora. Fiona percebe que ser um ogro não é tão ruim assim e que, ainda por cima, gosta disso. Consegue se sentir em casa com os "ratos de arbusto no espeto", os "balões de sapo e cobra vivos"... Mas não tem coragem de contar o seu segredo e o quanto está gostando dele, pois "não é assim que uma princesa deve parecer". Para continuar a ser princesa ela não pode optar por sua forma mais doce e autêntica, apenas pela forma que acha que os outros esperam dela.

É nessa dança de deveres e regras que acontece o mal-entendido entre eles e ela volta a ter de cumprir seus ditames mágicos de "uma princesa deveria...", concordando em se casar, mesmo sem querer, com Lord Farquaad. O medo de Shrek de mais uma vez ser rejeitado faz com que ele presuma que ela não o quer e, assim, não vai conversar abertamente sobre o que ela estava falando com o Burro. Este é um mecanismo muito comum entre as pessoas. Na tentativa de evitar a dor, elas na verdade provocam a dor que estavam tentando evitar, pelo medo que sentem de esperar para ver o que vai se passar.

É nessa passagem que dá para perceber o crescimento que se processou no Burro durante o percurso. Ele volta, e volta assumindo uma namorada – a Dragona – apesar das diferenças, e com uma posição definida do que quer: quer seu espaço na vida de Shrek, quer também ajudá-lo a conquistar a sua Fiona. Como acabamos de ver, o final é feliz e cada um pôde conquistar a sua identidade e o seu lugar ao sol.

Mas por que será que este filme de animação faz tanto sucesso, tendo já sido programada para ele continuação até o *Shrek 5*? O que pude pensar é que ele, na verdade, tem uma linguagem pós-moderna, com questionamentos também pós-modernos, construindo e significando em imagens aquilo que vivemos na atualidade. O que quer dizer isso? Shrek não é nenhum herói, não estava lutando por causa das "coisas dos contos de fadas", não estava lutando nem para ter o seu verdadeiro amor, isso só aconteceu. Ele só queria ficar em paz no seu canto. Lord Farquaad não tentou deixar sua Duloc sem as coisas bizarras de contos de fadas por uma questão ideológica de bons e maus, plebe e nobreza, ele só queria as coisas controladas para ter a sua fantasia de perfeição satisfeita.

Olhando por outro vértice, a releitura do livro feita pelos roteiristas foi enxertada e, assim, modificada com ideias de todos os participantes: diretores, produtores, donos da empresa, desenhistas, atores. Isso permitiu a participação criativa de todos na construção do enredo, oferecendo ao filme o seu melhor, mas ao mesmo tempo fez dele uma colcha de retalhos, ou, quem sabe, uma expressão coletiva do espírito da atualidade.

Também pude notar que na sua maioria as falas e as imagens são clichês, que ironizam e parodiam não só os contos de fadas, mas também produções como *Matrix*, *Guerra nas estrelas*, *Gladiador*, *O tigre e o dragão*, *Scooby-Doo*, *A marca da maldade*, *Duro de matar*, *Namoro na TV*, transmissões de luta livre, musicais da Broadway como *Riverdance*, o quadro de Botticelli *O nascimento de Vênus*. Ou seja, falas artificiais expressando situações reais.

Foi baseado em um livro infantil e transformado nesta animação gráfica primorosa que teve tratamento tanto pelos seus diretores como por seus atores, como qualquer outro grande filme, simulando ângulos de câmeras reais, imitando o máximo possível os movimentos humanos, principalmente os faciais, e emprestando dos atores não só a voz, mas também suas interpretações sobre a trama do filme.

Enfim, a meu ver, o sucesso deste filme se deve a todo esse coquetel de referências e ilusões do real misturado com o imaginário, que pôde ser genialmente costurado usando a temática pós-moderna, que é, em suma, a crise de identidade que todos nós vivemos atualmente, em menor ou maior grau. Por isso, a mensagem do filme, como disse antes, não poderia deixar de ser esta: seja você mesmo. Não tente ser o que não é. Lute por si e achará o seu caminho, a sua felicidade.

29. Transamérica[1]

Silvana Maria Bonini Vassimon

Por que *Transamérica*? Escolher um filme para comentar pode ser tarefa árdua. De alguma forma tem de ser um filme especial, mas concluí que um filme se torna especial porque se conversa com ele mais do que com outros. O que pretendo aqui é contar um pouco das minhas conversas com *Transamérica*.

Transamérica parece ser uma coisa, mas não é só o que parece. Parece ser um filme que fala de transexualidade e marginalidade. Porém, mais que isso, é um filme que fala sobre *relação*. Wilfred Bion, psicanalista e pensador, propunha que o objeto psicanalítico se aplica na dimensão do mito, do sentido e da paixão. Na sobreposição dessas três dimensões deve se dar o trabalho do psicanalista. Assim, vou propor essas três dimensões para olharmos o filme.

---

1 *Transamerica* (2006), direção: Duncan Tucker.

O mito ("O que não tem censura, nem nunca terá")

O principal conceito sobre o qual se estrutura a psicanálise é a teoria da castração. É o medo da perda do pênis que assegura a presença do pai como interditor e protetor, protótipo do senso de realidade, permitindo ao indivíduo se descolar do amor maciço da mãe, liberando a pessoa para buscar outras parcerias. O que pensar então quando deparamos com situações como a de Bree, em que estamos diante de um complexo de castração ao avesso? Quando a perda do pênis é desejada?

O desejo é transgressor da lei. O medo da perda do pênis se converte em desejo de não o possuir. No corpo de Bree impera o estatuto genético da natureza: Bree nasceu fisicamente Stanley. Na mente de Bree impera o estatuto psíquico do desenvolvimento emocional: Stanley não se sente Stanley, mas Bree.

Inicialmente, a criança encontra na figura dos pais um modelo de identificação que lhe servirá de eixo para construir sua personalidade. Inclusive – e principalmente – na sua sexualidade. Por isso falamos em psicossexualidade. A identidade sexual refere-se ao sentimento de ser homem ou mulher. Sua formação tem um percurso que leva, geralmente, à sintonia entre o genético/herdado e o psíquico/sentido. Essa sintonia se deve em grande parte à assimilação que a criança faz das funções de pai e de mãe (diferentes pela própria natureza), e que será parte da constituição do seu jeito de ser.

É interessante observar em Bree a existência de um aparato interno de funções preservadas: observamos, quase sempre, a presença de um "bom senso" guiando suas atitudes. Diferentemente das situações que Freud descreveu, nas quais vigoravam os desvios, em Bree aparece uma adequada maturidade na maioria de suas relações. Essas funções ficaram como que protegidas da confusão familiar de identidades, e se manifestam inclusive como autopreservativas, à medida que lhe permitem se afastar da família, estabelecendo um território próprio.

Todavia, é a chegada do filho e a relação com ele que obrigam Bree a constituir-se como sujeito, apropriando-se então da sua condição, inicialmente de trânsito e indefinição, mas que vai se transformando em capacidade para assumir a sua tarefa de pai/mãe, acolhendo as incertezas e o desamparo do filho. A função de pai está presente em Bree quando estabelece regras e limites de convivência para o filho: o pai se oferece como modelo e estabelece o que pode e o que não pode, dita o que ser e o que não ser. Bree parece ser mais Stanley do que poderia supor.

Por outro lado, Bree é também a mãe que estimula o desejo de conhecimento e cultura, que apresenta o mundo para o filho e que o acolhe com companheirismo. Tolerância com limite, firmeza com delicadeza, pais internos presentes na personalidade de Bree. Algumas áreas da personalidade de Bree foram estruturadas de forma competente, apesar do meio familiar desestruturante.

A paixão ("O que não tem vergonha, nem nunca terá")

A cena em que Toby busca Bree no quarto e tenta seduzi-la parece uma ilustração moderna do complexo de Édipo: a aproximação de Toby, mistura de gratidão e encantamento, se expressa não só como forma barata de sedução, mas também como uma tentativa de expressar o encantamento de uma criança com sua mãe. A maternagem está na alma, é por ela que a criança se apaixona. Trata-se de uma capacitação para amar que deve existir na mãe e na criança.

Stanley parece ser mais Bree do que poderia ter imaginado. Toby se encanta com a alma de Bree, não com a figura de mulher, nada atraente. Mas se decepciona ao perceber que o pai humano não corresponde ao modelo grandioso que construíra e do qual viriam as soluções para suas dificuldades. A decepção assola Bree em duplo sentido: vem dos pais e vem do filho. No entanto, a dor imprevista para Bree é a dor da ligação. Talvez a cena mais bela do filme seja a volta da cirurgia, quando Bree chora e fala de sua dor: a dor sentida, viva, sangrante, e que não é do corte cirúrgico, é a dor do vínculo descoberto e perdido. É a dor do amor.

Por sua vez, a vida de Toby na prostituição e nos vídeos pornô sugere que, como o pai, Toby também vivia uma identidade mal resolvida, da qual o uso do sexo no "faz de conta" dos filmes funcionava como uma transexualidade ao contrário: uma tentativa de reafirmar o membro que tinha. Dentro de Toby havia provavelmente um abismo, como em seu pai, entre o ser e o sentir, onde "ser homem" impunha-se apenas fisicamente, mas não existia ainda dentro dele. O final do filme é um sinal de como essa relação pode prosseguir fornecendo o alimento construtor da identidade de ambos.

O sentido ("O que não tem certeza, nem nunca terá")

As novas cirurgias e a farmacologia permitem que o desencontro corpo/mente tenha uma correção. Pode-se, então, escolher: ser homem ou mulher? Pode a natureza se enganar? Corrigir o desencontro da natureza com as novas tecnologias seria apenas a confirmação de um desvio? A autorização de uma loucura?

A negação da realidade externa é regra básica nas psicoses. Em que medida a transformação vai autorizar um estado psicótico, ou em que medida vai evitá-lo? Conhecemos a força do instintivo.

Freud disse: anatomia é destino. Peter Gay, seu biógrafo, escreveu: cultura também é destino. Há uma escolha, sim, e ela é feita muito primitivamente, quando a criança encontra no pai ou na mãe uma qualidade que a faça querer ser "igual". Espera-se que esta escolha "sem querer, querendo" seja no caminho da coerência físico/emocional. E quando não é?

Bree acredita-se preparada, no seu desejo, para uma cirurgia que lhe oferecerá a coerência entre o ser e o sentir que ela nunca teve, tornando-a uma só. Não mais na linha divisória, mas definida e definitiva, como ela diz: completa. Porque ficar na linha é não poder viver emoções, paixões, beijos e abraços... Bree inveja a liberdade que os dois jovens mostram quando pulam nus no lago, aparentemente em total sintonia entre o corpo que possuem e o que sentem ser. Bree fica aprisionada em suas roupas-cela, impedida de participar, mas não de sonhar.

O índio-vaqueiro introduz a questão da marginalidade. Ele sabe o que é viver na divisa, por isso é livre para incluir o diferente em sua vida. A questão da marginalidade é retomada em vários momentos: "o lado judeu", a prostituição, as drogas, o gueto dos transexuais na festa... O meio familiar de Bree/Stanley oferece-se como um grupo confuso em seus papéis: se é questão de ter pênis ou vagina para ser homem ou mulher, o que dizer dos pais de Bree?

A mãe, dotada de um poder narcísico, não deixa espaço para a individualidade de ninguém. O pai, por sua vez, não foi sempre – ele, sim – castrado? Recolhido na aceitação de sua insignificância, assume uma castração simbólica, aceitando passivamente ser coadjuvante do casal, impotente para assumir uma mente própria. O homem e a mulher estão lá, mas onde estão os pais de Stanley? Caricaturas patéticas de feminino e masculino, eles também carregam suas próprias decepções e sofrimentos. A filha se abrigou no álcool, o filho se abrigou na distância. Os pais se abrigaram na alienação.

O filme denuncia, assim, o fracasso das relações familiares de Stanley como ferramenta estruturante do seu mundo mental. Fala sobre os mais trágicos meios que o ser humano usa para expressar revolta ou para se livrar de relações sufocantes. Talvez a transexualidade de Bree tenha sido a dramática forma encontrada para fugir da presença sufocante da mãe. Quanto maior a repressão, maior a criatividade para escapar dela.

Podemos também pensar na hipótese de que a transexualidade de Bree represente, em nível mais profundo, o medo masculino das mulheres. Se Stanley se tornar uma mulher, não precisará confrontar-se com um corpo desconhecido e assustador. Vai torná-lo seu, íntimo, dominado. Mas Bree também não é uma mulher. A sua identidade só vai vigorar após uma jornada.

Na viagem com o filho, ela vai fazer o percurso que faltou para recuperar plenamente sua história, enfrentando os vazios que ficaram, na qual o respeito e a compreensão deveriam ter oferecido material para a confecção de alguma harmonia. O *trans* indica algo que está de passagem, através. O transexual é alguém que viaja através da sexualidade em busca de um lugar. No percurso Nova York-Los Angeles reconstitui-se a jornada interna pela qual Bree retoma-se como pessoa, enfrentando sua história.

A figura inicial de Bree beira o ridículo. Apontando o universo do corpo a ser escondido e evitado, descobre com o filho um universo interno livre, rico e pronto para ser usado: sua cultura, seu conhecimento, seus afetos, suas percepções, sua mente. É aí que Bree revela-se a si mesma como pessoa. O filho representa o desconhecido (inconsciente) que emerge e pressiona por um contato. Paradoxalmente, é Toby, o carimbo do genético, do Stanley nascido com pênis, que vai obrigar Bree a uma viagem de confronto com as perdas e com os sonhos, como o de brincar um dia com seu corpo sem repulsa.

No entanto, o roubo do carro pelo jovem carona coloca uma questão: o hippie "paz e amor" não é o amigo que parece, esconde um ladrão. Quem seria de fato totalmente coerente com o que parece ser? Durante anos a civilização e as culturas tentaram, e por vezes conseguiram, enquadrar a sexualidade na dimensão do biológico e do observável. A complexidade da sexualidade humana, no entanto, se manifesta na atualidade em uma dimensão que nos obriga a uma revisão de conceitos, padrões de comportamento e normas de saúde e doença. As neossexualidades se impõem, as múltiplas orientações sexuais se apresentam em uma mistura intrincada entre o desejo (que não tem governo, nem nunca terá), o biológico e o social.

Mais do que a condição de homossexual, bissexual ou transexual, mais do que uma disforia ou aberração, cabe-nos pesquisar: que ser é este que se apresenta hoje? Se tudo pode, se tudo posso, não estaremos também construindo o caminho para a loucura coletiva? ("E mesmo o Padre Eterno que nunca foi lá, olhando aquele inferno vai abençoar".) Como esperar que a vida dos homens na Terra, já de tudo tão condenada, possa ainda permanecer? No abismo entre o ser e o sentir se fixa nossa inquietação: sabemos que cada um "sofre" seu desconforto exatamente porque não se sente o que é, ou porque sente ser o que não é.

Todos temos uma certa discrepância entre o que somos e o que sentimos ser. Aproximar as bordas desses desencontros exige uma avaliação cuidadosa e profunda, na qual fatores psíquicos/sociais/biológicos devem ser analisados. É isso que tentam as leis, a medicina, a psicologia: dar conta de situações novas, mas não desconhecidas. Para além do sexo que procria, existe Stanley/Bree, que só espera poder existir e ser reconhecido como gente. A questão talvez não seja se podemos escolher ser homem ou mulher, mas quem é este indivíduo que "escolhe", e em que condições mentais faz isso.

Conclusão ("E gritam nos mercados que com certeza está na natureza")

Hanuman, o deus-macaco do hinduísmo, é símbolo de força, lealdade e coragem. Hanuman nos remete ao homem primitivo, às forças da natureza. Ele tem um casal guardado no coração. Conta a lenda que Hanuman é escolhido por Rama (deus-herói do épico *Ramayana*) para que o ajude a recuperar Sita, sua mulher, raptada pelo deus-demônio Ravana. Hanuman reúne seu exército e parte para resgatar Sita. Após libertá-la ganha a gratidão de Rama, que, como recompensa, lhe oferece a realização de um desejo. Hanuman escolhe guardar dentro de si a figura do casal. Assim, torna-se eterno, como Rama. Ao salvar Sita, Hanuman possibilita a sobrevivência do casal de deuses.

Às vezes, é preciso, como Hanuman, sair em busca da mulher perdida ou aprisionada para então libertá-la no reencontro com seu parceiro. Ou buscar um homem que foi esquecido na vastidão de um passado traumático. Não basta fazer um filho. Não basta ter um pênis, como tenta Toby. É na relação viva com o outro que o ser se constitui por inteiro. Nas questões das neossexualidades, das multiorientações sexuais, o aparato tecnológico hoje disponível indica uma solução possível, mas a paz interior se adquire em um percurso relacional. Há de haver uma consideração sobre a capacidade do indivíduo de viver relações emocionais. Dessas experiências profundas vividas junto ao outro vem a integração interior, a competência para a sexualidade e a criatividade. Hanuman é também o deus da palavra, da oratória. Ele representa o bom uso da linguagem, tornando a palavra poderosa e transformadora.

Curiosamente, o filme começa com um exercício de voz: a fala treinada. A voz é instrumento de anunciação, pela voz nos apresentamos. Mas a fala, como o olhar, é ferramenta de ligação. A cena indica que a personagem busca uma voz própria, talvez como a criança que imita os pais, treinando para ser ela mesma. A palavra que mostra o que a pessoa é precisa vir de dentro e, como a voz, é única. E precisa ter uma direção: é com o filho que Bree vai descobrir a palavra que conversa.

Na inesperada relação com Toby, Bree encontra o caminho que pode, de fato, definir o lado. Não se trata de abandonar o masculino, ou matar Stanley. Trata-se de juntar a ele a mulher perdida, construir novamente o casal interno, para permitir a unificação do indivíduo. A presença maior do feminino ou masculino é uma íntima descoberta vivida nas profundezas de cada ser humano e exige respeito.

Talvez esta seja a grande mudança no trato da sexualidade contemporânea. Descobrir-se capaz de usar um órgão genital talvez não seja lá grande tarefa, faz parte do pacote. Mas descobrir-se possuidor de uma mente que nos confere o poder de juntar a esse órgão uma emoção, uma fantasia, uma angústia, isso, sim, é trabalho árduo e fascinante, que deve ser feito a vida inteira.

30. Causos: transamérica na plateia

Silvana Maria Bonini Vassimon

A sala estava lotada. Mais de duzentas pessoas enchiam o anfiteatro do Colégio Auxiliadora, onde então ocorriam as sessões do Cinema e Psicanálise naquele ano. O filme *Transamérica*, como que em premonição, propunha-se explorar um tema que viria a ser cada vez mais discutido no mundo. Para comentá-lo do ponto de vista médico, foi convidado o dr. Oswaldo Cruz Franco, ginecologista/obstetra e então Secretário da Saúde municipal, que trouxe um aporte de interessantes informações, fazendo parceria comigo, psicanalista e comentadora.

Ao final dos comentários, após a exibição do filme, inquietante e instigador, a plateia, como de hábito, se manifestou. Alguns comentários e perguntas sobre gênero, identidade, desenvolvimento sexual e outros tantos temas surgiam naturalmente quando, lá do fundo do anfiteatro, algumas pessoas pediram a palavra.

Eram três ou quatro transexuais que, com espontaneidade e emoção, contaram suas histórias. Uma delas já havia feito a cirurgia de redesignação de sexo, outra aguardava o chamado de um país estrangeiro para, então, lá fora, realizar sua operação. Uma outra ainda esperava que um hospital do sul do país recebesse autorização do serviço de saúde público para sua cirurgia.

A indignação, o preconceito enfrentado e a luta desse grupo por respeito e tratamento digno inundaram o anfiteatro de emoção. Era o filme vivo acontecendo ali, com histórias verdadeiras e vozes embargadas. Entre espanto e admiração, o público parou para ouvir aquelas pessoas que, com seus tons coloridos, maquiagem forte e longos cabelos, se apresentavam corajosamente, como que para nos dizer: isso existe, nós existimos, o filme é real.

Era o Cinema e Psicanálise em sua melhor forma; era o espaço aberto e respeitoso onde aquele pequeno grupo compartilhava suas experiências de vida, expectativas e rancores. Trans-América, Trans-Brasil, Trans-qualquer parte do mundo virou filme vivo naquele momento, com depoimentos comoventes que permitiram uma conversa emocionada, triste e – por que não? – esperançosa.

Ao final da noite, quando todos deixavam o local, impregnados pelo filme/vida na plateia, veio o agradecimento necessário pela coragem e disponibilidade de transexuais que, a príncipio vistos distantes, na tela, deixavam agora uma presença real em cada um. Não é filme, é vida.

Para o Cinema e Psicanálise, ficou a satisfação de ter atendido um dos seus principais objetivos: criar um espaço de diálogo com a comunidade, no qual as pessoas possam expressar-se livremente e possam ser acolhidos temas duros e difíceis, mas que necessitam ser conversados.

31. Perfume: a história de um assassino[1]

Paulo de Moraes M. Ribeiro

A história de um assassino que poderia ser qualquer um de nós

Há pessoas, como o nosso protagonista Jean-Baptiste Grenouille, que estão em busca do sentimento de ser alguém nesse mundo, de existir, um sentimento de identidade própria. Para quem já tem esse sentimento como certo e nunca parou para pensar no fato, isso pode parecer um disparate sem sentido. Mas o sentimento de ser uma "pessoa" (Winnicott, 1990), um indivíduo único e exclusivo nesse mundo, não é uma garantia, não basta apenas ter sido parido por alguém; esse "senso de existência" (Marques, 2006) é mais uma conquista do que algo dado de graça, como um presente da vida, ou de Deus.

Costuma-se dizer que uma imagem vale mais que mil palavras. Como amantes do cinema, penso que acreditamos nisso, mas também

1 *Perfume: The Story of a Murderer* (2006), direção: Tom Tykwer.

depende da imagem e das palavras em questão. Sabemos que certas imagens, como a pintura intitulada *Danaë*, do pintor austríaco Gustav Klimt, tem quase o poder de "exalar" um perfume intenso... É uma imagem visual capaz de impressionar nosso sensorial olfativo, se nos permitirmos esse "sonho"/fantasia. Podemos sentir, por meio das pinceladas de Klimt, um cheiro de sensualidade, feminilidade, quem sabe de luxúria, ou ternura.

Mas isso é da ordem do belo, e sabemos que nem todas as imagens são esteticamente agradáveis, há imagens que não são tão bonitas assim; são belas, mas do ponto de vista da estética da dor. Um exemplo clássico seria a obra intitulada *Guernica*, de Pablo Picasso, que retrata os inúmeros horrores da guerra. São pinturas, músicas, textos ou esculturas que têm como objetivo "falar sem palavras" sobre emoções de artistas que, penso eu, como Jean-Baptiste, estão lidando com a busca do sentimento de ser uma "pessoa", do sentimento de existir nessa vida. Observamos nessas obras dor, desespero, vazio existencial, depressão essencial, angústia, falta de forma, de sentido... Esses artistas estão expressando algo que visa nos tocar, provocar emoções no espectador.

Parodiando Descartes, se os artistas conseguem nos tocar, vivem algo como "sou visto, logo existo". Estão fazendo uso da sensorialidade como o personagem do filme, que faz uso da sensorialidade olfativa. Jean-Baptiste Grenouille foi parido no meio do lixo, ao lado de um cemitério, o Cemitério dos Inocentes, das crianças. Nasceu como lixo, para ser descartado ali mesmo. Nasceu para morrer, como seus abortados irmãos anteriores.

Mas algo diferente aconteceu: suas narinas começaram a funcionar... Os cheiros invadiram seu corpo (ou, quem sabe, seu corpo buscou os odores ali presentes), e essa impregnação sensorial salvou sua vida. O odor intenso daquele lugar foi um estímulo tão marcante que não poderia passar despercebido, pelo menos não por ele, que era dotado de um forte "instinto de vida" (Freud) que o fez sobrevivente desde o início. Essa impregnação olfativa o marcaria por toda a sua existência. Voltaremos a essa questão mais adiante.

O sentimento de ser uma "pessoa"

Winnicott (1990), um reconhecido psicanalista inglês, chama um ser humano de "pessoa" apenas a partir do momento que o desenvolvimento da criança permite um senso de individualidade mínimo que possibilite "examinar o que os demais vêem, sentem ou ouvem e o que pensam" quando deparam com ela. Diz ele: "há um ego desde o início? A resposta é que o início está no momento em que o ego inicia" (pp. 55-56). Antes disso não haveria nada, pelo menos nada de útil.

Será? Acredito que algumas pessoas, como o nosso protagonista, nunca chegaram a ser "pessoas" como na concepção de Winnicott. Nunca alcançaram, pelo menos em grau suficiente, um sentimento de existir dentro da própria pele, de "ser eu mesmo", ser uma pessoa única e exclusiva nesse mundo, com suas virtudes e defeitos característicos. Jean-Baptiste tenta ser alguém, mas ninguém o percebe, ele é quase "invisível" ao ser inodoro. Todos nós temos um odor pessoal, característico e único. É como nossa impressão digital: nos identifica. Só não o percebemos o tempo todo por nossos hábitos de higiene, com banhos frequentes e uso de sabonetes e perfumes, e também pela impregnação do nosso nervo olfativo, que por estar tão acostumado com o próprio cheiro nem o denuncia à nossa consciência.

Grenouille era diferente, não tinha odor próprio. Penso ser isso uma metáfora usada pelo escritor desse romance, Patrick Süskind, para descrever a não existência de Jean-Baptiste. Ele vivia encapsulado em si mesmo, mal se interessava pelas pessoas, não se relacionava com o mundo. Não havia trocas: nem de um sorriso, um grito, um piscar de olhos, nem mesmo seu cheiro era compartilhado entre as pessoas.

Mas fazia isso de propósito? Penso que não. Como poderíamos cobrar de alguém que nunca foi amado, amar? Como quem nunca foi reconhecido como um ser humano único, valioso, poderia ter reconhecimento do "outro"? Como poderia ter consideração pelo "outro" que não é ele mesmo? É por isso que, apesar de ele ser um *serial killer*, nós não o odiamos e até podemos torcer para ele se dar bem.

Seu objetivo nunca foi o de matar aquelas mulheres, isso era apenas, digamos, um "efeito colateral" da necessidade dele de extrair o seu odor, a sua essência. Não penso que ele era um perverso que obtinha alguma forma de prazer dos assassinatos, ele era muito mais alguém lutando para sobreviver, para ter o reconhecimento de sua existência. Para isso, acreditava que precisava conseguir criar o "perfume eterno", aquele que possibilitasse seu "senso de existência", de continuidade na vida. O perfume que permaneceria ao longo do tempo, que não se esvairia, seria a sua fórmula mágica, alucinada, que garantiria a ele ter um cheiro, e um cheiro especial, que fizesse com que todos que o inalassem passassem a amá-lo... Ele, que nunca fora amado.

Existir ou não existir? Eis a questão!

Todos nós, humanos, não escapamos da necessidade de encontrar um sentido de existência, do contrário, estaríamos no polo do senso de inexistência, algo muito desesperador. Ser essencialmente quem somos, encontrar um sentimento de existência e permanência nessa vida e nesse mundo é tarefa cotidiana.

O que há de mais fundamental em nós é conquistarmos a noção de vir a ser quem somos, ser o que nos define como pessoa e que compõe os alicerces mais profundos da nossa existência. A capacidade de confiança em si mesmo, ligada à autoestima (amor-próprio), está relacionada a isso. Há em nós o que se pode chamar de um "ser interior" (Trinca, 2007) que nos faz sentir nossa existência. No que concerne a cada um de nós, esse sentimento dá realidade e verdade à experiência de ser um, uno, único, nesse mundo; essa é a experiência de "ser eu mesmo", algo indispensável para alguém se tornar uma pessoa inteira e dona do próprio nariz.

O que comumente chamamos de individualidade, originalidade própria ou atributos que definem e distinguem determinado indivíduo está ligado a imanências do "ser interior". Para que a individualidade e a personalidade sejam funções plenas do indivíduo, é preciso que nelas estejam presentes conexões e expressões oriundas do ser que fundamentalmente somos. Quando a conexão "conosco mesmos" se dá, o núcleo de existência mostra-se por emoções vitais: a pessoa se sente com vida interior, ligações significativas, alegria de viver, felicidade de estar viva etc. Nada disso observamos no nosso protagonista, Jean-Baptiste. Ele é frio, algo triste, não se interessa pelas pessoas ou pelas coisas da vida, sejam elas materiais ou emocionais.

Poderia abusar sexualmente daquelas mulheres ou fazer uso de incalculáveis riquezas que lhe foram oferecidas, mas nada disso passava pela sua cabeça. Podemos dizer que ele estava funcionando mentalmente aquém do princípio do prazer (Corrêa, 2006) descrito por Freud, ainda não alcançara um mínimo de senso de existência para experimentar prazer, quanto mais experimentar o princípio da realidade.

A vida é um bem supremo e participar ativamente dela neste planetinha azul é uma alegria única. Quem pode experimentar a vida assim é capaz de se relacionar com o que é vivo e vital, separando-se das forças contrárias à vida (o instinto de morte). Pode-se observar isso claramente em crianças saudáveis, que desde muito cedo demonstram essa alegria de viver nas mais simples atividades de seu cotidiano. Essa alegria de viver, de estar vivo nesse mundo, de se sentir existindo ao longo do tempo e com uma identidade própria, pessoal, é um movimento de vida que se expressa como emoção de tipo não sensorial. Quando alcançamos isso não precisamos de nenhuma prova ou evidência concreta (sensorial) de quem a gente é, das nossas capacidades, da nossa potência.

Desde seus primórdios, o "ser interior" é não sensorial em sua constituição, qualquer que seja o nível em que o situemos. Um vazio de sensorialidade permite sua existência, isto é, é necessária uma presença não sensorial para a existência deste, apesar de os cuidados sensoriais básicos, ou o que Winnicott chamou de *holding*, somados aos cuidados emocionais que Bion chamou de *rêverie*, serem requisitos essenciais para o firme estabelecimento do "ser interior". A sensorialidade defensiva se faz necessária na ausência do "senso de existência".

O nosso protagonista, Grenouille, buscou no olfato evidências de estar vivo, existindo: "cheiro, logo existo". Enquanto suas narinas eram impregnadas pelos milhares de odores do mundo, ele sentia-se vivo; os estímulos sensoriais reasseguravam sua existência. É como os pacientes psicóticos que fazem feridas na própria pele, beliscando-se até sangrarem, e isso não lhes constitui dor ou sofrimento, mas alívio: "sinto (dor), logo existo".

No entanto, a constante luta para sentir-se vivo cansa. Naquela linda cena no meio de uma travessia, na estrada vida, Grenouille encontrou a "caverna-útero" com cheiro de pedra fria, na qual havia uma quase completa ausência de odores. Ele achou isso esplêndido, e entrou em um estado de paz que talvez seja algo parecido com o estado descrito como "nirvana". Isso foi interrompido por um sonho de angústia, no qual ele se deu conta de que não tinha cheiro. Sonhou com a linda moça de Paris e viu que ela não o percebia porque ele não tinha odor próprio, ele era "invisível". Tirou, então, suas roupas e banhou-se na chuva na busca desesperada de encontrar seu cheiro próprio, sua "alma". Percebeu que durante toda a sua vida havia sido insignificante para todos e passou a sentir o medo do próprio esquecimento: era como se ele não existisse, e nunca tivesse existido.

Penso que, de certa forma, ele já "sabia", mesmo sem ter consciência disso, que não tinha cheiro, que não existia mentalmente (Tustin, 1992), por isso colocou-se novamente na desesperada pesquisa para descobrir a técnica de extrair a "essência permanente", a "alma" de uma pessoa. Era como se, ao conseguir extrair essa essência, ele pudesse conquistar o que mais precisava, seu sentimento de ser uma "pessoa" nesse mundo.

Cheirar para existir e matar para não estar morto

Usei o provocativo subtítulo "A história de um assassino que poderia ser qualquer um de nós" pois penso que todos nós temos a sorte de ter nascido de uma mãe que nos "deu à luz" mais do que nos "abortou", e quem sabe também de ter havido um pai por perto, colaborando com ambos, mãe e bebê.[2] Não fosse assim, para sobreviver, estaríamos sujeitos a lançar mão de seja lá o que estiver disponível para sustentar nossa existência.

Thomas Ogden (1996), um dos mais criativos autores da psicanálise contemporânea, propôs um modelo para a compreensão da mais primitiva organização psicológica no ser humano, e a denominou "posição autística-contígua".[3] Ela é autística pois nesses primórdios

2 Não excluo aqui, de forma alguma, os fatores constitucionais.

3 Esta posição seria mais primitiva do que as posições esquizoparanoide e depressiva descritas por Melanie Klein, no entanto, estaria em relação dialética e contínua com ambas as posições posteriores a ela. O modo autístico-contíguo é um modo pré-simbólico de gerar e organizar a experiência, de uma forma

não é possível ao recém-nascido reconhecer a existência de um outro ser separado dele. Um bebê é vitalmente dependente de alguém que cuide dele, alimente-o, limpe seus dejetos, lhe dê afeto etc., e a percepção precoce de que esse alguém pode não estar lá quando necessário lhe é altamente perturbadora; então, ele magicamente nega a percepção da alteridade e vive um período autístico, ou fusional, no qual mãe e bebê são um (1 + 1 = 1). Essa posição é também contígua pois o bebê necessita sentir que as superfícies que ele experimenta se tocam entre si, são contínuas, não têm rupturas ou separações, que "lembrariam" ao bebê seu estado de separação de sua mãe, colocando-o em estado de intenso desamparo.[4]

Um exemplo disso seria quando um bebê acorda no meio da madrugada berrando de medo, talvez porque sonhou que estava rasgando mortalmente o útero da sua mãe ao nascer, e ela o pega no colo e o embala na cadeira de balanço, cantando uma doce cantiga de ninar. Essa mãe está usando os componentes sensoriais auditivos (cantiga de ninar), táteis (seu colo), enteroceptivos (o embalo) e, quem sabe, também olfativos (seu cheiro) para restabelecer o senso de continuidade que aquele pesadelo do bebê rompeu.

Mas essas questões não ocorrem apenas com bebês: nós, adultos, também temos momentos nos quais deparamos com angústias da "posição autística-contígua" e fazemos uso da sensorialidade para nos acalmarmos. Essas defesas envolvem a criação de estímulos

---

preponderantemente sensorial, preparatória para a criação de símbolos; contribui para a conexão da experiência sensorial "amarrando" os vários dados captados pelos órgãos dos sentidos, gerando uma superfície, um pano de fundo, uma rede, ou um "assoalho sensorial" (*sensory floor*, Grotstein, 1985), para a delimitação de todos os estados subjetivos subsequentes.

4 A ruptura da conexão sensorial e da vinculação na "posição autística-contígua" gera ansiedades que envolvem a experiência de uma iminente desintegração da superfície sensorial, ou do ritmo de segurança, resultando na sensação de escoamento, dissolução, desaparecimento ou de um cair sem fim num espaço informe e infinito (Ogden, 1996, p. 14).

sensoriais que produzem ritmo, harmonia e sensação de continuidade: embalar-se na cama para dormir, acariciar os cabelos ou fumar um cigarro em momentos de tensão são exemplos cotidianos. O "perfume eterno" que Grenouille queria criar, que nunca se esvairia, também.

Essas formulações de Ogden, penso eu, estão plenamente em acordo com a de Freud (1996) quando disse que o ego, o eu, é nos seus primórdios um ego corporal, sensorial. As sensações, as experiências sensoriais dão um "chão" a partir do qual o ego psíquico pode se originar.[5] Como disse Winnicott, é a partir daí que, se tudo correr bem, pode surgir uma "pessoa", um indivíduo, um ser inteiro.

Jean-Baptiste não alcançou esse estágio, ficou preso no mundo das sensações, no mundo olfativo, não alcançou a oscilação posição esquizoparanoide-posição depressiva, posteriores à posição autístico-contígua. Ficou buscando, por meio da criação do seu perfume, encontrar quem pudesse se relacionar com ele, amando-o, para assim ele se sentir uma "pessoa" existente nesse mundo. Ele vivia desconectado do mundo à sua volta, passava pelas pessoas e tirava delas aquilo de que precisava, sem relacionar-se, sem trocas.

Des-conexão do que é vivo é um meio de sobrevivência. As crianças autistas, e penso que Grenouille era uma, são assim, elas se desconectam do mundo à sua volta e passam a viver num mundo particular seu, criação sua. Usam muito do sensorial tátil e enteroceptivo para manter a sensação de continuidade, de estarem vivas. Se elas param, por exemplo, de se embalar no movimento contínuo e rítmico de levar seus corpos para frente e para trás, entram em

---

5 Ogden (1996) associa a organização autístico-contígua a um modo específico de atribuir sentido à experiência, na qual os dados sensoriais brutos são ordenados para formar conexões pré-simbólicas entre as impressões sensoriais que constituirão superfícies delimitadas (p. 3). É a partir dessa superfície sensorial que a experiência do *self* poderá ter sua origem.

desespero, como se uma ruptura abrupta da vida estivesse prestes a acontecer. "Pensam" algo assim: "me movimento, logo existo; se não me movimentar, morto estou!".

A psicanálise como veículo para o vir a ser quem a gente é

Grenouille termina sua existência onde começou, no Cemitério dos Inocentes, em Paris. Tentou encontrar quem o amasse para haver trocas nas quais poderia sentir-se uma "pessoa" existente nesse mundo, criou o mais maravilhoso perfume do mundo, fazendo com que todos à sua volta o amassem profundamente, como se ele fosse um anjo, ou o próprio messias na Terra; no entanto, ele mesmo não conseguiu amar ninguém, era tarde demais.

O ser humano é um animal gregário, precisamos de um outro ser (inicialmente, a mãe) que, por meio de trocas afetivas íntimas, nos "mostre" que somos um indivíduo e que podemos evoluir ao longo do tempo. Jean-Baptiste não mais fazia trocas; mesmo encontrando uma multidão de pessoas prontas para dar-lhe tudo o que pudesse imaginar, nada mais importava. Süskind, seu autor, escreveu: "E ainda que chegasse a aparecer diante do mundo, através do perfume, como um Deus – se ele não podia cheirar a si mesmo e, por isso, jamais saberia quem ele era, – nada disso importava, não importava o mundo, ele próprio, o seu perfume" (p. 260).

Verifica-se em psicanálise que algumas pessoas conseguem alcançar a experiência de seu "ser interior" como sendo a fonte primária e imaterial de vitalidade. Elas experimentam sentimentos de liberdade, vida, fluidez, suavidade, leveza e amplidão. Surge gratidão por estarmos vivos e participando ativamente deste mundo. Surge também gratidão pelos nossos pais, que, apesar das falhas e dificuldades, criativamente nos geraram.

Em tais experiências, após trabalhar os aspectos invejosos e destrutivos da personalidade, predomina o aspecto amoroso, o Eros, que permite a união não conflitiva da pessoa consigo própria e com o mundo. Esse trabalho é árduo e longo. Demanda, por meio da parceria com o analista, regredirmos não a "vidas passadas", mas aos momentos trágicos dessa vida mesmo, experienciando-os, elaborando-os e libertando-os, para assim podermos seguir adiante com tudo o que somos e que podemos vir a ser. Sermos nós mesmos é o melhor que temos para oferecer a nós e ao mundo.

Encerrando

Para encerrar, gostaria de compartilhar com vocês um veículo de publicidade da Anistia Internacional (link do vídeo: https://youtu.be/ptG7MpiQuCo). É um desenho que mostra situações de dor e desesperança em homens, mulheres e crianças, sendo que a saída desses estados de dor se dá mediante uma assinatura, que ora se transforma numa porta, ora numa força necessária para enfrentar o inimigo, ora num escudo contra tiros etc.

E o que isso tem a ver com o nosso tema? Assinatura é o nome pessoal, é a marca de uma identidade, cada um tem a sua. É como o cheiro. A ideia que quero transmitir é a de que sem um "senso de identidade" bem estabelecido, sem uma boa assinatura pessoal, ficamos sujeitos a sermos prisioneiros de partes nossas neuróticas, psicóticas, ou mesmo não nascidas, que em muito podem limitar nossa vida.

Referências

Corrêa, M. L. P. (2006). *Psicanálise e os tropismos: Matrizes da vida mental*. Publicado na SBPSP.

Freud, S. (1996). O ego e o id. In S. Freud, *Edição Standard Brasileira das Obras Psicológicas Completas de Sigmund Freud* (Vol. XIX). Imago.

Grotstein, J. (1985). Schizophrenia as a disorder of self-regulation and interactional regulation. In *The Yale Journal of Biology and Medicine* (58).

Marques, T. H. T. (2006). Observando o trânsito da existência. *Revista Brasileira de Psicanálise*, *40*(3), 124-134.

Ogden, T. (1996). Sobre o conceito de uma posição autística-contígua. *Revista Brasileira de Psicanálise*, *30*(2), 341-364.

Süskind, P. (1985). *O Perfume*. Record.

Trinca, W. (2007). O ser interior. In W. Trinca, *O ser interior na psicanálise: Fundamentos, modelos e processos*. Vetor.

Tustin, F. (1992). *Autistic states in children*. Karnac.

Winnicott, D. W. (1990). A integração do ego no desenvolvimento da criança. In D. W. Winnicott, *O ambiente e os processos de maturação*. Artes Médicas.

32. Não se mova[1]

Ana Rita Nuti Pontes

Disse Aristóteles que paixão é tudo o que faz variarem os juízos e ao que se seguem sofrimento e prazer. Este movimento da alma, que faz parte da natureza humana, está inscrito em nosso aparelho psíquico e não podemos deixar de senti-lo: é inerente à vida. Um homem não escolhe as paixões; não é responsável por elas, mas somente pelo modo como as vive.

O coração é o órgão do desejo. Para Freud, é o desejo que nos distingue dos animais. Saímos da cadeia da preservação da espécie porque desejamos, temos opções, nos angustiamos por pensar e perceber que precisamos do outro para saber quem somos e o que queremos. Precisamos da paixão para nos sentirmos vivos.

As grandes paixões foram vistas desde a Antiguidade como estados privados de razão, próximos da loucura, desorganizadores, mas temidos e desejados. Para Nietzsche, se um homem arrebatado por uma paixão violenta por uma mulher olhar para trás, sente-se cego. O passado lhe é surdo e vazio de sentido, mas o que passa a

1 *Non ti muovere* (2004), direção: Sergio Castellitto.

notar jamais lhe pareceu tão verdadeiro, tão próximo, tão colorido, tão luminoso, como se pudesse abarcá-lo com todos os seus sentidos de uma só vez.

A história de Timoteo e Italia a princípio parece até meio sem pé nem cabeça. Talvez seja como começam as grandes paixões. Quando se conhecem parecem marcianos aos olhos do outro, tal a diferença dos mundos em que vivem. Mas se reconhecem um na alma do outro. Um médico bem situado profissionalmente, casado com uma bela mulher, é capturado pelas teias do destino; no dia que seu carro quebra, é arremessado para um outro universo.

Timoteo por meio da paixão busca a vida. Italia por meio da paixão busca existir dignamente. Esse é o tema deste filme. O outro que desperta em nós a paixão, o desejo, nos faz sentir que estamos vivos, que existimos. E essa é a epifania, a revelação existencial do encontro de Timoteo com alguns aspectos da vida dentro de si, por meio do encontro com Italia. Saber que existimos na mente do outro como objeto de amor e de desejo nos enche de vida. Queremos a reciprocidade amorosa.

O filme começa nos mostrando uma cena do alto. Como se fôssemos as gotas de chuva que caem do céu, somos convidados, como ouvintes, a participar da confissão que Timoteo faz à sua filha adolescente, que está sendo operada. Enquanto os médicos tentam aspirar um coágulo do crânio aberto de Angela, Timoteo, também acidentado, vive a experiência de aspirar um coágulo emocional da sua mente, que aos poucos se abre para nós por meio de suas memórias do passado, lembranças do intenso amor vivido com uma mulher, que o acompanharão enquanto vive a agonia de não saber se a filha sobreviverá. O amor do pai pela filha, a dor do desespero pela possibilidade da perda de um ente amado são emoções avassaladoras, que o fazem sentir-se "despelado", frágil e humano.

Uma mulher aparece arrastando uma cadeira e senta-se de costas no meio de uma encruzilhada. Essa mulher, como um anjo da guarda, aparece no momento justo, para fazer companhia a Timoteo. Era a sua amada Italia, que estava viva no seu coração e na sua mente, e é essa vida que ele encontra dentro dele, que vai confortá-lo e fazê-lo saber o quanto é forte para suportar a dor inominável e imensurável diante de uma perda quase iminente. Ele já tinha sobrevivido ao silêncio dos pássaros, à morte das árvores, à paralisia do fluxo da água dos rios quando perdeu a mulher que amava e que esperava um filho seu. Porém, Timoteo havia sobrevivido a tanta dor porque com essa mulher pôde descobrir o que era amar até as últimas consequências, e esta condição de amar também o salvou da própria tragédia. Quem ama sempre faz companhia.

A casa onde Italia morava, um casebre prestes a desmoronar, está apertada entre as construções modernas ao redor; os prédios são desoladores, parecem esqueletos, e no meio dos esqueletos de concreto a pobre casa de Italia parece ter vida. A desolação do ambiente em que vivia Italia parece simbolizar o mundo interno daquele casal. Ele vivendo em meio ao conforto de uma vida rica, de sucesso e de conveniências, porém emocionalmente à míngua de relações significativas em que se sentisse vivo, uma vez que as suas relações não permitiam espaço para a dor nem para o sentimento. Italia, por sua vez, está cheia de feridas emocionais e extremamente solitária, à procura de um olhar que a confortasse em meio a tantas perdas, abusos e enganos. Apesar de pobre e solitária, Italia era uma pessoa generosa e verdadeira, encarava o sofrimento como algo que faz parte da vida.

Se pensarmos em termos de função mental, Italia seria uma espécie de *Mater Dolorosa*, como a mãe retratada na *Pietà* de Michelangelo, que acolhe o sofrimento de Timoteo, se reconhece nele, e nele se funde num sentimento de desamparo profundo. Dessa forma, eles se constituem como essenciais um para o outro. Foi provavelmente o sentimento de desamparo e desvitalização que fez com que Timoteo, um homem comum, extremamente cumpridor das suas obrigações, cirurgião competente, afeito às rotinas precisas e ao controle emocional que lhe impunha o ofício cirúrgico, se deixasse levar por algo que dentro dele pulsava e pedia para sair em forma de um novo e desconhecido comportamento que o fizesse se sentir vivo, pois na sua vida faltava amor, faltava paixão.

A bela mulher com quem se casara, o sucesso profissional, a bela casa na praia, os amigos bonitos, cultos e ricos não faziam Timoteo vibrar. Viviam bem, viviam uma normalidade em que tudo já estava mais ou menos previsto dentro deste círculo. Mas viviam muito longe um do outro, emocionalmente. Naquela relação, a princípio não havia lugar para um filho. Um filho, para a sua mulher, significaria a perda da liberdade, a destruição do corpo e da beleza. Se não podiam frutificar, simbolicamente não podiam viver a plenitude do ato sexual, em que a diferença de um completa a necessidade do outro. E assim se gera a vida, de várias e diferentes maneiras. O casal parecia viver uma assepsia emocional, não parecia que estavam casados de coração, era cada um por sua conta. Era tudo pela conveniência porque dá menos trabalho, evita a dor e o caos que acontece durante o percurso da busca pelo verdadeiro sentido da existência.

Quando era pequeno, o pai de Timoteo foi embora de casa porque não suportava mais aquela vida miserável. Parece que encontrar Italia naquele ambiente pobre o fez entrar em contato com antigas lembranças, como se estivesse voltando para algum lugar que já tinha feito parte da sua vida. A pobreza e as condições adversas não eram desconhecidas para ele. E nem o prato de espaguete que generosamente Italia oferece quando percebe que ele está com fome. Ele conhecia e buscava um contato vivo que o tirasse da paralisia emocional em que se encontrava, precisava mover-se. Italia parece ter sido um choque elétrico no coração de Timoteo, que já não batia mais por amor.

Quem somos nós? Pessoas vivas ou cumpridoras de papéis? Quando Timoteo encontra Italia, se sente atraído por ela e a estupra; na primeira vez que a vê, parece viver algo muito confuso, incômodo e turbulento que tem a ver com ele mesmo: se sente um boneco desvitalizado, assim como ela parece reagir nos primeiros encontros. O ódio que o faz violentar Italia é o ódio que sentia por aspectos dele mesmo. Ser competente profissionalmente não bastou para ele se sentir vivo. Vê-se naquela pobre mulher e isso tem uma repercussão insuportável para ele naquele momento. Mas Italia não se sente violentada por ele, ela sente pena, porque percebe que aquele homem está desesperado. Ele está faminto de sentir-se vivo, de alguém com quem possa relacionar-se e que dê sentido a ele mesmo.

Viver uma relação afetiva verdadeira é algo extremamente incômodo e assustador. E é justamente isso que o faz voltar uma vez e mais outra, na busca de algo precioso, de algo que era seu. Timoteo não sabia quão ávido estava por viver e por isso cedia à tentação do desejo de voltar para a casa de Italia. Perplexo, sentia-se fazendo coisas sem sentido, ficava com aquela "prostituta" na cabeça, sentia que aquele lugar miserável era o seu lugar verdadeiro.

Este era o movimento temido por ele, este era o início do terremoto emocional que o modificaria para sempre, mas era também o movimento de vida dentro dele. O que ele não entendia é que buscava Italia para dar sentido para o que ele era e para o que queria. Seu interesse por Italia ia além; ela ser ou não uma prostituta não importava, o que importava é que ele sentia que o seu corpo vibrava pedindo sexo e o coração batia desesperado pedindo a presença daquela que trazia luz, alegria e sonho. Mas, apesar disso tudo, Timoteo não pôde deixar as conveniências de lado e assumir completamente seu relacionamento com Italia, grávida de um filho seu, quando a sua mulher também engravida. Parece que a mulher dele, percebendo que ele estava indo embora de vez do casamento, resolveu engravidar para manter tudo como era.

Não se mova. Timoteo tentou não se mover, se esforçou, tentou abafar a paixão, deixou de procurar Italia, mas não conseguiu jamais esquecê-la. A paixão é viva, é atordoante e irresistivelmente viva!! Bastou um encontro casual com Italia para que todos os compromissos e obrigações ficassem para trás e ele corresse no encalço daquilo que para ele era o que dava sentido para a sua vida. Não se mova. Neste momento fica muito evidente que Timoteo se apavora porque sabe que não conseguirá com as pontas dos dedos segurar a força da água que vaza pelos buracos de um dique, onde por tanto tempo ficou represada a emoção intensa que faz o coração bater desenfreadamente, sinalizando, ainda que em meio ao terror, à dúvida e à violência, que ali existe vida.

Uma passagem budista nos conta que o homem está pronto para viver a sua verdade e ser inteiro quando precisar dessa verdade como alguém que precisa desesperadamente do ar para respirar. Quando Timoteo finalmente admite para ele mesmo que pela primeira vez em sua vida é livre para viver os seus sonhos, Italia morre. Esta é a mudança inexorável que faz parte do trágico. Ele também de certa forma viverá a sua morte, para estar livre para essa relação que o modificará para sempre. Ele é um outro homem. Experimentou a coragem de ser ele mesmo, de ser por inteiro, de ser verdadeiro, e descobriu que quem pode viver assim nunca estará completamente só, porque tem a si mesmo. E é neste amor profundo e verdadeiro que ele se apoiará para não sucumbir à própria tragédia.

Quem amou, quem tem a capacidade de amar, de se deixar transformar pelo amor que sente pelo outro, nunca estará à míngua. A experiência desse amor é vivificante, dá suporte para os momentos de dor e desamparo. O amor acompanha e faz companhia. Esta capacidade de amar e cuidar das boas experiências vividas mantém a esperança e a fé.

Por isso, quando Timoteo, depois da notícia de que sua filha estava viva e bem, olha pela janela e não vê mais Italia, parece entender que a sua missão finalizara ali e que o seu amor tinha velado por ele e por sua filha durante aquelas horas agonizantes. Timoteo então busca o pé de sapato vermelho de Italia que por quinze anos havia guardado, o leva para fora e o deposita ali, onde Italia estivera sentada durante aquelas últimas horas. Ele olha para o céu, sorri e vai embora aliviado. Tem o coração leve e preenchido pelo amor que conservou dentro dele e que pôde ajudá-lo a viver e passar por aqueles terríveis momentos. Como só um amor verdadeiro pode agir.

33. Causos: Babel na mira da lei e o guarda-chuva

Denise Lopes Rosado Antônio

As telas de cinema nos transportam para os mais variados tipos de aventuras. Amamos, odiamos, nos assustamos com monstros, nos tornamos ansiosos diante de perseguições, viajamos por paisagens sonhadas pelo espaço sideral, visitamos a nossa casa de infância, somos tomados por infinidades de memórias e pensamentos. Tudo isso nos instiga a buscar a sétima arte.

No entanto, não contamos com aventuras, além daquelas já conhecidas, ao nos prepararmos para a apresentação mensal do Cinema e Psicanálise. Todo mês escolhemos um filme, convidamos um psicanalista para realizar comentários sobre ele e selecionamos imagens para produzir o cartaz de divulgação. Levávamos cartazes para serem colados em painéis de universidades, bares, restaurantes, os enviávamos aos consultórios de psicólogos e médicos amantes dessa atividade, e anunciávamos em jornais de pequena circulação. Tudo isso pelo simples prazer de assistirmos a um filme e ouvirmos os comentários de alguém que se dedicou a pensar sobre os temas ali abordados. Esperávamos ansiosamente o *gran finale*, que era o debate com o grande público. Ah, esse momento é mágico! Quantas percepções diferentes, quanta criatividade nas observações de pessoas que não são profissionais da área psicanalítica.

Como cada noite de Cinema e Psicanálise era vivido como um dia de "casamento", as preparações iniciavam cedo. Buscávamos dois DVDs do mesmo filme nas locadoras para não correr o risco de termos problemas de interrupção no momento da exibição. Combinávamos quem ficaria na bilheteria, cujo valor simbólico do ingresso servia como contribuição para a continuidade da atividade, já que não cobria os gastos com aluguel da sala de cinema e pagamento de funcionários da nossa instituição para realizar a segurança do local, do projetista do filme etc. Tínhamos a preocupação de proporcionar hospitalidade aos frequentadores do cinema, assim sempre tínhamos um membro da comissão para receber e dar boas-vindas aos espectadores. Escolhíamos quem coordenaria a mesa de debate e quem passaria o microfone pelo público na hora do debate.

Foi numa dessas tardes de sexta-feira, em que havíamos preparado a exibição do filme *Babel* – um filme dirigido por Alejandro González Iñárritu, com Brad Pitt, Cate Blanchett, Gael García Bernal e tantos outros atores, que trata, entre tantas coisas, da dificuldade de comunicação entre as pessoas devida às suas limitações em administrar suas diferenças por meio de diálogos –, que recebi uma ligação de um conhecido dizendo que estávamos na "mira da lei", que a Polícia Federal poderia nos visitar naquela noite e que, possivelmente, eles nos multariam por estarmos exibindo um filme para o público, como se a exibição do filme fosse a nossa verdadeira atividade, e não a atividade da palestra e do debate com o olhar psicanalítico sobre o filme: uma verdadeira "Babel" .

Eu já me encontrava na bilheteria quando três pessoas "estranhas" ao nosso cinema se aproximaram da cabine. *Feeling* é isso: expliquei que estávamos ali para apresentar uma palestra sobre o filme *Babel* e se eles gostariam de assistir. Enquanto isso, sinalizei para os funcionários do Colégio Auxiliadora e para o funcionário de projeção que guardassem o projetor e quaisquer provas de que o filme seria exibido ali no local. Uma aventura!

Subi as escadas, lentamente, com os policiais, pois já haviam mostrado o distintivo, como nos filmes. Meu coração estava a mil, ficava imaginando que se algo desse errado eu sairia dali algemada diretamente para a Delegacia de Investigações Gerais. Os funcionários foram de extrema competência, conseguiram tirar dali o projetor, a tela e o filme em segundos. Inacreditável!

Alívio e surpresa! Foi uma noite belíssima, cinquenta espectadores ficaram para ouvir os comentários do filme e debatê-lo.

Nos dias seguintes, enquanto pensávamos no que havíamos vivido, fomos em busca de soluções. Foi então que descobrimos que existia uma empresa que mantinha convênio com inúmeras distribuidoras de filmes e realizava um tipo de proteção para a exibição de filmes em ambientes públicos. Essa proteção com custos possíveis se chama The Umbrella Licence da MPLC.

Ficamos protegidos, porém limitados a escolher filmes somente dessas distribuidoras. Era com muita dor que víamos filmes que, apesar de interessantíssimos de serem debatidos, não constavam nas nossas possibilidades, mas como foi salutar não nos sentirmos mais sujeitos a ficar na "mira da lei"!

34. Babel[1]

Lia Fátima Christovão Falsarella

Opto por um vértice que é a questão da linguagem, deixando de lado muitas outras possibilidades que esse filme inspira. Minha narrativa será em torno de um paradoxo: por um lado, a sofisticação das técnicas de comunicação, as informações imediatas, a globalização, as distâncias reduzidas a quase nada, tudo aqui e agora; em contraste, a mais exasperante impotência para a compreensão e a ajuda efetivas entre as pessoas. Só em momentos cruciais, encurraladas pelas circunstâncias e despidas desses aparatos todos, as pessoas recuperam alguma possibilidade de encontro, na simplicidade, no primário de um olhar ou de um abraço. Uma cena exemplar disso é a garota japonesa nua aconchegando-se no abraço do pai, escapando às ideias suicidas.

Poderíamos dizer, como Baudrillard (2003), que a nossa questão é como sermos humanos "perante a ascensão incontrolável da tecnologia". Uma brevíssima definição de linguagem, para nos servir de apoio: uso de "sinais intersubjetivos que tornam possível a

---

1 *Babel* (2006), direção: Alejandro González Iñárritu.

comunicação" (Abbagnano, 1970); se estende, portanto, para além da língua ou da palavra.

Partirei de um paralelo entre duas situações dadas. Disse Freud (1973a), em mais de uma oportunidade, que o homem deve sua civilização, sua cultura, seu desenvolvimento como ser ético ao fato de sua prolongada infância. O homem nasce numa condição de extremo desamparo em relação aos outros animais e necessita de cuidados por um longo período. Nessa prolongada infância, anos a fio de conflitos e turbulências interiores, da necessidade de um outro provendo assistências material e afetiva, é que se desenvolve o organismo psíquico e duas de suas mais sofisticadas expressões: o pensamento e a linguagem. Aqui, podemos tomar pensamento num sentido amplo, como o conteúdo, o sentido, o recheio que a linguagem veicula (♀♂).

Esse pensamento, dizemos, desenvolve-se na ausência (Freud, 1973b), nos intervalos, por assim dizer, como a música. Numa ordem crescente do sensorial para o psíquico: quando a mãe não está, fica-se com o cheiro, a imagem, o significado dela. Mas é preciso tempo, a presença de um outro (Bion, 1980) e intervalos ao longo desse tempo. Essa é a primeira situação.

Na segunda situação (que é a nossa, contemporânea, do nosso dia a dia, apenas posta em relevo no filme), há um ritmo acelerado, em que as dimensões de tempo e espaço sofrem uma compressão; é o tempo do aqui e agora, da velocidade, do imediatismo. "Tempo é dinheiro", se diz. O ritmo é o da aceleração, o tempo é o tempo real. Essa certeza, esses ares de onipotência com que avançamos sobre o tempo e a realidade estão, no filme, muito bem exemplificados pelo personagem do Brad Pitt, quando, desesperado, dá ordens, vãs, mas imperiosas: "Traga uma ambulância!"; "Ligue para a embaixada!"; "Quero um hospital!". Esse homem onipotente ↔ desamparado!

Outra imagem muito expressiva desse ser onipotente ↔ desamparado é a dos meninos brincando com uma arma poderosíssima (belo símbolo fálico), numa gigantesca paisagem desértica onde um veículo se move ao fundo, como numa tela de videogame; e qual o assombro quando o brinquedo está vivo e reage! São punidos pelo pai, por crime e incesto. É uma cena ontológica essa: é a entrada do homem na cultura, a renúncia edípica, a instauração do princípio de realidade. Mas a arma é real, os elementos todos são reais, a tragédia é real, não são coisas do fantástico e onipotente mundo infantil.

Então, não poderiam esses meninos representar não os meninos, mas os homens onipotentes, com suas poderosas tecnologias e, ao mesmo tempo, tão desamparados diante das consequências nunca previstas? Baudrillard (2005) chama a atenção para a "estranha coincidência entre esse estado infantil anterior ao princípio de realidade e o universo da realidade virtual, nosso universo midiático adulto, posterior ao princípio de realidade, onde o real e o virtual se confundem".

Já avancei no assunto, mas o que quero extrair do paralelo dessas duas situações – infância prolongada, por um lado, e a situação que vivemos de compressão do tempo, do outro – é uma questão que se impõe naturalmente: que ocorre com a linguagem nessas circunstâncias? Como diz Eagleton (1998), aproximando-se das palavras de Freud: "Nascemos prematuramente, incapazes de tomarmos conta de nós mesmos, nossa natureza contém um abismo cavernoso para dentro do qual a cultura deve mover-se de imediato, senão logo morreríamos. Esse mergulho na cultura significa ao mesmo tempo nosso esplendor e nossa catástrofe". Tornamo-nos uma criatura linguística e a "linguagem nos liberta da pressão dos nossos sentidos, e se torna uma maneira de todo leve de trazermos o mundo conosco". Mas aí nasce o paradoxo: "Devido ao dom da linguagem a criatura humana corre o risco de desenvolver-se muito rápido, livre de suas reações sensoriais, e portanto de exceder às próprias possibilidades e não chegar a lugar nenhum". "Rápido demais", e a palavra esvazia-se.

O pensamento nasce nos intervalos e não há intervalos, o tempo é o tempo real. É "a falência da palavra", como diz Osakabe (2005); assistimos a um continente voraz despojando seu conteúdo (Bion, 1980). A palavra vale mais que o fato ou, como diria Baudrillard: "Os signos operam no lugar dos objetos" (2003), "a informação ultrapassou a barreira da verdade" (2005). O filme exemplifica magnificamente isso, ilustrando uma situação que nós, psicanalistas, chamaríamos de "alucinose" (Bion, 1965). A mídia e as instituições públicas desenvolvem uma versão que se impõe à realidade. Não é mais uma questão de verdade, mas de credibilidade. Se a versão divulgada é mais crível que a real, aquela passa a ser real, e as pessoas de dentro do real não conseguem se fazer ouvir, porque não são credíveis.

Isso se passa em várias situações do filme, como a do casal e a da babá. A linguagem que prevalece é a do estereótipo, é a linguagem racional, normativa, das regras já dadas, é a linguagem para "a massa dos sujeitos" (Osakabe), não para o sujeito. O diálogo impressionante entre a babá e a autoridade policial é exemplar dessa situação: segue paralelo, sequer tangencia; ela fala a linguagem do sujeito, do sentido, do afeto; ele fala a linguagem das normas, das leis, da racionalidade obtusa do estado – ela está ilegal no país e tem de ser deportada, não importa se ela cuida daquelas crianças há anos.

Por fim, o diretor Alejandro González oferece-nos uma cena de uma sensibilidade ímpar, que me auxilia a encerrar minha narrativa: o casal, que havia saído para aquela viagem para conseguir realizar o luto do filho, enfim, naquela situação extrema de impotência e desamparo, consegue uma brecha para se reencontrar. Ela diz: "Fiz xixi, não pude evitar..."; ele a olha, está muito junto dela, então ela continua: "Vou ter que fazer de novo". E tudo se passa como se retomássemos de onde partimos, daquele desamparo infantil à mercê dos imperativos sensoriais e da imprescindível assistência afetiva de um outro, para reaprendermos uma linguagem esquecida.

Referências

Abbagnano, N. (1970). *Dicionário de Filosofia*. Mestre Jou.

Baudrillard, J. (2003). *A verdade oblíqua*. Entrevista a Luís Antônio Giron. Época.

Baudrillard, J. (2005). *Tela total: Mito-ironias do virtual e da imagem*. 4a ed. Sulina.

Bion, W. R. (1965). *Transformaciones: Del aprendizaje al crecimiento*. Centro Editor de America Latina.

Bion, W. R. (1980). *Aprendiendo de la experiencia*. Paidós.

Eagleton, T. (1998) *As ilusões do pós-modernismo*. Zahar.

Freud, S. (1973a). Proyeto de uma psicologia para neurologos. In S. Freud, *Obras Completas* (Tomo 1). 3a ed. Biblioteca Nueva.

Freud, S. (1973b). Los dos principios del funcionamento mental. In S. Freud, *Obras Completas* (Tomo 2). 3a ed. Biblioteca Nueva.

Osakabe, H. (2005) *Ave palavra* [online]. Conferência do curso O Silêncio dos Intelectuais. Adauto Novaes (Org.).

Comentários realizados em 2008

35. As horas[1]

Josimara Magro Fernandez de Souza

Não se pode ter paz evitando a vida...

(Virgínia, personagem do filme)

Por onde começar? Afinal, estão se passando as horas, os minutos, o tempo de nossas vidas... A estrutura deste filme é circular: ele começa pelo suicídio de Virginia, então as personagens vão sendo apresentadas como num carrossel, que gira e gira e termina com o suicídio de Richard e Virginia... Até a música, belíssima, de Philip Glass, tem algo de circular, seus acordes são repetitivos e vamos entrando aos poucos num clima hipnótico, denso. Haverá saída? Terão sido as garras da morte que nos raptaram?

Virginia Woolf, genial escritora inglesa, em 1923, escreveu seu primeiro romance importante, *Mrs. Dalloway*, que inicialmente fora batizado por ela de "As Horas". Neste livro, em que ela inaugura um estilo literário chamado de "fluxo de consciência", acompanhamos a passagem das horas de um dia na vida de Clarissa Dalloway, e tudo se passa como se estivéssemos dentro da mente da protagonista e das pessoas que ela vai encontrando durante este dia.

---

1 *The Hours* (2002), direção: Stephen Daldry.

Durante a leitura, vamos tendo a consciência de quantos pensamentos, recordações, sensações, desejos, do quanto de vida e de morte pode caber em uma hora, em um minuto. Vamos tendo uma aguda e extremamente incômoda consciência da passagem do tempo, tempo que ela própria coloca em letra maiúscula em seu texto. Clarissa Dalloway depara com suas lembranças, suas escolhas, reencontra o ex-namorado, rememora um envolvimento de natureza homossexual, se dá conta de seu envelhecimento e do envelhecimento dos amigos, tudo isso enquanto prepara uma festa.

É este livro o ponto de partida para um outro, de Michael Cunningham, este, sim, chamado *As horas*, uma bela homenagem do escritor à grande Virginia. Temos, nas três obras, uma tensão permanente entre Vida e Morte, uma sensação de violência contida, de um desespero transbordante, justamente pela vivência da passagem inevitável do tempo e das perdas e lutos que nos acompanham.

Faço aqui uma primeira conjectura: essa circularidade também é própria de estados psicopatológicos como a depressão, pois quando adoecemos ficamos dando voltas e voltas em um tempo sem tempo, perdidos em reverberações, pensamentos repetitivos. Não será essa circularidade uma tentativa de escaparmos da linha do tempo?

No filme, vemos a personagem Virginia Woolf em dois momentos distintos – em 1923 (com 31 anos), saindo de uma crise e começando a escrever o livro, e em 1941 (aos 59 anos), no momento de seu suicídio. Trata-se da personagem, mas, como seu livro e ela própria foram a inspiração para o filme, vale a pena conhecermos um pouco de sua história. Ela era uma mulher vibrante, que iluminava, com sua presença, as rodas de intelectuais das quais participava (em especial o famoso Grupo de Bloomsbury). Sua vida foi marcada por perdas. Perdeu a mãe aos 13 anos e teve então sua primeira crise depressiva. Após alguns anos perdeu um meio-irmão, o pai, e depois o irmão, a quem era muito ligada. Parece também que ela e a irmã, quando pequenas, sofreram abuso sexual de um meio-irmão bem mais velho que elas. Quando se casou com o editor Leonard Woolf, sua doença mental se instalou de vez, com graves crises psicóticas, nas quais sofria delírios e alucinações, não conseguia se levantar nem cuidar de si mesma e maltratava as pessoas mais queridas.

Ao lermos *Mrs. Dalloway*, podemos testemunhar a rica movimentação interior de Virginia, sua aguçada observação das pessoas e da vida, sua atração pela morte e sua paixão pela vida. Seus personagens parecem representar diferentes aspectos seus – a mulher que depara com as próprias escolhas e perdas; a pessoa mais objetiva e pragmática; a pessoa que organiza festas para encobrir o silêncio; o poeta louco e suicida (aliás, são preciosos os trechos em que acompanhamos a loucura de Septimus, o poeta); a esposa do poeta, pessoa que tenta entender a loucura.

Voltando ao filme, é interessante notar que, além da interpretação maravilhosa das três atrizes, a participação do elenco de apoio é de uma força marcante: além, é claro, de Ed Harris no papel de Richard, temos atores incríveis que parecem sustentar as atuações principais. São os companheiros de cada personagem e seus olhares nos levam até elas no início do filme.

As três estão acompanhadas e não conseguem se alimentar das relações que possuem com seus companheiros (no caso de Clarissa, companheira), mas ao mesmo tempo necessitam desesperadamente do entorno em que vivem como amparo, como que para dar forma às suas existências precárias. As três parecem sugadas por lembranças, vivências de perda, vazios e ausências, parecem devastadas pela presença da morte em si mesmas. Precisam da vida ao redor para experimentarem minimamente o sentimento de estar vivas. Virginia implora a Leonard que voltem a Londres, à agitação da cidade grande.

S. Freud (1920), em *Além do princípio do prazer*, formulou a ideia de que nossa vida mental se configura pela dualidade permanente entre forças de vida e de morte, chamadas de pulsão de vida e pulsão de morte. Segundo ele, essas duas forças, duas pulsões, se acham lutando desde o início da vida: a meta de Eros (pulsão de vida) é conservar e ligar; a de Tânatos (pulsão de morte), pelo contrário, é dissolver os agregados, destruir as ligações. O conflito permanente entre essas forças opostas é o motor do desenvolvimento. Mas não é fácil admitirmos que a ameaça de morte venha a partir de dentro de nós e que, já ao nascermos, estamos lutando pela manutenção da vida.

Vemos no filme essa tensão permanente entre Vida e Morte na luta de seus personagens. Virginia transforma seus demônios interiores em criação literária. É difícil acordar, desempenhar as tarefas cotidianas mais simples, é custoso se relacionar, dar ordens aos criados. A cena em que enterra o passarinho morto com os sobrinhos é emblemática – a morte parece chamar, atrair... ela fica absolutamente vidrada pelos olhos mortos do pássaro. Não terá ela matado o poeta em seu romance para permanecer viva? No início, quem ia morrer seria Clarissa, a personagem principal, mas morre o poeta. Ela, assim, está se preservando. Cada minuto, cada hora preservada é valiosa. Na bela cena da estação de trem, ela diz a Leonard que vive sob a ameaça do próprio desaparecimento. De certa forma, todos vivemos sob essa ameaça.

Laura Brown, dona de casa infeliz, vive uma vida aparentemente perfeita, mas em que não há lugar para o que é feio, dissonante, para o caos, para bolos imperfeitos, parece o tempo todo deslocada e despersonalizada; também luta, tenta fazer um bolo de aniversário para o marido, ser uma mãe "normal" e uma esposa "normal", mas não dá conta dos vínculos. Parece experimentar a situação mais mortífera do filme, pois não suporta os vínculos e a vida pulsante nos contatos, precisa fugir e se isolar em meio aos livros de uma biblioteca. Ela não se mata, mas mata todos os vínculos. Apesar de ser uma vida empobrecida, permaneceu viva: é ainda a vida lutando.

Ficamos sabendo, no comovente diálogo final entre ela e Clarissa, que ela lia todos os livros do filho. Não conseguiu manter-se em contato vivo com ele, mas ler talvez fosse a única forma possível de vida, de alguma espécie de ligação.

Clarissa Vaughan, a bem-sucedida editora de nossos tempos, também luta, compra flores e organiza uma festa para o amigo poeta, mas está presa ao passado e ao sentimento de perda. O prato que será servido em seu jantar é o siri, um bicho que não anda para a frente, como ela e Richard, que não podem seguir em frente e usufruir de cada momento presente. Mas Clarissa vive e conversa. Ela protagoniza algumas cenas de diálogos memoráveis: o diálogo com Richard, numa atmosfera lúgubre, de desespero e amargura; o diálogo com Louis, quando entra em contato com a dor e a tristeza; ao final, o pequeno, mas importantíssimo diálogo com sua filha Julia, em que esta, à maneira de um analista, chama Clarissa para o que ela possui; e, finalmente, a emocionante conversa com Laura Brown, em que Clarissa vai se despindo do julgamento para enxergar aquela mulher tão infeliz. Assim, pode deixar de julgar tanto a si mesma, reconciliar-se com a pessoa que é.

E temos o poeta Richard, que é o personagem-chave, pois é o fio que liga as três histórias entre si. Richard parece a própria encarnação da morte, está devastado pela aids, atormentado por alucinações, pelo passado, especialmente pelo desastre experimentado na relação com a mãe, Laura Brown. Ele, diferente do pai, podia enxergar o estado melancólico e ausente da mãe, seu desespero dissociado e despersonalizado, e testemunhava impotente a relação vazia, a total falta de comunicação entre os pais. Richard não consegue, ao longo de sua vida, libertar-se desta situação mortífera. Tenta, como Virginia (cuja mãe se refugiava nos livros), domar seus demônios por meio da criação literária; cria personagens que evocam a figura da mãe, ora idealizada, ora como um monstro, mas continua refém desses demônios, amargurado, envenenado pelo ressentimento.

Ao final, ele realiza o grande desejo da mãe – suicida-se. Torna-se a mãe? Liberta-se dos seus demônios internos? Até mesmo o gesto mais definitivamente destrutivo – o suicídio – não tem um sentido inequívoco e pode carregar desejo de vida.

Winnicott (2007) referiu que algumas pessoas que cometem suicídio o fazem não para acabar com a vida, mas com a morte em vida; é como se a morte as libertasse para poderem ser livres (o suicídio como "redentor" do *self* verdadeiro). Melanie Klein (1991) aprofundou-se na compreensão da ação da pulsão de morte dentro de cada um de nós. Ela esclarece como podemos ficar à mercê dessas forças destrutivas quando não conseguimos integrar dentro de nós o amor e o ódio e aceitar e elaborar as perdas inerentes à vida. A força da morte se faz presente, então, a partir de dentro, personificada em exigências cruéis, acusações, arrependimentos, julgamentos implacáveis.

Freud nos ensina, em "O Ego e o Id" (1923), que na melancolia o superego pode funcionar como "uma cultura pura do instinto de morte". Nossos personagens estão todos sob o domínio de julgamentos cruéis. Tamanha severidade deixa pouco espaço para os bons sentimentos: em sua carta de despedida a Leonard, Virginia diz que a única coisa boa que lhe restou foi a certeza da bondade *dele*, ela já não sentia ter nada de bom.

Observando a jornada de Clarissa, vemos que se reconciliar consigo mesma é possível. Virginia diz que alguém tem de morrer para que a personagem central possa viver e assim mata o poeta em seu romance. Do que está falando? Das mortes necessárias experimentadas por nós no decorrer das horas? Mas que mortes são essas? Os nãos que enfrentamos a cada dia, nossas frustrações e as ausências?

Se recusamos as mortes e não fazemos os lutos, não conseguimos ir em frente, ficamos reféns, como nossos personagens. Tentando impedir as mortes, matamos nosso tempo presente. Enfrentando as mortes, podemos estar livres para seguir com a vida. Se pudermos entender a vida como uma batalha minuto a minuto contra a morte, poderemos celebrá-la.

Michael Cunnigham (1998) nos diz, quase ao final do último capítulo de *As Horas*:

> *Vivemos nossas vidas, fazemos nossas coisas, depois dormimos – simples assim, comum assim. Alguns se atiram da janela, outros se afogam, tomam pílulas; muitos mais morrem em algum acidente; e a maioria de nós, a grande maioria, é devorada por alguma doença ou, quando temos muita sorte, pelo próprio tempo. Existe apenas isto como consolo: uma hora, em um momento ou outro, quando, apesar dos pesares todos, a vida parece explodir e nos dar tudo o que havíamos imaginado, ainda que a essa se sigam inevitavelmente muitas outras horas, bem mais penosas e difíceis. Mesmo assim, gostamos da cidade, da manhã, e torcemos, como não fazemos por nenhuma outra coisa, para que haja mais. Só Deus sabe por que a amamos tanto (p. 175).*

Referências

Cunningham, M. (1998). *As horas*. Gradiva.

Freud, S. (1920). Além do princípio do prazer. In S. Freud, *Edição Standard Brasileira das Obras Psicológicas Completas de Sigmund Freud* (Vol. XVIII). Imago.

Freud, S. (1923). O ego e o id. In S. Freud, *Edição Standard Brasileira das Obras Psicológicas Completas de Sigmund Freud* (Vol. XIX). Imago.

Klein, M. (1991). Notas sobre alguns mecanismos esquizoides. In M. Klein, *Inveja e gratidão e outros trabalhos (1946-1963)*. Imago.

Winnicott, D. W. (2007). *O ambiente e os processos de maturação: Estudos sobre a teoria do desenvolvimento emocional*. Artmed.

Woolf, V. (1980). *Mrs. Dalloway*. Nova Fronteira.

36. Viagem a Darjeeling[1]

Luciana Mian

O diretor nos presenteia, no início deste filme, com um curta metragem – chamado *Hotel Chevalier* – que nos esclarece parte da história do filme principal: a relação de Jack com sua ex-namorada. Um início que transpira sensualidade, olhares, cheiros, intimidade, tendo como cenário um quarto de hotel, que a princípio poderia ser genérico, imparcial, mas que Jack busca tornar familiar com seus enfeites minuciosamente arranjados e seus pertences espalhados pelo chão. Seria um convite a nós, telespectadores, para um mergulho na introspecção que os personagens buscam na espiritualidade da Índia?

Convido, então, a outro mergulho: para dentro do sonho que fiz a partir deste filme, o meu sonho, a partir do meu olhar. Porque penso que as coisas são assim: não existe uma verdade única, absoluta, mas uma história que cada um conta para si, a partir de sua própria história e emoções.

Entre tantas possibilidades, escolhi este filme pois me pareceu tratar de um assunto difícil de uma maneira leve e engraçada: as

---

1 *The Darjeeling Limited* (2007), direção: Wes Anderson.

perdas nossas de cada dia. Digo isso porque, apesar da morte do pai ser o ponto de partida para o filme, penso ser esta a perda que deflagra outras, aparentemente pequenas, mas com as quais temos de lidar em nossas rotinas.

Chamo de pequenas perdas os desencontros que vivemos nos momentos em que o que planejamos não dá certo porque negamos a existência de um outro à nossa frente que tem vontade própria, ou quando não somos ouvidos como gostaríamos ou achamos que mereceríamos, ou situações adversas ocorrem nos mostrando nossa fragilidade e impotência, que insistimos em negar. E, nesses momentos, precisamos contar com o que temos de recursos dentro de nós para enfrentar essas situações. Mas, quando nos faltam recursos, nos arranjamos de outras formas para sobreviver a cada dificuldade, perda ou sofrimento do percurso da vida.

O filme principal começa colocando-nos em contato com uma situação inusitada. Quem seria aquele personagem que, depois de tanta urgência, perde seu trem? Começamos o filme "perdendo" o personagem. Peter, com suas longas pernas, consegue alcançar o trem. E, com o olhar desolado, deixa para trás aquele homem desconhecido, falido por sua falta de condição. Seria esse homem a representação do pai morto?

O filme nos mostra a tentativa de reencontro destes três irmãos, após um ano da morte do pai. Três mentes diferentes – representadas concretamente pela grande diferença física entre eles – tentando sobreviver, ou não, às próprias catástrofes. Tem início a viagem a Darjeeling.

Esta é uma cidade da Índia que era muito procurada pelos ingleses durante a colonização britânica da Índia como refúgio do calor dos verões locais, por seu clima ameno, aos pés do Himalaia. Seu nome é uma combinação das palavras tibetanas *dorje* (raio) e *ling* (lugar), o que é traduzido como "a terra do raio". Podemos, então, nos perguntar o que cada um buscava nessa viagem para esta "cidade-refúgio" sujeita a raios e trovões.

Francis, o irmão mais velho, é quem proporciona e organiza minuciosamente o roteiro da viagem. Mas parece querer também organizar a interação entre eles e a espiritualidade que cada um viveria durante o trajeto. Ele se apega à formalidade, parecendo não conseguir lidar de outra forma com as emoções que estava sentindo no encontro com os irmãos, depois de ter tentado dar cabo da própria vida.

Existem pessoas assim, que, diante de tantas dificuldades e dores que passam na vida, acabam por endurecer. Apegam-se à sua racionalidade, a regras, normas, como forma de encontrar alguma estrutura fora, pois não podem contar com a estrutura de dentro. Sentem-se frágeis, mas, claro, nem elas mesmas percebem tal fragilidade, nem deixam transparecê-la para quem está à sua volta. Mas, como toda estrutura firme precisa de certa flexibilidade para aguentar um abalo forte sem rachar, normalmente essas pessoas desabam diante do inesperado, pois lhes falta jogo de cintura para lidar com as situações difíceis do seu dia a dia.

Podemos ver isso em Francis, com seu papel plastificado que não pode ser rasgado quando ele se enche de raiva. Talvez ele tenha se "plastificado", pois, sendo o irmão mais velho, teve que de alguma forma dar conta da difícil tarefa para uma criança de criar os irmãos mais novos. Ou seja, não cabia sentir seu próprio desamparo, pois precisava cuidar do desamparo de seus irmãos.

No final do filme conhecemos a mãe: uma mulher sem espaço para os filhos, voltada às próprias questões e necessidades. Quando eles chegam ao convento, ela parece aceitar e acolher suas presenças, mas foge na madrugada, repetindo, assim, o que eles parecem ter vivido quando crianças. Não penso ser atual o colapso vivido pela mãe, nem mesmo relacionado à morte do pai, mas sim um colapso que se fez presente desde sempre. "Ela vive desaparecendo nossa vida inteira", diz Francis. "Não fomos criados para sermos tratados assim. Não é assim que se faz.".

Percebemos que Francis era uma versão masculina de sua mãe. Penso que ele se apegou ao jeito burocrata e controlador da mãe como uma forma de exercer uma função materna e suportar sua ausência. Porém, essa função era mecânica, pois mesmo que em alguns momentos suas decisões impostas fizessem sentido para os irmãos – por exemplo, quando ele parecia saber que Peter ia querer o biscoito como sobremesa –, não deixava brecha para os desejos e as vivências do momento. Talvez pensasse garantir assim uma interação perfeita.

Mas nem ele mesmo cumpria seus acordos, como quando escondeu dos irmãos o possível encontro com a mãe, ou quando mentiu sobre seu acidente não ter sido acidente, mas um ato provocado por ele mesmo. Ou mesmo quando, ao chegarem ao Templo dos Mil Touros, esqueceu a espiritualidade e foi procurar seu adaptador no vendedor de muambas parado na porta. Apesar de aparentemente ser o mais forte, penso que Francis era quem mais precisava deste contato com seus irmãos. Afinal, quem seria ele mesmo fora deste papel burocrata que desempenha tão bem? No contato com os irmãos, parecia ficar mais seguro de não se perguntar, na verdade, quem é.

Peter, o filho do meio, foi quem presenciou a morte do pai. Ele, com seu olhar triste, me faz pensar que talvez tenha sido o único a conseguir expressar sua depressão por essa perda. Mas vive, atualmente, outro desamparo: como ser pai? Apesar de sua relação estável e possivelmente madura com sua esposa, entra em colapso quando ela engravida. "Eu sempre achei que fosse me divorciar", diz ele. Como é, então, se ver ao lado de alguém que fica, que não parte como a mãe, que o acolhe e cuida dele? Como ficará essa relação após o nascimento da criança? Na verdade, como é que se deixa o lugar de filho e se aprende a ser pai? Peter parece se apegar aos objetos de seu pai como se quisesse incorporar sua função. Pôr os óculos do pai para, quem sabe, saber como um pai enxerga, mesmo que para realmente ver ele constantemente os levantasse dos olhos.

E Jack? O "pequeno Jack", como o chama sua mãe. O mais novo, o menor, o mais desamparado. Tem um namoro complicado, mas não consegue rompê-lo. Faz da linha telefônica um fio de ligação entre ele e a ex, por meio da secretária eletrônica. No trem, fica enlouquecido pela "Lima Doce", e potentemente se atira em direção a ela, mostrando-nos uma força que parece não ter para outras coisas. Penso que ele busca na sexualidade um contato com as mulheres que talvez não tenha a ver somente com sexo, mas com pele, colo, aconchego. Por mais que Francis ou mesmo o pai, quem sabe, tenham se empenhado para substituir a ausência da mãe, esta deixou um buraco que o impede de se desenvolver. Jack não consegue sonhar. Fica preso ao concreto, pois lhe faltam condições para abstrair.

Isso pode ser percebido quando, para se livrar da ideia da ex-namorada, ele quebra o vidro de perfume dentro da cabine, deixando seu cheiro impregnando a percepção de quem entrava naquele ambiente, da mesma forma como ela deve impregnar sua mente. Ou mesmo por suas histórias "fictícias", com personagens "fictícios", mas que na verdade eram transcrições quase literais de acontecimentos reais. Ou mesmo quando precisava de Francis para lhe dizer o que sentia e se sentia algo durante suas orações.

Perdidos no deserto, após terem sido expulsos do trem, Jack pergunta: "Será que nós três seríamos amigos na vida real?". Podemos formular essa pergunta de outras maneiras: como se relacionar com o outro sem a necessidade, a precisão? Existe a possibilidade de um verdadeiro encontro entre três pessoas tão diferentes? Talvez. E penso que assistimos a esse encontro tornar-se possível não no planejamento de Francis, mas quando tudo começa a falhar: nas pequenas brigas, nos constantes segredos e consequentes fofocas, pois não confiavam uns nos outros.

Talvez não seja possível resgatar a configuração da infância, nem ter um encontro absoluto, permanente. Mas talvez seja possível ter um bom encontro até a próxima briga. Pois assim é feita a vida, de momentos de encontros seguidos de momentos de desencontros. Parecem conseguir fazer o luto pela morte do pai no contato com a verdadeira espiritualidade da Índia – a do povo humilde do deserto, que tem de velar a perda de uma jovem vida.

Buscando um novo caminho e um novo recomeço para sua viagem, eles cruzam com três irmãos que sofrem um acidente. Tentando salvar os meninos, Peter fracassa com o seu. Exatamente o irmão do meio, como ele. Seria esta uma coincidência, já que ele se questionava sobre sua capacidade de ser pai? Na intimidade daquela aldeia, despidos de suas formalidades, acompanham um pai, junto com outros homens, velando e cremando seu filho morto, assistidos, ao longe, pelas mulheres. E, assim, têm a oportunidade de reviver o funeral do próprio pai.

Talvez consigam deixar o passado para trás, como diz a mãe. Não o apagando ou negando-o, como pareceria mais fácil em diversas ocasiões, mas deixando-o adormecido dentro de cada um deles. Assim fica mais leve... como numa viagem que recomeça sem tantas malas pesadas a serem carregadas.

37. Causos: tardes de domingo

Andréa Ciciarelli Pereira Lima

Uma vez por mês, nas tardes de domingo, durante um período da minha vida, após o almoço, me encaminhava para a rua Tibiriçá, 50.

No trânsito, imagens e uma atmosfera emocional familiares, e ao mesmo tempo novas: as ruas do centro, tão carregadas de memórias afetivas da minha infância, a rua Duque de Caxias, o Cine Plaza, a Praça XV... E a nova experiência: acompanhar a atividade do Cinema e Psicanálise com os nossos colegas da Sociedade Brasileira de Psicanálise de Ribeirão Preto (SBPRP) no Sesc da cidade.

Ainda na calçada do prédio do Sesc, som alto, borbulhar de água, gritos, gargalhadas, vozes, música, gente em movimento, se divertindo, vivendo a experiência dos encontros, vivendo a experiência com a arte e a cultura. A pausa para o café, podia ser na chegada ou na saída...

E foi nessa atmosfera que aconteceu durante muitos anos o nosso Cinema e Psicanálise no Sesc, como parte da programação ampla de atividades voltadas para um público diverso – o cinema de domingo era uma proposta que integrava a programação para os idosos.

Ao fazer uma pausa para escrever este texto, o sentimento que prevalece é o de alegria! Alegria por acreditar e participar da psicanálise além dos nossos consultórios, por fazer parte da psicanálise na e com a comunidade e a cultura. Estar ali aproximou-me e ajudou-me a ir me tornando também uma psicanalista dentro de uma perspectiva socialmente engajada.

As sessões eram cuidadosamente preparadas com o enfoque voltado para o nosso público-alvo, os idosos. Assim, era importante, além da temática, que os filmes fossem legendados e dublados, considerando que alguns participantes poderiam ter dificuldades de visão ou audição.

Um episódio à parte que me ocorre era a presença assídua e participativa de três senhoras. Elas chegavam juntas, caprichosamente arrumadas, com roupas de domingo, pontualmente presentes, a esse programa tão valorizado. A participação beirava uma sessão de análise, com colocações pessoais comoventes e íntimas. O sentimento que prevalecia era a alegria de vivermos momentos de trocas, a escuta, a fala estimuladas pelo filme, e acabávamos nos aproximando dos personagens, de cada um e de nós mesmos!

38. As férias da minha vida[1]

Sandra Luiza Nunes Caseiro

Começo citando parte de um poema:

> *Hoje nós sabemos que, bem antes de "vir à luz", a criança percebe a claridade. E escuta. E que, do seu cantinho escuro, ela espreita o mundo.*
>
> *Sabemos também que ela passa da vigília ao sono. E até mesmo que sonha!*
>
> *Por isso, achar que a vida começa com o nascimento é um grande erro.*
>
> *Mas, então, o que é que começa quando a criança vem ao mundo?*
>
> *O que é isso senão a vida?*
>
> *O que começa é o medo.*
>
> *O medo e a criança nascem juntos. E nunca se deixarão... (Leboyer, 2019, p. 8)*

---

1 *Last Holiday* (2006), direção: Wayne Wang.

O medo é um fiel companheiro, às vezes um aliado, que nos alerta para o perigo, outras vezes um inimigo que nos rouba de nós mesmos. Assim vivia Georgia (Queen Latifah), roubada de seu viver ou, como ela mesma expressou ao encomendar seu funeral: "quero ser cremada, passei toda a minha vida em uma caixa, não quero ser enterrada em outra".

Georgia colocava sua vida no "Livro das Possibilidades". Guardava-a para o futuro. Mas quando é o futuro? Um dia, ao acordarmos, descobrimos que ele chegou? Como as criancinhas que esperam a magia do Natal, do Papai Noel? Enquanto aguardava esse "dia mágico", Georgia "quase" vivia dentro de sua caixa-vida. Uma caixa-vida sem graça. Esforçava-se para ser invisível. Suas roupas eram largas. As cores: o cinza, o bege, o azul clarinho, nada que contrastasse com a cor de sua pele ou com a cor dos lugares onde estava. Falava sempre baixinho. Seu riso: para dentro. Assim, ninguém perceberia que embaixo daquelas roupas havia um corpo de mulher. Um bonito corpo de mulher!

Ninguém desconfiaria que aquela mulher sentia amor, alegria, raiva... Poucos eram os momentos nos quais tinha coragem de ser ela mesma. Na maior parte do tempo, entre Georgia e o mundo que a rodeava havia uma grande camada de "medo" que a distanciava das suas experiências, das pessoas à sua volta, daquilo que fazia, do lugar onde estava. Principalmente, a mantinha distante de si mesma. Seus sentimentos mais genuínos, seus pensamentos mais sinceros permaneciam escondidos. Muitas vezes, nem mesmo Georgia se atrevia a conhecê-los, tão escondidos que ninguém imaginaria que aquela mulher desejava e sonhava.

Quanto que cada um de nós carrega de "Georgia" dentro de si?

Três pessoas, mais sensíveis, sabiam que havia uma mulher de carne e sangue escondida naquela caixa sem graça. A amiga Rochelle (Jane Adams), que não perdia a oportunidade de chamá-la para a vida. Darius (Jascha Washington), seu vizinho, que intuía que dentro dela havia uma chef aguardando o momento de entrar em cena. E seu admirador, Sean (LL Cool J), que sentia o quanto ela era capaz de amar. Georgia não ousava acreditar no que via nos olhos dos três quando olhavam para ela. Afinal, o futuro ainda não havia chegado! Então, ela deveria seguir contentando-se com pequenas doses de algumas coisas até que "seu presente" chegasse: o futuro. E, na espera desse "presente", Georgia deixava de viver as possibilidades ao seu alcance.

Algo inusitado acontece. Georgia recebe a notícia de que vai morrer muito em breve. Essa notícia, claro, lhe provoca uma grande turbulência. Durante alguns dias sente-se muito revoltada. Depois, "chora dolorosamente" as possibilidades perdidas. Sua dor maior era "cair em si" do que poderia "ter tentado fazer" e "não arriscou". "Arregaça as mangas" e escolhe buscar o que ainda era possível. Também, não tinha mais nada a perder!

Mas, anteriormente, o que ela tinha a perder?

Seu primeiro embate é com o sr. Adamian (Matt Ross), seu gerente. Um homem que em nome de "um bom trabalho" esquece que "coisas são coisas" e "pessoas são pessoas". Faz uso do seu "minuto de poder" humilhando, desrespeitando. Como é prazeroso quando Georgia estraçalha o celular dele! Prazeroso para ela e para nós, espectadores: ele bem que mereceu!

A seguir, Georgia demonstra sua capacidade para amar: não quis envolver Sean em seu destino tão trágico. Diz a ele, com muita dor, que quer, mas não pode ir ao jogo. Era uma possibilidade dali a duas semanas, talvez estivesse morta. Vai para um lugar muito lindo: o Grandhotel Pupp na cidade de Karlovy Vary. Utiliza-se de suas horas, não tem tempo a perder. Do "nada" salta para o "tudo". Conhece várias pessoas que, cada uma à sua maneira, também estavam presas numa caixa. Também haviam se perdido de si mesmas.

O empresário Matthew (Thimothy Hutton), que será que "guardava" escondido dentro de si para necessitar ser "o número um em tudo"? A srta. Burns (Alicia Witt), a secretária, que na busca por realizar seus sonhos se percebeu em conluios de que ela própria discordava. A concierge, srta. Gunther (Susan Kellermann), mulher tão amarga e frustrada que a única coisa que a fazia sentir-se um pouco melhor era participar dos fracassos das outras pessoas. O senador Dillings (Giancarlo Esposito), que havia se esquecido do motivo que o levara para a política, perdeu-se no poder e na luxúria. Este ouve de Georgia: "Só tenho tempo para realidades mesmo".

Todos se surpreendem com Georgia. Sua maneira de olhar, ouvir, cheirar, sentir: ânsia por viver! Ficam encantados! Havia também o chef Didier (Gérard Depardieu), que desde o início compreendia profundamente o "idioma" de Georgia: "o segredo do mundo é a manteiga!!".

Num certo momento Matthew e a srta. Gunther tramam desmascarar Georgia. O que havia para ser revelado? Que Georgia, ao aceitar que ia morrer, descobre que podia viver? Estava conhecendo quem era ela? E nessa descoberta acaba cooptando todas essas pessoas. Promove um movimento de resgate de suas verdades.

O filme tem um final feliz: Georgia ganha no jogo o dinheiro que havia gasto. Descobre que não vai morrer. Casa-se com seu amor. Inaugura o seu bistrô... E foram felizes para sempre! Um conto de fadas!

Já conhecíamos essa história, só que contada de trás para a frente. Não como um conto de fadas, mas como o mito do paraíso e a expulsão de Adão e Eva.

O paraíso! Nesse lugar, toda existência era envolta em perfeição porque Deus assim o quis. Lá, não se conhecia medo, riscos, perdas, dores, lutos... Deus disse a Adão: "Podes comer de todas as árvores do jardim. Mas da árvore do conhecimento do bem e do mal não comerás, porque no dia em que dela comeres terás que morrer" (Gn 2).

O que é o conhecimento do bem e do mal? Não está o mito se referindo ao conhecimento do fato de que a vida é incerta e certa é apenas a morte?

Por curiosidade, por desejo de conhecer, Adão e Eva comem do fruto proibido. Então, Deus diz a Eva: "Multiplicarei as dores de tuas gravidezes. Na dor dará à luz filhos", e a Adão: "Com sofrimentos dele [solo] te nutrirás todos os dias de tua vida . . . Com o suor do teu rosto comerás teu pão até que retornes ao solo, pois dele foste tirado. Pois tu és pó e ao pó tornarás" (Gn 3).

A punição designada para a dupla que transgrediu os mandamentos de Deus, sua expulsão do paraíso, é exatamente a realidade. A realidade de cada um de nós no decorrer dos dias e toda a angústia que nos suscita.

Era da realidade, interna e externa, que Georgia fugia. Acreditava que não suportaria o contato com suas experiências, com o mundo, com seus sentimentos. Viver implica tolerar riscos, incertezas, frustrações, privações, perdas, dores, lutos... até a morte. Georgia mantinha-se paralisada, apoiando-se na crença de encontrar um caminho mais fácil, menos arriscado.

Viver requer amassar "o pão de cada dia", tolerar aquilo que é e tudo o *que se é*. Não existe um caminho curto, seguro e macio. Somos "Riobaldos" do mundo: "O senhor escute meu coração, pegue no meu pulso. O senhor avista meus cabelos brancos . . . Viver – não é? – é muito perigoso. Porque ainda não se sabe. Porque aprender-a-viver é que é o viver mesmo" (Rosa, 2006, p. 585).

Para terminar, Mário Quintana (2005, p. 142) oferece algo valioso para a nossa lida de sol a sol:

Oração
Dai-me a alegria
Do poema de cada dia.
E que ao longo do caminho
Às almas eu distribua
Minha porção de poesia
Sem que ela diminua...
Poesia tanta e tão minha
Que por uma eucaristia
Possa eu fazê-la sua
"Eis minha carne e meu sangue!"
A minha carne e meu sangue
Em toda a ardente impureza
Deste humano coração...
Mas, ó Coração Divino,
Deixa-me dar de meu vinho,
Deixa-me dar de meu pão!
Que mal faz uma canção?
Basta que tenha beleza...

Referências

Bíblia de Jerusalém. (2013). Paulus.

Leboyer, F. (2019). *Shantala, uma arte tradicional: Massagem para bebês*. Ground.

Quintana, M. (2005). *A cor do invisível*. Globo.

Rosa, G. (2006). *Grande Sertão: Veredas*. Nova Fronteira.

39. O ano em que meus pais saíram de férias[1]

Luciana Marchetti Torrano

A tarefa de comentar o filme *O ano em que meus pais saíram de férias* foi um presente, pois considero que o roteiro é bordado às imagens e ao drama do garoto Mauro, o protagonista. O filme é o segundo longa-metragem de Cao Hamburger, que já fez *Castelo Rá-Tim-Bum, o filme*. O roteiro demorou quatro anos para ser feito e passou por três pessoas além do próprio Cao – Claudio Galperin, Bráulio Mantovani e Anna Muylaert, que são homenageados no filme com os papéis infantis dos amiguinhos de Mauro, no bairro do Bom Retiro.

A linguagem primorosa do diretor criou um filme capaz de sensibilizar adultos e crianças e informar a ambivalência vivida durante os chamados "anos de chumbo" da ditadura militar. O contraste da vivacidade do menino Mauro com a pulsante violência repressora que inunda misteriosamente a vida do país torna o filme intenso, delicado e comovente.

---

1 *O ano em que meus pais saíram de férias* (2006), direção: Cao Hamburger.

A minha análise enfoca a experiência subjetiva de Mauro, e o processo de transição e de desenvolvimento psíquico que experimenta no decorrer da trama. Esse desenvolvimento deveu-se à mobilização da sua matéria-prima afetiva para suportar a misteriosa política, o desconhecido exílio, o inexplicável abandono e o doloroso luto da perda de suas seguranças. Pouco a pouco, deixando-se acolher pela comunidade na qual é deixado, Mauro supera a crise e aprende com o que vive.

Imaginemos: quais seriam as prioridades de Mauro, uma criança de doze anos, um menino no Brasil, "país do futebol", às vésperas da Copa do Mundo de 1970? No início, ele queria torcer pelo Brasil, pelo futebol, curtir a festa da torcida, compartilhar desta felicidade com seu pai. E depois? O que acontece com Mauro, filho único, que descobre ter de partilhar seus genitores com as desconhecidas e suspeitas férias?

A segurança que o casal parental lhe oferecia o permitiu sonhar com a "Copa do Mundo de 70" e com a vitória do tricampeonato pelo Brasil, investir em suas brincadeiras e desafios no tabuleiro de botão. Mauro projetou seguranças e até a possibilidade de vitória no goleiro solitário, que deixou para trás quando saiu correndo com seus pais, que fugiam de algo secreto. Junto ao goleiro esquecido, Mauro deixava sua vida, tudo que conhecia e que lhe dava a noção de pertencimento: ser filho, aluno, amiguinho de fulano ou sicrano, nome, sobrenome, origem. Com a ausência dos pais, Mauro entra em contato com o "desconhecido", que pode ser exemplificado pelo abandono, pelo desespero, pela insegurança e por um mundo novo que precisava desbravar dia após dia.

Mauro agia só: como a vitória que atribuía ao goleiro, capaz de defender sozinho um time e levá-lo à vitória, ele mesmo precisava conquistar o êxito em sua batalha pessoal com as próprias mãos. Para abandoná-lo na casa do avô, seus pais precisaram contar que

Mauro daria conta de si mesmo e de todas as suas problemáticas de pré-adolescente, o que por um lado parece cruel, mas por outro, a meu ver, a credibilidade depositada nele por seus pais oferece um impulso fundamental na superação da depressão e do luto do menino diante de tantas perdas, pois alicerça as bases da sua autoconfiança.

Deixarem-no com a suposta certeza de que seria cuidado por seu avô, que morreu antes de encontrá-lo. A essa suposta certeza damos o nome de onipotência; é uma negação da dúvida e de parte da realidade ainda desconhecida que, de certa forma, cada um de nós precisa exercer todos os dias, como quando dizemos: "até amanhã", ou "a mamãe já volta", ou qualquer suposição de que o futuro, inexistente e inesperado, é certo e óbvio. Para Mauro, o seu futuro não foi certo e óbvio, seu avô morreu e seu pai não voltou para a Copa, nem nunca mais. São os mistérios desconhecidos do mundo adulto: o que é política? O que é socialismo? O que é ditadura?

Os vínculos afetivos e as seguranças nos quais ilusoriamente acreditava estão ameaçados e ele, além dos pais, passa a sentir-se estranho e perseguido. O judaísmo, religião desconhecida para ele, que faz parte de sua ascendência, tem como pano de fundo o bairro do Bom Retiro, em São Paulo. As figuras solidárias que Mauro, apelidado de Mosha, vai conhecendo aos poucos e pelas quais aceita ser acolhido são elementos novos que invadem seu cotidiano de forma abrupta, solicitando dele a necessidade de crescer intelectual e emocionalmente para suportar as diferenças e as novidades, vivendo a sua solidão e superação com novos elementos humanos e culturais.

As prioridades de Mauro vão sendo transformadas a partir de suas experiências. No início, ele faz parte de uma história que está sendo contada, vive sem se preocupar com o que vai acontecer; neste ponto ele experimenta o papel de filho. Com sua experiência de sofrimento e aprendizado, torna-se protagonista da sua história: continua esperando seus amados pais, mas vive intensamente cada instante que o liga à sua vida e à necessidade de ser narrador da sua história.

Abordando o filme pelo vértice do "tempo", podemos ressaltar a precipitação, o atraso e a inadequação. Sua mãe, no início do filme, queixa-se a Mauro que seu pai está sempre atrasado: Mauro sente que ele mesmo chega numa hora inadequada, seu avô não o espera, dessa forma, depende da solidariedade e do afeto de estranhos, os quais terá de conquistar e em quem terá de confiar. Desde o início, os olhos ávidos de Mauro percorrem as novidades na estrada, os soldados, a cidade de São Paulo, e ele logo depara com as diferenças, o elevador que não sabe utilizar, a língua falada pelas vizinhas – o hebraico –, a qual não compreende. Mauro sente-se um estrangeiro fora de hora.

O vizinho de seu avô que o acolhe, judeu ortodoxo, possui uma rotina estranha aos olhos do garoto; em contrapartida, aos olhos de Schlomo, o garoto que é o estranho: não é circuncidado (como é sutilmente mostrado na cena em que Mauro faz xixi no vaso de plantas) nem é filho de uma judia – apesar de ter pai e avô judeus, não é considerado pela comunidade como judeu. Diante do abandono, Mauro oscila entre a necessidade de ser acolhido e a paralisia de não querer lidar com sua condição: aceitar o acolhimento é aceitar que foi abandonado, os pais que saíram de férias e não sabem quando voltam, e o avô que morreu. A solidariedade dos companheiros de seu pai, da comunidade judaica e Schlomo vão traçando um limite para Mauro organizar sua nova vida no tempo e no espaço.

O pai sempre atrasado não cumpre a suposta promessa de poder acompanhá-lo como espectador no primeiro jogo da Copa. Mauro precisa criar novas ligações emocionais e lidar com a perda de sua realidade e de suas seguranças, precipitando assim a entrada no mundo adulto, desenvolvendo sua sexualidade, noções de política e de religião. Sente-se um peixe fora d'água, seu sotaque é engraçado para os outros meninos, sua família está desaparecida e ele, abandonado. Mauro não está indo à escola nem tem companheiros para jogar futebol.

Diante de tantas ameaças, amedrontado, Mauro até arrisca sua vida, ao tentar passar de uma sacada do prédio a outra, para poder atender ao telefone, que indica que sua mãe e seus pais o amam, pensam nele e estão a salvo. O telefone, que depois Mauro abandona para brincar com os novos amiguinhos, no início representa o que chamamos em psicanálise de objeto transicional, que seria um objeto representante de afeto, cuidado, segurança e tantos outros sentimentos inomináveis que Mauro dedica aos pais. Quando adquire outros representantes simbólicos dentro de seu mundo mental, Mauro não precisa mais ficar grudado ao aparelho. Podemos reconhecer tais objetos nas crianças pequenas que vão à escola e precisam levar algo de casa, algo que represente a mãe, por exemplo: travesseirinhos, fraldinhas etc.

Pouco a pouco, Mosha (como é apelidado) é incluído na comunidade da qual não fazem parte apenas judeus, mas italianos, gregos e negros. Essa pluralidade racial vai enriquecendo suas relações interpessoais e Mauro conquista autonomia emocional para superar o desespero de estar só no mundo.

Para concluir, introduzo a história bíblica de Moshe, ou Moisés: Começa com a multiplicação das famílias descendentes dos doze filhos de Jacó e a ascensão ao trono do Egito de um faraó que, desconhecendo a história de José e temeroso de que os "israelitas" ficassem mais fortes e numerosos que os egípcios, decide escravizá-los. Como os hebreus continuaram a multiplicar-se, o faraó intimou as parteiras a matar os filhos homens por ocasião do nascimento das crianças, poupando apenas as filhas mulheres. Como a ordem não bastou, tomou uma terceira medida: todo menino que nascesse seria atirado ao Nilo, devendo ser poupadas apenas as meninas.

Nessas circunstâncias, a mãe de Moisés o escondeu por três meses, até que o colocou numa cesta de junco untada com betume e pez e o colocou no Nilo. A filha do faraó encontrou o bebê e este se tornou parte da família do rei, ou seja, um príncipe.

A figura de Moisés é importantíssima para os judeus, pois ele lutou contra a escravidão de seu povo e edificou a primeira ordem religiosa sob as tábuas da lei que Deus entregou. Diante dessa história, podemos ressaltar dois pontos importantes do filme. O primeiro é que Mauro é ao mesmo tempo abandonado e salvo por seus pais, ou seja, seus pais se veem obrigados a abandoná-lo diante da ameaça e da perseguição política justamente para salvá-lo. Outro ponto é o quanto Mauro torna-se importante naquela comunidade, assim como Moshe é importante na história dos hebreus. Por Mauro são realizadas reuniões, almoços em revezamento, Scholmo descobre-se acolhedor e afetivo, vai até Belo Horizonte para buscar explicações sobre o sumiço dos pais de Mauro e ajudá-lo. Uma grande movimentação e comoção é desencadeada a partir do aparecimento de Mosha. Mauro revitaliza quem se solidarizou com ele, sua presença cria vínculos e relações novas.

Fazendo uma analogia entre as histórias de Moshe-Moisés e Mauro, e considerando a importância da história de Moisés para o judaísmo, podemos também entender a importância do aparecimento de Mauro ali no Bom Retiro. Ele é transformador e se transforma nas relações que experimenta, assim como experimentamos na psicanálise. Psicanalista e paciente se constroem a cada momento num círculo virtuoso alimentado por uma relação fecunda na busca de superações e transformações. Com o retorno da mãe, ecoa em nossos ouvidos a palavra saudade, o que me remete a pensar na transformação de duas outras palavras/experiências emocionais observadas no filme – a falta e a ausência, tão bem descritas por Drummond no poema "Ausência":

Por muito tempo achei que a ausência é falta.
E lastimava, ignorante, a falta.
Hoje não a lastimo.
Não há falta na ausência.
A ausência é um estar em mim.
E sinto-a, branca, tão pegada, aconchegada nos meus braços,
que rio e danço e invento exclamações alegres,
porque a ausência, essa ausência assimilada,
ninguém a rouba mais de mim.

A falta que paralisa Mauro pouco a pouco se transforma em ausência e aguardo, espera e vida; ele começa e se mover, encontra parceiros para brincar, jogar futebol, conhecer as mulheres despidas e tantas outras emoções, pode sonhar em ser negro e voador, torcer pelo Brasil, conhecer seus antepassados e sua origem. Enquanto havia falta, Mauro grudava no telefone e nem banho era capaz de tomar, rejeitava a comida, sua depressão e sua angústia devastavam seu peito e seus dias, naquela condição não havia espaço para nada mais.

Quando se apropriou da ausência, pôde movimentar-se; neste ponto pai e mãe estavam presentes em sua mente e seu coração. A saudade, como diz Adélia Prado, é um chorinho bom, é sentimento de quem ama, e Mauro, mesmo enraivecido e entristecido com tudo que viveu, não duvidou do amor de seus pais. Essa certeza favoreceu a compreensão da necessidade que eles tiveram de partir e de que o abandonaram para protegê-lo. Quem sabe Mauro poderá inclusive acolher a mãe ferida e enlutada e superar ainda o luto do pai que jamais voltou.

Referência

Drummond de Andrade, C. (1984). *Corpo*. Companhia das Letras.

Comentários realizados em 2009

40. Você é tão bonito[1]

Denise Lopes Rosado Antônio

Plante uma boa semente
Numa terra condizente,
que a semente dá
Pegue, regue bem a planta
Que nem praga não adianta
Ela vai vingar
Planta é como o sentimento
Tem o seu momento
Tem o seu lugar
Regue bem seu sentimento
Porque rega no momento
Não pode faltar
Gente também é semente
Tem que estar contente
Tem que respirar

"Planta Baixa", música de Toquinho
e Vinicius de Moraes

1 *Je vous trouve très beau* (2005), direção: Isabelle Mergault.

O filme *Você é tão bonito*, com direção de Isabelle Mergault, arrebata-nos lentamente por assistirmos à transformação do fazendeiro Aymé Pigrenet (Michel Blanc), homem endurecido, de uma realidade psíquica esvaziada de afetos (desafetado), em um ser humano carregado de emoções (amor, medo, admiração, altruísmo, gratidão). Nós assistimos a um filme que constrói devagar a eclosão de um homem que nos deixa com vontade de dizer: "Você é tão bonito".

Transformações assim são possíveis? Caso sejam, como é que essa transformação acontece?

Nos minutos iniciais do filme, assistimos a Aymé, que aparentemente relaciona-se consigo mesmo e com os outros sem qualquer contato emocional. Mostra-se indiferente às necessidades do outro, bravo, controlador, ranzinza, exigente, irritado quando algo não está em conformidade com suas próprias necessidades. É um homem inteligente, porém se relaciona com suas precariedades por meio da imitação do que seria o "politicamente correto", já que, ao vivenciar os fatos de sua vida, não sofre as experiências emocionais que essas vivências poderiam lhe proporcionar. Sem conseguir sofrer suas dores, sem perceber a solidão em que vive, ele segue vivendo numa situação cristalizada que, aparentemente, sugere que não há quaisquer possibilidades de mudança.

Huguette (Agnes Boury), a esposa, exerce as atividades rotineiras com precisão, automatizada, sem envolvimento afetivo. Sua única satisfação se dá ao assistir a novelas na TV nas quais há casais felizes, amorosos, geralmente maridos carinhosos, que vão preenchendo-a de fantasias daquilo de que nem percebe que sente falta. Ela e Aymé formam um casal distante, estão infelizes, magoados um com o outro. Estão envolvidos por uma relação que aguça a crítica mútua, a intolerância, deixando-os intoxicados pela mágoa e empobrecidos em seus interesses e sentimentos. Não sabem nem sofrer suas dores. Vivem num tipo de contato em que a solidão prevalece, nenhum dos dois sabendo lidar com a hostilidade um do outro. Uma situação cristalizada, aparentemente sem saída, sem possibilidades de mudança.

A seguir ocorre algo inesperado, um fato catastrófico: a morte de Huguette. Esse fato abre possibilidades de mudanças na vida de Aymé. Ele fica assustado não com a perda afetiva da companheira ("Estou em choque, eu sei", frase aprendida por ele), pois esse tipo de experiência emocional não existia em sua vida. O que lhe causa angústia é a perda da parceira de trabalho no campo. Não vemos nenhum traço de busca de transformações em si mesmo. Ele percebe em si insuficiências pragmáticas, mas não percebe suas precariedades afetivas.

Após a morte da esposa ele chega a viver a ilusão de uma autossuficiência até mesmo nos cuidados de sua casa. Porém, o caos doméstico e sua inaptidão para os serviços "femininos" o levam a buscar uma nova esposa na agência de matrimônio de Madame Marais (Éva Darlan). Ela lhe apresenta a possibilidade de buscar uma mulher romena para ser sua esposa. Aymé assusta-se e questiona "a compra" de uma mulher; contudo lhe é apresentada uma contextualização social que justifica o ato "salvador".

O contraste social da Europa rica com a pobre transparece na sugestão de que a crise econômica afetou tanto a Romênia pós-queda do muro de Berlim que as mulheres de lá fazem de tudo para se casar com um francês como forma de salvar suas vidas.

Quem vai salvar quem?

Aymé, rico materialmente, encontra Elena, uma bela romena rica afetivamente. Uma mulher jovial, sensível, que inteligentemente percebe, na conversa com uma outra candidata a esposa, que o francês quer não uma mulher bela e cheia de planos, mas uma mulher simples e que funcione mais no campo do que como esposa. Assim, no momento de seu teste, ela diz a ele: "você é tão afortunado por ter uma fazenda e trabalhar no campo", em vez de dizer o bordão que dá título ao filme: "Você é tão bonito" (Je vous trouve très beau), que serviria mais para uma conquista amorosa – coisa que nem passava pela cabeça de Aymé.

Aymé a leva para a França ignorando que ela deixou para trás sua filha Gaby, com 6 anos de idade, sob os cuidados de sua mãe e de sua irmã. Ele não se interessava por ela, só estava pensando em si. Aymé Pigrenet mente para os vizinhos de sua fazenda, inventando a história de que Elena é uma parente distante da esposa falecida e que vai fazer um estágio em sua fazenda. Não consegue ser verdadeiro, teme o julgamento do outro, não é capaz de pensar que é ele mesmo quem tem críticas para esse tipo de solução que está utilizando para resolver seus problemas.

Na convivência diária, Elena relaciona-se com muita ternura, com alto grau de vitalidade e beleza em relação ao distanciamento afetivo, às irritabilidades e às cobranças de Aymé. Não permite que o modo de ser dele prevaleça. Somos surpreendidos com a condição de Aymé ao receber esses cuidados: ele passa a sentir-se melhor; ao se sentir bem tratado, começa a permitir a entrada do outro em sua vida emocional e vai ficando mais aberto aos sentimentos que vão surgindo na relação.

Estabelece-se uma relação criativa, o inverso da relação de Aymé com a primeira esposa. Eles passam a fazer trocas bonitas. Elena cuida para que a casa de Aymé fique bonita, o alimenta; ele lhe dá um aparelho para ouvir músicas, a leva para jantar fora, ensina-a a dirigir. Porém, algo dentro dele resiste em permitir-lhe experimentar seus desejos por ela. Ele ainda não se deixa ser um homem e ela uma mulher.

Parcerias construtivas e parcerias destrutivas, cada uma revela um lado de Aymé: ele tanto pode ser de um jeito como de outro até então. Ainda não sofreu uma mudança em sua personalidade, está passando a reagir com carinho ao carinho que recebe – ao contrário da reação cheia de ódio ao ódio que recebia. Como ele ainda não fez mudanças em seu modo de ser, continua possessivo, egoísta (ela é dele, ele a viu primeiro). Ele ainda não se interessou de fato por ela, está querendo manter as coisas como elas sempre foram.

No entanto, Aymé vai se aproximando de seus sentimentos e fica apavorado diante da eclosão emocional que surge naquela relação. É o que acontece quando Elena se precipita e se coloca na posição de mulher que é desejada. O que fazer com todos aqueles sentimentos que estão brotando dentro dele? Aymé já não tem como fugir do contato consigo mesmo nem de toda a turbulência marcada por ciúme, dependência afetiva, medo de perda, alegria e bem-estar que a presença desse outro lhe desperta.

Aymé fica apavorado ao sentir medo de amar e não ser amado, de ser rejeitado. Ele luta para preservar o Aymé esvaziado de afetos, mas já não é possível escapar. A mudança chegou, agora ele já sente e pensa.

Nesse momento do filme o personagem Aymé já tem reinstaurada a sua capacidade de sentir e enfim é capaz de expressar seus sentimentos. "Gritei com você, mas era comigo. Estava bravo comigo mesmo." E nesse diálogo ele diz: "Você ilumina a noite. Desde que chegou enxergo coisas que nunca vi. Eu as vejo, mas aqui. Por dentro, onde seu sol brilha. O que devo fazer agora? O que faço com o que tenho aqui? Pena? Pena de mim!". Aymé se percebe transformado em um ser humano que possui um interior habitado por sentimentos e pessoas, deixou de ser imitação.

Após a expressão, a verbalização das vivências internas, ele se acalma e tem as condições de cuidar de Elena, de ser carinhoso, até de namorá-la. Mas essa foi apenas uma parte de sua transformação, ainda falta o contato com Elena. Ele está em contato com os próprios sentimentos, mas ainda tem de fazer o movimento de perceber o outro.

Nesse momento do filme Elena se retrai. Sua saudade e sua culpa por estar longe da filha a fazem perceber sua condição. Ela, que vinha alegre até então, passa a vivenciar suas dores. Percebe que quer voltar para casa, mas não consegue contar para Aymé a verdade: que está frustrada por não ter conseguido o casamento que veio buscar. Briga com Aymé, quer culpá-lo por não ter um lugar na casa dele, ela não é totalmente verdadeira com ele. Ele não sabe o que fazer para torná-la feliz, apenas a observa.

A impossibilidade de permanência de Elena se estabelece, ela acaba se distanciando pela saudade dos que deixou na Romênia.

Aymé não suporta vê-la tão triste, abre mão de seus próprios interesses e cria condições para ela ir embora. Essa mudança em seu narcisismo é fundamental; abrir mão da satisfação dos próprios desejos em prol do outro é a demonstração de amor ao próximo, é a condição *sine qua non* do nosso estado emocional denominado social-ismo.

Quando Aymé e Elena se separam, vivenciam cada um a seu modo a dor da saudade. Depois de algum tempo separados, Elena descobre o gesto de amor e generosidade que ele teve para com ela e retorna para ele, acompanhada pela filha, pois já confia no amor deles e que será aceita como é.

Em uma das cenas finais, sua filha Gaby pergunta: "O que é ganhar uma aposta [loteria]?", ao que Elena responde: "Ganhar uma aposta é quando alguém te ama muito". Porém, diante do que foi vivido por Aymé no filme, eu diria: "Ganhar uma aposta é quando podemos viver relações que nos ajudam a ser a pessoa que realmente somos, quando se pode voltar a casar-se consigo mesmo e amar a si e ao outro verdadeiramente, quando se pode viver os sentimentos e pensar a respeito deles".

41. A janela da frente[1]

Lídia Neves Campanelli

O filme *A janela da frente* foi dirigido por Ferzan Özpetek. Esse diretor nasceu na Turquia e radicou-se na Itália, em 1978, para estudar cinema. O talento do cineasta pode ser constatado em outro filme, *Um amor quase perfeito*, lançado no ano de 2001. Na Itália, o filme *A janela da frente* ganhou três prêmios David Di Donatello (o Oscar italiano) em 2003, incluindo nas categorias de Melhor Filme e Melhor Atriz. Foi premiado em festivais como o de Bangkok (Tailândia), o de Karlovy Vary (República Tcheca) e o de Seattle (EUA), além do Nastro d'Argento, premiação do Sindicato dos Jornalistas Italianos de Cinema.

Rubens Ewald Filho, crítico de cinema, conta que Özpetek é homossexual e aborda o tema, nos seus filmes, com seriedade e delicadeza. Neste filme, o que considerei especial foi observar a linguagem que o diretor utiliza para mostrar como o nosso cotidiano é invadido por fatos insólitos e inesperados, que nos arremessam para o contato com algo novo, verdadeiras janelas que se abrem para

---

1 *La finestra di fronte* (2003), direção: Ferzan Özpetek.

reencontros com a realidade interna e externa. A apreensão dessa outra coisa se dá, inicialmente, no plano do sensorial.

No caso dos nossos personagens, é sobretudo pela visão de novos espaços usando a metáfora das "janelas": o olhar de Giovanna, de Lorenzo, até mesmo de Eminè foi arrebatado para a janela da frente. No conto "A luz da outra casa", Luigi Pirandello (1960) descreve uma situação semelhante:

> *De repente, os seus olhos viram. Olhou em torno de si, espantado. O quarto se havia, realmente, iluminado, de improviso; como se um sopro misterioso o tivesse enchido de um brando lume discreto. Que era? Que acontecera? Isto: a luz da outra casa. Acendera-se, na casa fronteira, um lampião. Era o hálito de uma vida exterior que vinha desfazer as trevas, o vácuo, o deserto de sua existência...*

Ora colocando mais luz sobre o próprio vivido, ora olhando as cenas do cotidiano a partir de outros ângulos, a fratura instala-se, interrompendo a repetição de fatos programados, transportando os personagens em direção a novos sentidos, à apreensão de novas significações.

Outro aspecto sensorial, agora o da gustação, do sabor, surge no filme como dimensão do contato transformador dos personagens com a vida. Giovanna, estimulada por Davide, que a introduz nos segredos da culinária, pôde descobrir novas dimensões da sua sensibilidade. No entanto, o crescimento fruto do contato com o novo só é possível quando a mente é capaz de suportar o impacto diante do inusitado, a desestabilização do mundo costumeiro e conhecido.

A primeira cena do filme se passa em Roma, 1943. Dois homens preparando fornadas de pão em um lugar escuro. O clima entre eles era de desconfiança e tensão. Sabiam do antagonismo que os separava, questão de vida ou morte. Começa uma luta violenta, um deles morre, o outro foge correndo na escuridão da noite. Em um dado momento para, hesita entre dois caminhos. Qual deles deve seguir? Já nesse primeiro momento o filme nos apresenta a angústia humana diante das inevitáveis escolhas, situações em que não se pode decidir entre fazer ou não fazer escolhas: somos "condenados" a fazê-las.

A câmera focaliza a parede de pedra marcada pela mão ensanguentada do homem fugitivo, que vai clareando, aos poucos, levando-nos a outro momento naquele mesmo lugar, evidenciando um salto no tempo. A história de Giovanna, Filippo e seus filhos, Lorenzo e Eminè começa com um encontro, o encontro de Giovanna e Filippo com um homem idoso bem-vestido, com dinheiro, mas desorientado, sem memória, não sabe quem é nem onde mora. O encontro acontece sobre uma ponte, em Roma. Ponte que significa ligação, travessia. À medida que as cenas se sucedem vamos juntando as partes da história desse homem, compondo um todo que nos permite compreendê-la. Esse recurso utilizado pelo diretor parece retratar seu estado de mente fragmentado e confuso.

Nesse momento avançado da vida precisava ligar passado e presente, encontrar um sentido para as escolhas e para o sofrimento que marcaram sua vida. Davide Veroli, era esse seu nome, vivera, quando jovem, um amor proibido com Simone durante a Segunda Guerra Mundial. Aqui, a janela surge como abertura para o encontro dos dois: "por isso não posso nem ao menos olhar para sua janela. Era lá que sempre o via quando ainda não sabia seu nome". Encontros clandestinos, comunicação escassa e furtiva, muito pouco era possível para a realização desse amor. Davide, indeciso entre dois caminhos, fez sua escolha: avisou os judeus sobre a caçada dos nazistas para levá-los aos campos de concentração. Pôde salvar muitas vidas, redimir-se diante daqueles que o criticavam pela homossexualidade, mas perdeu Simone.

Quando conversa com Giovanna, na janela, sobre quanto tempo ela e Filippo estão juntos, diz que deve ser bonito ver crescer um amor que no início era só paixão, ajudá-lo a mudar, protegê-lo do passar do tempo. Davide fala da dor de não ter vivido seu amor. Parece ter passado a vida imerso na tristeza dessa perda. O afeto entristecido de Davide fica evidente no quanto ele utiliza a cor para falar das suas emoções: na carta que escreveu a Simone ("sem você, o vermelho não é mais vermelho, o azul do céu não é mais azul"), na cena do banheiro, quando diz não ter gostado da cor do suéter.

Outro aspecto que gostaria de comentar dessa bela cena da conversa entre Davide e Giovanna na janela é que Davide dança com Giovanna, no passado e no presente, denotando o quanto ele vivia a percepção do tempo de modo confuso. Outras cenas também nos colocam diante da mesma confusão: Davide transitava entre o passado traumático e o presente sem poder vivenciar o tempo com o nexo de união próprio de uma perspectiva de continuidade. A conceituação do tempo (noção de tempo cronológico) e a discriminação de suas dimensões (passado, presente e futuro) dependem também da capacidade de elaborar a dor das inevitáveis perdas e lutos que temos durante a vida. Sem essa elaboração o transcurso do tempo é negado, não podendo ser vivenciado de modo objetivo.

Ao longo do filme, Davide parece não encontrar um lugar dentro de si para acomodar a dor da perda de Simone: sente que apenas sobreviveu. "Depois de você tenho de procurar as cores em nossas lembranças." Permanece profundamente ligado ao passado, não podendo viver a renúncia inerente à sua escolha. O encontro com Giovanna e sua família é transformador. Contando a ela sua história, pôde ligar os fatos desconexos, saindo da confusão e aproximando-se de sua tristeza e sua dor.

Mais integrado internamente, pôde olhar para fora, para o outro. Não pode mudar sua vida, mas ela ainda pode. "Você ainda pode escolher, pode mudar. Não deve contentar-se apenas em sobreviver, deve exigir viver em um mundo melhor, não apenas sonhar com ele." Ao preparar uma linda mesa de doces apesar do clima não muito propício ("a umidade não é boa para os confeitos, fica difícil fazer a massa"), denota a possibilidade de ser criativo e de sentir-se vivo mesmo em condições pouco favoráveis.

Vamos agora a Giovanna e sua profunda transformação. A Giovanna do início do filme era uma jovem "nervosa" e impaciente; não consegue conter-se no supermercado, briga irritada com o caixa. Diante do idoso perdido, não quer envolver-se. Sua vida está pautada em uma rotina absorvente da qual só consegue dar conta à custa de uma intensa rigidez: o trabalho na granja industrial, os doces que fazia para ganhar um "extra", os cuidados com os filhos e com a casa. As palavras de Martina quando ajuda a mãe a guardar as compras – "a ordem facilita a vida e nos faz não perder tempo" – definem a relação de Giovanna com a realidade externa, uma relação que parecia limitar-se a cumprir uma agenda de atividades.

Insatisfeita com Filippo, que não conseguia manter-se em seus empregos, Giovanna mantém com ele um contato tenso, permeado por críticas e cobranças. Não gostava do seu trabalho na granja industrial, mas não conseguia mudar, desfazer a repetição instalada. O ventilador ligado da granja industrial representa, a meu ver, o movimento constante do seu dia a dia, um movimento mecânico, implacável, que não possibilita o despontar de criatividade alguma.

As palavras de Clarice Lispector em uma carta à sua irmã (Gotlib, 2013) expressam bem as consequências desse tipo de vida:

> *Querida,*
>
> *Não pense que a pessoa tem tanta força assim para levar qualquer espécie de vida e continuar a mesma. Até cortar os próprios defeitos pode ser perigoso – nunca se sabe*

> *qual o defeito que sustenta nosso edifício inteiro. Nem sei como lhe explicar minha alma. Mas o que queria dizer é que a gente é muito preciosa, e que é somente até um certo ponto que a gente pode desistir de si própria e se dar aos outros e às circunstâncias. Depois de uma pessoa perder o respeito a si mesma e o respeito às suas próprias necessidades – depois disso fica-se um pouco um trapo . . .*

Eminè, sua amiga, é mais humana, mais flexível, vive apontando novas direções para Giovanna. Mostra o belo vizinho na janela, questiona sua atitude diante da funcionária que trabalha no lugar da irmã, incita-a a viver, a ser mais descontraída. A dona do bar também sugere que ela invente: os doces de sempre não têm tido saída.

A chegada de Davide e o contato com Eminè vão tocando Giovanna. Quando ele pergunta por que ela não trabalha como confeiteira, responde que era difícil ser aprendiz aos 29 anos, com dois filhos e um marido que vivia perdendo o emprego. Ele fala do sabor da água, da fumaça do cigarro, de detalhes que instigam na jovem o aperfeiçoamento de novas capacidades. Começa a envolver-se com Davide, ajuda-o a tirar a roupa para o banho, vê os números do campo de concentração em seu braço. Está mais amorosa, pode cuidar do desconhecido sem memória e, ao mesmo tempo, do desconhecido nela mesma.

O jovem morador da janela da frente, Lorenzo, aproxima-se de Giovanna na noite da entrega de doces no bar. Começam um relacionamento, a princípio, unidos pelo cuidado com Davide. Ele conta que a observa da sua janela, vendo seu movimento cuidando da casa, dos filhos, vendo quando cessa as atividades do dia, acende um cigarro e olha para a janela. Só, diz ele, não sabe o que ela vê naquele momento. Conta a ela que trabalha em um banco, gosta do que faz, é solteiro e foi transferido para trabalhar em uma ilha, Ischia. A aproximação de ambos vai ficando mais intensa e apaixonada.

Giovanna pressente a aproximação do momento de decisão: diante de tantos bicos de confeiteiro, qual vai escolher? Resolve viver com ele uma noite de amor. Esta é a mais bela cena do filme, a meu ver. No apartamento, Lorenzo prepara um cenário romântico, à luz de velas. Enquanto a abraça e a beija com paixão, vai contando como espera vê-la todos os dias através da janela. Giovanna interrompe o contato apaixonado e olha pela janela de Lorenzo. O que ela vê? Vê a luz de sua casa acesa, Filippo chegando e abraçando os filhos, vê a si mesma olhando pela janela com o cigarro no final do dia. Parece olhar para lugar algum, para o vazio, nada enxerga além da sua pesada rotina. Nesse momento, Giovanna vislumbra outra cena: pode olhar sua vida de outro ângulo, olhar para dentro, olhar para sua realidade interna. A cena é a mesma de todos os dias, porém agora vista de outro vértice.

O novo pode surgir no cotidiano, no conhecido, o que muda é o olhar. A vivência é, ao mesmo tempo, de perplexidade e tranquilidade. Perplexa pela descoberta e tranquila, porque mais aliviada, pode fazer sua escolha. Está apaixonada por Lorenzo, poderia partir com ele para Ischia, mas decide ficar. Resolve abandonar seu trabalho na granja e tentar a vida como confeiteira, buscando um contato mais apaixonado e vivo consigo mesma. Pede ajuda a Filippo, coloca-se na posição de quem precisa de auxílio, expõe suas necessidades. O ventilador mecânico para. Giovanna criticava o marido, suas incapacidades. Não olhava para dentro, para o que era precário nela, para o seu sofrimento. Quantas vezes a crítica ao outro funciona como um véu que nos impede enxergar a nós mesmos?

Como todo processo de crescimento não é gratuito, mas construído, Giovanna precisava ter paciência com os limites da condição de ser aprendiz. Não foi sem dor e conflito que Giovanna fez sua escolha. Toda escolha implica perdas. Estava na cozinha fazendo doces, Lorenzo partindo, queria vê-lo, mas ficou indecisa. O que fazer com sua emoção? Perguntou a Eminè: devo colocar uvas ou amêndoas?

O filme termina com uma conversa com Davide, ausente, na fonte onde ele tinha encontros secretos com Simone. Conta sobre as mudanças em sua vida, os avanços como confeiteira, os progressos de Filippo. Mas é sobretudo da ausência que ela fala, da ausência de Lorenzo e Davide. Sente-se acompanhada por Davide, sente seus gestos nos dela, reconhece-o nas suas palavras. Guardou-o dentro de si, sente-se mais segura.

Na última cena, o olhar de Giovanna está mais leve, emocionado e vivo. Pôde, enfim, transformar sua realidade.

Termino com as palavras de Cecília Meireles (1978) no texto "A arte de ser feliz":

> *Às vezes abro a janela e encontro o jasmineiro em flor. Outras vezes encontro nuvens espessas. Avisto crianças que vão para a escola. Pardais que pulam pelo muro. Gatos que abrem e fecham os olhos, sonhando com pardais. Borboletas brancas, duas a duas, como refletidas no espelho do ar. Marimbondos: que sempre me parecem personagens de Lope de Veja. Às vezes, um galo canta. Às vezes, um avião passa. Tudo está certo, no seu lugar, cumprindo o seu destino. E eu me sinto completamente feliz. Mas, quando falo dessas pequenas felicidades certas, que estão diante de cada janela, uns dizem que essas coisas não existem diante das minhas janelas, e outros, finalmente, que é preciso aprender a olhar, para poder vê-las assim.*

Referências

Gotlib, N. B. (2013). *Fotobiografía de Clarice Lispector*. Alias.

Meireles, C. (1978). Seleta em prosa e verso. *Giroflê, giroflá*. Livraria José Olympio Editora.

Pirandello, L. (1960). *Obras Escolhidas*. Editora Martins Fontes.

42. O cheiro do ralo[1]

Ana Márcia Vasconcelos de Paula Rodrigues

Oração
Pai nosso que não estás aqui
Sacrificado é o vosso povo
Humilhados e ofendidos são os nossos homens
Deserdados e famintos são os nossos filhos
Feridos e estéreis são os nossos ventres
Aqui, na terra.
O pão nosso de cada dia
A alegria nossa de cada dia
O amor nosso de cada dia
O trabalho nosso de cada dia:
Venham a nós, voltem a nós
De trem, de carro ou navio.
Não nos deixei cair em lamentações
Mas livrai-nos desse vazio.

Música de Milton Nascimento e Fernando Brant

1 *O cheiro do ralo* (2007), direção: Heitor Dhalia.

Se Lourenço pudesse orar ao pai intangível, talvez dissesse algo parecido com essa oração, por sentir na alma as angústias de órfão, a humilhação de não ser conhecido por quem o gerou e a fome ininterrupta de ser alguém com uma herança afetiva de não se sentir humano. Mas Lourenço desconhecia a alegria, o amor, a ternura e a intimidade afetiva, que são o "pão nosso de cada dia", assimilado na forma de vida interior, a única que talvez possa nos sustentar perante o vazio. Talvez possamos percorrer com ele a trajetória de quem expôs ao mundo dos homens a condição primária de não saber como ser homem e relacionar-se com humanidade consigo mesmo e com as pessoas, sentindo a atmosfera de sua busca frenética por algum objeto, cheiro, coisa ou parte de uma pessoa que pudesse lhe dar a sensação de ser alguém em seu mundo de Frankenstein.

Tive medo de não achar uma forma de escrever e falar sobre este filme de modo fidedigno à magnitude desta obra, que me pareceu muito corajosa e requer abertura de nossa parte para entrar em contato com o desamparo que desperta. Eu corria o risco de juntar várias partes de teorias psicanalíticas e fazer com elas uma colcha de retalhos, semelhante ao que fez dr. Frankenstein ao forjar aquele monstro frágil e bizarro que não sabia por que e para que existia. Também a linguagem científica pode se tornar uma coisa morta ou sem viço, quando usamos as teorias como tampão ou cimento para cobrir nossos sofridos buracos do não saber, como fez Lourenço ao cimentar o ralo para não mais sentir o cheiro fedorento que nascia de suas entranhas.

Este é o grande desafio deste filme, como também pode ser o da própria vida: como interagir com as emoções humanas sem distorcer suas qualidades, boas ou más, confortáveis ou quase insuportáveis, deixando que exalem o perfume das rosas ou o mau cheiro das fezes? Se nossas palavras são muito limitadas para descrever a vida, se prestando mais ao estudo do mundo material e físico, como disse o psicanalista Bion (1962/1991), *O cheiro do ralo* é um filme forte e corajoso ao expor o drama de um homem que poderia ser o de todos nós: nos humanizar enquanto estamos vivos ou caminhar pela vida sem alcançar sua essência.

Selton Mello encarnou Lourenço em toda a sua perplexidade perante os difíceis afetos desconhecidos. Escolheu esse papel com paixão e correu atrás do diretor Heitor Dhalia até conseguir protagonizá-lo, faminto e disposto a encontrar o melhor prato de comida para suas necessidades mais íntimas, afirmando ter sido o papel da sua vida. Abriu mão de seu cachê como ator e tornou-se coprodutor do filme, que se realizou com um orçamento sumário de 300 mil reais. O clima entre os atores foi de muito entusiasmo e doação do máximo para a construção desta história, compondo arte em cenários despojados e mínimos, o que mostra que é possível tirar o melhor de muito pouco, com mão extrema e precisa.

Os diálogos intensos e curtos do autor e escritor Lourenço Mutarelli foram quase reproduzidos na íntegra pelo roteirista, desvelando o terrível isolamento de alguém que não encontra os meios de comunicação humana compartilhada capazes de gerar linguagem verbal simbólica. A linguagem de Lourenço fundou-se na gramática das ações, em forma de desencontros ou encontros desnutridos de afetos, cuja tônica era induzir coação, humilhação, sedução, degradação, violência, invasão, masturbação, excitação ou perversão de valores humanos, buscando se inserir nas outras pessoas e fazê-las viver as emoções intoleráveis em si mesmo.

O ralo foi se impondo e adquirindo status de personagem, um simples ralo de banheiro, buraco de esgoto, objeto inanimado que sai do mundo das coisas de forma animista para ser a denúncia do mundo subterrâneo da mente de Lourenço, e que ia escoando as partes afetivas e sensíveis de sua personalidade. Vamos assistindo a um teatro humano de decomposição da substância viva em matéria fecal, que passou a ser evacuada, eliminada, descarregada, colocando o ralo na condição paradoxal de ser fonte de vitalidade, bem como de doença, por servir como depósito de partes rejeitadas, mas também essenciais ao psiquismo.

Ao maltratar seus clientes e encenar com eles o uso maldoso e cínico da linguagem, reafirmava não haver troca afetiva entre as pessoas, despojando-se da condição de compartilhar um caminho de resgate de sua vitalidade, plasmando sua realidade íntima na pele de cada pessoa. Os objetos que Lourenço comprava de seus clientes eram portadores de memórias afetivas das experiências vividas mais significativas.

Lourenço tornou-se colecionador de objetos, estocando-os e aglomerando-os naquelas prateleiras que, repletas, nos dão a sensação de vertigem quando a câmera do diretor passa por elas, uma visão meio alucinada e claustrofóbica de estar dentro de um armazém de coisas entulhadas que, de outra forma, poderiam compor um antiquário harmonioso e belo. Algo como guardar caixas de brinquedos e não poder brincar por não saber sonhar, como revelou o personagem: "Eu nunca sonho. Ninguém nunca sonhou comigo". Nos seus momentos solitários, a forma irônica de imitar a professora sensual de ginástica na TV revelava o automatismo esvaziador de seu brincar, para anestesiar o incômodo de ter sido noivo e ter a ex-noiva batendo à sua porta, desesperada com o rompimento.

Em outra cena que remonta às memórias afetivas que geram um brincar genuíno, vemos uma caixinha de música ser vendida por um homem negro, que saudosamente conta que aquela música era tocada para ele por sua mãe ao piano, o que sarcasticamente Lourenço transforma na musiquinha do caminhão de gás, empalhando o afeto nascente que ele não tem.

O olhar indignado ou furioso de seus clientes eram o reflexo vivo daquilo que Lourenço expulsava de sua psique, ao sentir-se a frágil e insuficiente criança privada de história amorosa para existir.

A cada cliente, nova expulsão de seu *self* infantil, fazendo-os sentir o desamparo de quem vive sem par e sem lar. Ninguém entrava ou saía de seu escritório/campo de concentração sem esta metamorfose desumanizante. E o cheiro do ralo ia encorpando. Acompanhamos seu andar cabisbaixo pelas ruas e paredões de concreto, sua perplexa fome pela posse do olho do pai para ter dois olhos (visão binocular) e sair de seu pesadelo de ciclope, conseguindo olhar a vida com outros olhos, bons e protetores.

A visão de pedaços da realidade é absoluta, via de mão única, sem saída, sem volta. Nela, a pessoa experimenta a si mesma e tudo o que vive dominada por uma única e absoluta trilha, sem acesso a perspectivas diferentes que geram hipóteses e múltiplas alternativas (Grotstein, 2003). Para sair deste estado mental ciclópico urge que haja alguém disposto a entrar junto com Lourenço neste reino infernal, com olhos humanos para conhecê-lo e tentar resgatar a dor original que mostra sinal de vida para essa mente. Como não tinha esse parceiro, Lourenço fez sua invenção mágica de ter o olho de vidro sempre consigo, o olho de seu pai, recriado como herói morto na Segunda Guerra Mundial.

O olho tinha de ser mágico e poder tudo, ser absoluto e exorcizar os demônios que as emoções ou as mulheres eram para ele. Ou funcionar como defesa quando era assaltado por emoções insuportáveis, usando-o contra o pobre homem do relógio, que foi espancado em um *acting* com a função de deteriorar o próprio estado emocional anterior de ambivalência, pela falta que sentiu da garçonete.

Num raro momento de conexão consigo mesmo, revelou a mais fina percepção de sua realidade e dor: "de todas as coisas que tive, as que mais me valeram, das que mais sinto falta são as coisas que não se pode tocar, são as coisas que não estão ao alcance de nossas mãos. São as coisas que não fazem parte do mundo da matéria". Lourenço anseia pelo mundo imaterial das emoções e do pensar, da experiência afetiva com outro ser humano, do sonhar a dois que dá nome a todas as coisas e nos faz sentir que a vida existe de verdade, do tocar e ser tocado na alma e no coração, enfim, do se alimentar do único sustento que permite o nascimento de uma mente única. Almeja alcançar vida mental, ser permeável a afetos e ideias, abrir mão da estrutura mental forjada para ser uma fortaleza, mas que carregava mecanicamente e se tornou a coisa morta.

Se o seu pai foi embora antes mesmo que soubesse que o havia gerado, o que houve com a sua mãe que não pôde procurar este homem ou outro que pudesse ter a função paterna, primeiramente dentro dela, para, então, transmitir a força e a proteção desta função essencial para Lourenço se introduzir na vida como homem? Se um pai está ausente, ele pode ser imaginado, sonhado, como matéria-prima para fomentar várias funções e recursos psíquicos. Não tendo esta presença afetiva, busca-se criar um pai à sua imagem e semelhança, com próteses que deveriam ser fundidas para dar a sensação vicária de estar ancorado a um pai protetor.

Lourenço abraçava a prótese da perna e tentava encaixar o olho de vidro num buraquinho dela, como se dessa forma abraçasse a imagem de um pai e pudesse salvar alguma forma de existência. Imaginou ter sido aquele pai mais infeliz e desgraçado que ele, pois nem soube que tinha um filho, nem pôde imaginar como era esse filho, nada aprendendo do que é ser pai. Ele ao menos sabia o que era ter um projeto de pai, mesmo que fosse um pai fragmentado e inventado: "o pai Frankenstein".

A sua história com a garçonete foi paralela à do ralo. Buscou desesperadamente conquistá-la, como aquela que tinha a única coisa capaz de atraí-lo com arrebatamento, já que seu rosto era indistinto e seu nome impronunciável, pois não era percebida de fato como uma mulher. As mulheres eram percebidas como cárcere e o aprisionamento, como condição de qualquer relação íntima, talvez pela relação de exclusividade emocional que acabou tendo com a própria mãe, solteira e carente de companhias vivas afetivas.

O esperado encontro com a garçonete aconteceu em seu escritório e, enfim, ele tentou unir as sensações erotizadas com as emoções, num esforço tremendo de se aproximar, logo constatando terrivelmente sua incapacidade de amar e voltando à solidão absoluta, por ter de fazer da "bunda" que comprou mais uma peça de sua coleção de museu. Continuou sua vida dura de encontros com outros deserdados de afetos, como a moça viciada em drogas, que era sua cliente mais assídua e já passara por todos os estágios de degradação humana da frágil imagem que sustentava, mas que também sabia estar vivendo no mundo da mentira, com a inanição permanente por verdades, reconhecendo em Lourenço o espelho vivo e chocante de sua tragédia íntima. Terrível demais para continuar vivo.

Disparou seu revólver, a morte que carregava dentro de um saco de papel, contra o peito de Lourenço, que, reunindo forças, engatinhou até o banheiro e buscou o ralo sofregamente, com seu último sopro de vida aspirou o seu cheiro, o único que reconhecia, enquanto seu olhar alcançava o olho, se aliviando enfim do pesado fardo de passar pela vida sem poder vivê-la.

Referências

Alvarez, A. (1997). Falhas na vinculação: ataques ou deficiências? In M. O. A. F. França (Org.), *Bion em São Paulo: Ressonâncias*. Casa do Psicólogo.

Andrade, C. D. (2005). *As impurezas do branco*. Rio de Janeiro: Record.

Bick, E. (1981/1967). A experiência da pele em relações de objeto arcaicas. In Spillius, E. B. (Org.), *Melanie Klein Hoje* (Vol. 1). Rio de Janeiro: Imago.

Bion, W. R. (1962/1991). *O aprender com a experiência*. Rio de Janeiro: Imago.

Bion, W. R. (1988). *Estudos psicanalíticos revisados (Second Thoughts)*. Imago.

Freud, S. (2004). À guisa de introdução ao narcisismo. In S. Freud, *Edição Standard Brasileira das Obras Psicológicas Completas de Sigmund Freud* (Vol. I). Imago.

Grotstein, J. S. (2003). *Quem é o sonhador que sonha o sonho?* Imago.

Marques, M. (2007). *A perversão nossa de cada dia*. Trabalho apresentado na SBPRP, com comentários de Martha Maria de Moraes Ribeiro.

Meltzer, D. (1995). *A apreensão do belo*. Imago.

Meltzer, D. (2000). A arquitetura da paranoia. *Revista Brasileira de Psicanálise*, *34*(1), 51-53.

Mutarelli, L. (2002). *O cheiro do ralo*. Devir Livraria.

Symington, N. (2003). *Narcisismo: Uma nova teoria*. Roca.

43. Mais estranho que a ficção[1]

Josimara Magro Fernandez de Souza

O prof. Hilbert, simpático e esclarecedor personagem de nosso filme, cita Calvino: "O sentido último de todo relato tem duas faces: a continuidade da vida e a inevitabilidade da morte". Este é o sentido de estarmos aqui hoje: garantir a continuidade de nossas vidas, nos sentir vivos e aprender a lidar com a inevitabilidade da morte. E por que *Mais estranho que a ficção*?

Escolhi este filme pois eu o havia assistido no cinema no ano de seu lançamento e foi uma experiência muito emocionante, achei que era uma bela homenagem do diretor ao cinema e à literatura, uma homenagem à vida e aos pequenos detalhes que muitas vezes nos passam despercebidos e que podem fazer toda a diferença. Será este filme uma comédia mesmo? Ou será uma comédia disfarçada de drama? Ou um drama disfarçado de comédia? Comédia ou não, é dos mesmos temas que vamos tratar: vida e morte; amor e ódio; desespero e paixão. Não é este mesmo o seu mérito, falar de questões dolorosas com graça e inteligência?

---

1 *Stranger Than Fiction* (2006), direção: Marc Forster.

Nós só conseguiremos apreciar esta história e nos emocionar se nos entregarmos, em vez de tentarmos entender. É preciso "comprar" o absurdo da situação. Então, o que pretendo aqui não é explicar, mas fazer um exercício de aproximação do personagem e de sua história. Se ficarmos tentando explicar, estaremos fazendo como Harold, tentando controlar tudo, e aí não permitiremos que a emoção seja vivida.

Acompanhamos a história de Harold Crick, numa genial interpretação de Will Ferrel. No início do filme somos apresentados a ele, seu relógio de pulso e sua triste e solitária vida: ele tem rituais obsessivo-compulsivos, sua mente é habitada por números, contas e regras, tudo é controlado precisamente. Harold é tão solitário e tem uma vida tão pobre porque num mundo assim controlado não há lugar para as emoções. As emoções, em sua vivacidade e imprevisibilidade, bagunçam nossas vidas, não dão chance aos planejamentos e previsões, nos desconcertam a todo o momento. Para tolerar experimentá-las, é preciso que toleremos o que é incontrolável, imprevisível, é preciso ter lugar para o novo e o desconhecido.

Harold leva uma vida como que "achatada" – a narradora nos conta que, enquanto uns imaginam como será o seu dia e outros se lembram dos sonhos que tiveram à noite, Harold conta as escovadas nos dentes, calcula o tempo, o nó da gravata. Ou seja, ele não sonha, nem imagina. Até então, ele não tinha nem passado, nem futuro; nem sonhos, nem lembranças, nem fantasias.

Donald Meltzer, importante psicanalista inglês, já falecido, postulou que nossas relações são de dois tipos: contratuais e íntimas. As primeiras são aquelas nas quais gastamos a maior parte do tempo, são as superficiais, em que prevalecem as regras e as formalidades. Nessas relações, predomina um nível de funcionamento da mente denominado bidimensional – esse nível origina-se em identificações muito primitivas, baseadas em mímica, treinamento e imitação dos comportamentos dos outros. É um nível necessário, pois precisamos de uma "armadura", que utilizamos para nos adaptar aos requisitos sociais e às convenções. Meltzer ressalta que a operação envolvida aqui é a manipulação lógica de signos – é um nível ainda não mental de funcionamento, ainda não simbólico.

As relações íntimas são aquelas em que há emoções, é o nível propriamente mental, simbólico. É na experiência emocional de proximidade com outra pessoa que nossas vivências adquirem sentidos e significados; a partir daí construímos a capacidade de representar o mundo simbolicamente. Assim nasce a possibilidade de uma vida mental criativa.

Nós normalmente oscilamos entre esses níveis de funcionamento, seria impossível permanecermos o tempo todo em contatos íntimos. Por outro lado, parece ser possível não sair do nível das relações contratuais. É o que acontece com nosso personagem, Harold, que vive naquele nível de funcionamento bidimensional, em sua armadura, como se fosse um robô.

A equipe criadora do filme traduziu isso de uma maneira muito interessante: por meio dos gráficos, que nos permitem visualizar o que se passa na mente dele. Para Harold, pensar é manipular signos e fazer cálculos. Seus contatos são assim, pobres, pois não há emoção nem significado. Seu maior amigo é seu relógio de pulso, um objeto inanimado, símbolo do controle do tempo. É mais confortável, quando precisamos controlar tudo, nos relacionarmos com objetos, pois estes nós controlamos e prevemos. O que é humano é então substituído pelo não humano, não havendo o risco das ondulações e brechas inexplicáveis e imprevisíveis que fazem parte das relações humanas vivas.

Nosso filme começa quando algo inusitado acontece com Harold: a voz da narradora falando em sua cabeça, ouvida pela primeira vez no momento que escova os dentes em frente ao espelho. Esse fato desestrutura o seu mundo arrumadinho e ele começa a buscar respostas, ou melhor, pode começar a se fazer perguntas. Daí a visita à psiquiatra e depois ao professor de literatura. Ele começa a se relacionar com objetos vivos, com pessoas. Não é à toa que o seu relógio se quebra – o que vai acontecendo é o desmanche de todo um esquema de vida, sua armadura se desmantela. Só assim ele pode ficar permeável à entrada das pessoas em sua vida: Ana Pascal e o prof. Hilbert.

É interessante que são pessoas muito diferentes dele: cheias de vida, espontâneas, apaixonadas. O professor é especialmente provocativo com Harold e percebe, com aguçada sensibilidade, sua obsessividade. Podemos dizer que ele representa a curiosidade, que até então parecia estar soterrada em Harold. Ana representa a paixão – é calorosa, ganha a vida fazendo pães e cookies que aquecem e alimentam as pessoas, vive e expõe com convicção sua raiva pelo uso indevido dos impostos pelo governo. Dessa maneira, Harold vai, aos poucos, descongelando, saindo daquele estado de solidão e isolamento: a cena em que experimenta o biscoito molhado no leite é muito bonita, dá a impressão de que algo dentro dele está descongelando e ele pode experimentar o sentimento caloroso de ter conforto e companhia, a vida passa a ter cor, sabor, textura – a experiência é de verdade!

Isso é assustador e pode nos fazer recuar, como Harold recua e recusa o presente de Ana, voltando às suas regras seguras e conhecidas. Essa oscilação ocorre conosco o tempo todo: é muito difícil tolerarmos a intensidade das emoções da intimidade e muitas vezes nos defendemos e nos distanciamos. Mas ele já estava mudado, já era possível ser curioso, se apaixonar, assumir os próprios desejos, sonhar...

Mas a pergunta é: o que será que possibilitou a passagem de Harold de um nível de funcionamento ao outro? Quando ele começa a ouvir a voz da narradora, o que estaria acontecendo com sua maneira tão controlada de viver? Teria ele atingido níveis insuportáveis de solidão e angústia? Parece ter havido um clique, como quando admitimos que precisamos de ajuda e, por exemplo, decidimos ir a um analista. Talvez movidos pela angústia consigamos lançar um olhar de observação sobre nós mesmos. No filme, essa auto-observação é representada pela voz da narradora, que ele começa a ouvir ao se olhar no espelho, provavelmente olhando para si mesmo pela primeira vez.

Podemos pensar que sua história passa a existir e ser interessante a partir deste momento: algo sai do lugar, surge uma enorme inquietação, e Harold começa a pensar, pensar mesmo, tentando conhecer a si, e, então, começa a construir uma história. Ele passa a possuir uma história, ser o autor da própria vida, tomar posse de si mesmo.

O prof. Hilbert conferiu a Harold uma interessante tarefa: descobrir em que espécie de história ele estava vivendo, seria uma tragédia ou uma comédia? Ao nascer psiquicamente, ele começou a enfrentar as dimensões cômica e trágica da vida e a perceber que tinha responsabilidade pelas suas escolhas: não há como evitar o trágico – a morte, a dor e o desespero –, mas há escolhas a fazer, escolhas que nos colocam em rotas diferentes – sejam elas cheias de vida ou de morte. Vale a pena nos perguntarmos: estaremos nós em uma comédia ou em uma tragédia? Como cada um de nós estará escrevendo a própria história?

Ao se descobrir vivo, Harold se dá conta de que há uma tarefa pela frente: cuidar da morte. Este "embate" com a morte vem representado pelo encontro com Karen Eiffel, a escritora talentosa e fascinada pela morte. Harold se encontra, então, com a morte dentro de si e com o perigo que enfrentamos a cada dia: os próprios impulsos violentos, arrebatadores e até mesmo autodestrutivos. Levar uma vida restrita como Harold levava poderia ser uma forma de não enfrentar o conflito essencial entre vida e morte e, portanto, de não lidar com o trabalho que ele começa a ter: cuidar da própria vida. Esta é a batalha que empreendemos a cada dia, hora e minuto de nossas vidas.

Quanto mais acordados estivermos para o que há dentro de nós, para nossos desejos, paixões e, também, para nossa violência, mais poderemos usufruir de nossas vidas. É interessante que, quando o relógio de Harold se quebra, aí, sim, ele entra na linha do tempo: ele, que vivia obsessivamente contando e controlando o tempo, não tinha a verdadeira noção da sua passagem, vivia num tempo suspenso, tempo sem tempo. Somente quando acorda para o fato de estar vivo é que passa a ter noção da transitoriedade da vida, da finitude das coisas e, como disse Calvino, da inevitabilidade da morte. Aí, sim, a vida passa a ter um enorme valor; aí, sim, a vida vale a pena ser salva. E o que nos salva é a possibilidade, descoberta por Harold, de nos alimentarmos dos contatos e relacionamentos.

E é assim que a escritora Karen Eiffel salva Harold, escolhendo a vida e ressaltando o valor dos pequenos detalhes. Ela diz ao final do filme: "Às vezes, quando nos perdemos no medo e no desespero, na rotina e na constância e na tragédia, podemos agradecer a Deus pelos biscoitos bávaros. E felizmente, quando acabarem os biscoitos, ainda teremos consolo em uma mão amiga na nossa pele, ou num gesto gentil e afetuoso, ou num apoio sutil, ou num abraço carinhoso, ou numa prova de conforto".

São esses pequenos gestos e detalhes que podem salvar nossas vidas!

44. Causo: corra, Bernadete, corra!

Maria Bernadete Figueiró de Oliveira

Uma agonia quase impensável... Estávamos prontos para a exibição do filme em um espaço inspirador, regado a arte, o Instituto Figueiredo Ferraz, com a grandeza do seu acervo artístico-cultural. Todo esse cenário compondo e completando a beleza da sétima arte.

O Instituto Figueiredo Ferraz é uma instituição de arte em Ribeirão Preto que apresenta um acervo com mais de mil obras. O enfoque principal do museu é a arte contemporânea nacional. Tem o propósito de difundir a arte e a cultura, com ênfase na região em que está localizado. Uma parte do projeto Cinema & Psicanálise era realizado – naquela época – nesse belo espaço.

Era minha estreia na coordenação do Cinema & Psicanálise e a praxe era levarmos um notebook e o DVD do filme. Deixávamos tudo organizado um dia antes, testávamos toda a aparelhagem, DVD etc. Assim aconteceu, porém, no dia do evento: com tudo pronto para começar, muitas pessoas no anfiteatro aguardando a exibição do filme, luz do anfiteatro se apagando e o notebook anuncia "bateria acabando". Cadê o cabo da bateria? Deixei na minha casa! Que angústia súbita!

Os colegas da comissão começaram a tentar encontrar uma solução, o funcionário do Instituto, que nos ajudava, fez a tentativa de usar a aparelhagem do Instituto, depois de procurar um cabo alternativo. Mas também não funcionou... Minha tensão crescia, pois, além da situação difícil, eu estava em uma função de destaque, coordenando a comissão. Crescia o peso da responsabilidade! Enquanto tentávamos resolver o problema, a bateria descarregou por completo e o DVD ficou preso no notebook. Mais uma angústia: sem aparelho e sem DVD!

As pessoas esperavam, alguns colegas da comissão do C&P, funcionários do Instituto e colegas na plateia tentavam ajudar, pensando em possíveis soluções. E eu, me sentindo ameaçada, pensava: "E agora? Que frustração! Vamos ter que cancelar, que vexame!". O filme não era de terror ou suspense, mas era assim que me sentia, em uma cena de desamparo. Liguei para o meu marido pedindo para que ele levasse o cabo, mas ele se atrapalhou no percurso, não entendeu onde ficava o local. Tentava explicar por telefone, mas parecia que a comunicação ia ficando mais confusa...

O sonho, ao qual aquele lugar de arte nos transportava, foi tornando-se um pesadelo. Saí apressada com o carro, como se o tempo fosse me engolir. Rapidamente parecia estar em um filme de ação. Fui até o lugar em que meu marido havia parado, peguei o carregador e cheguei a tempo. Ufa! Lembrei do filme *Corra, Lola, corra*!

Quase que o desespero me enclausurou, ao invés de abrir possibilidades. Senti muita gratidão pela compreensão e pela tolerância do público e pelo diretor do Instituto, que permitiu passarmos do horário de funcionamento. Claro que, nos bastidores, ainda restou uma boa briga de casal...

45. Ensaio sobre a cegueira[1]

Alexandre Martins de Mello

Em 1995 foi lançado o livro *Ensaio sobre a cegueira*, e em 1999 o autor José Saramago foi premiado com o Nobel de Literatura. É um livro impactante que foi adaptado para o cinema pelo diretor Fernando Meirelles.

A partir do filme, utilizarei alguns conceitos psicanalíticos para discussão da razão, da capacidade de pensar dos humanos. Vou tomar a liberdade de não fazer citações autorais para podermos debater livremente, baseados nas associações que o filme despertou em vocês, nas minhas ideias e na fala de Saramago.

O filme se passa em uma megalópole indefinida (Fernando Meirelles filmou em três países para compor os cenários) e os personagens intencionalmente não têm nome. Ao longo do século XX, as pessoas passaram a viver predominantemente nas cidades ao invés de viver no campo. Vivemos em ambientes urbanos, será que nos identificamos com esses personagens?

---

1 *Blindness* (2008), direção: Fernando Meirelles.

Estamos diante de uma epidemia de cegueira, uma cegueira atípica, carregada de luz e apresentada por Fernando Meirelles na fotografia luminosa do filme. Essa maligna epidemia que atinge as pessoas é apresentada com todo o seu impacto nas cenas de desespero dos personagens quando se percebem cegos. Farei parte de minha exposição baseado na suposição de que a cegueira branca representa algo que se supõe claro e iluminado, remete à ideia da clareza da razão humana. Destaco aqui uma ideia de razão baseada apenas na lógica das ciências, particularmente as ciências naturais, da tecnologia, uma razão instrumental que coloca em segundo plano as emoções e a arte.

Após ficarem cegos, os personagens principais são colocados em quarentena em um manicômio, onde se passa a maior parte das situações de violência e degradação das relações entre as pessoas. Ali, cegos, são abandonados à própria sorte, contando apenas com orientações da mulher do médico, que inicialmente não revela enxergar. A concepção de ciência baseada na procura de uma causa externa está presente na ideia da quarentena. Lembram que, quando o médico ficou cego e sua mulher quis tocá-lo, ele alegou que podia ser uma doença transmissível?

Os militares e a secretaria da saúde (burocracia) estão aterrorizados e isolam os doentes com a prerrogativa de proteger a sociedade. O primeiro a cegar está no trânsito, ironia interessante, no estilo de Saramago. Pergunto-me se quando estamos dentro dos nossos carros já não estamos de alguma maneira nos cegando para os pedestres, para os ocupantes dos outros carros e para a riqueza e a diversidade da paisagem urbana. Nosso trânsito é muito violento e uma das mais importantes causas de mortalidade no Brasil são os acidentes de trânsito.

Será a cegueira a metáfora da invasão de estímulos a que estamos sujeitos? A concepção de realidade baseada apenas na eficiência em geral – particularmente a tecnológica – produz uma racionalidade que equaciona os projetos pessoais de bem-estar à acumulação de bens materiais. Essa forma de nos conduzirmos, tão impregnada no nosso viver, implica em um excesso de estímulos sensoriais que eclipsa a subjetividade e o consequente acesso às formas de pensamento mais complexas.

No livro, o médico explica a cegueira para outro personagem, esclarecendo que é como se as vias que levam as imagens dos olhos para o cérebro tivessem ficado congestionadas. Lembro aqui a função da mente e dos sonhos, como os compreendemos. A mente é considerada por alguns psicanalistas uma interface entre o indivíduo, as outras pessoas e o mundo externo. Não podemos esquecer que as necessidades biológicas para manutenção da vida são brutais, imperativas (no filme, aparece a fome), e o mundo social tem uma luz ofuscante.

Para nós, psicanalistas, são essenciais para a sobrevivência da espécie as funções que produzem os sonhos, por meio da digestão das nossas emoções e do conteúdo sensorial enviado para nosso cérebro. Sem essas funções ainda estaríamos nas cavernas. Quando o psicanalista se propõe a incluir outro ponto de vista, pretende ser um auxílio para as pessoas atingirem formas mais complexas para pensarem em si mesmas e na vida. Frequentemente, a possibilidade de ver a si mesmo com uma interioridade causa dor e, por isso, tendemos a permanecer cegos para a importância da nossa mente.

Para alguns, existe um rompimento com o projeto iluminista de autonomia e conquista da felicidade por meio da razão quando a psicanálise introduz o conceito de inconsciente, colocando em discussão a ideia de que nossa razão é governada predominantemente por aspectos aos quais não temos acesso. Para outros, os conceitos da psicanálise fariam parte desse projeto, porque a autonomia só é possível com o reconhecimento do inconsciente, dos instintos, principalmente do instinto de morte.

Destaco a concepção de instinto de morte como aquilo que desagrega, que de alguma maneira impede a reunião de elementos na mente que são como os tijolos para construção dos pensamentos. Incluo aqui as atitudes decorrentes do pensar: a capacidade para se relacionar com os outros, o respeito aos limites, a luta para ser livre e feliz, a criatividade e a moralidade sem excessos.

Voltando ao filme, vou falar sobre alguns personagens: primeiro, o médico e sua mulher. Ele é um pouco arrogante, está acostumado a dar ordens, o que é logo questionado pelo ladrão com quem compartilha a enfermaria. Representa aqui uma forma de razão baseada na ciência médica, que se mostra inútil para explicar a estarrecedora epidemia de cegueira. A mulher do médico, a única que permanece a enxergar e se finge de cega para acompanhar o marido, representa a esperança. Ressalto sua capacidade para cuidar do marido e dos outros cegos, quase esgotando suas forças. Através dos olhos dela é que enxergamos muitas das situações de violência impactantes deste filme.

Ela reage matando o rei da ala três após o estupro e a morte de uma mulher, chamada no livro de cega das insônias (uma mulher que estava psicótica por toda a situação). Usou, dessa forma, a agressividade de modo legítimo no momento do confinamento, quando a tirania imposta pelos cegos da ala três ultrapassava todos os limites razoáveis da crueldade e do sadismo. Uma forma de razão não pode prescindir da outra. A razão lógica se completa com a razão que é solidária, emotiva e que enxerga o outro ser humano com compaixão. Daí decorre a importância do casal formado pelo médico e sua mulher.

O velho da venda preta é um personagem que consegue um lugar na enfermaria um depois de todos os outros. Ele trazia um rádio (informação, contato) que informava e tocava música. Em uma das cenas bonitas, na alternância entre desespero e esperança que acompanha os personagens do filme, todos se deixam embalar pela alegria da melodia. No livro, um dos cegos diz que alguém poderia ter se lembrado de trazer um violão. A narração daquele momento é bonita porque lembra que as emoções não são absolutas e separadas como água e óleo. O narrador descreve como as alegrias e as tristezas podem coexistir em nossa mente.

Esse homem velho, experiente, em outro momento contém a mulher do médico, quando ela, culpada pelo assassinato, pensou em se entregar para os bandidos. Ele representa a sabedoria da velhice e da experiência. Ele formou um casal com a moça dos óculos escuros, uma prostituta muito bonita e corajosa, jovem, capaz de proteger e amparar o menino estrábico em muitos momentos. Em minha opinião, com sua beleza e sensualidade, representa as forças vitais da sexualidade. Essa força fica melhor quando casada com a experiência.

Após o incêndio que segue a revolta no manicômio, a estranha família formada por alguns cegos da enfermaria um vaga pela cidade, encontrando um ambiente sujo, com bandos lutando por comida e abrigo. Alegram-se com a chuva que mata a sede e permite um banho precário.

Destaco as seguintes cenas impactantes: a igreja com os santos com os olhos vendados por panos brancos, o bando de crianças pilhando a comida que um homem levava em um carrinho e os cachorros comendo o corpo de um homem morto na rua. Nessa cena, ocorre o encontro com o cão das lágrimas, um belo cachorro que passa ao largo dos cães devoradores de homens e lambe as lágrimas da mulher do médico, impactada pela visão do homem a ser devorado.

O grupo chega à casa do médico e, aliviados, a encontram desocupada. A hospitalidade do casal propicia o acolhimento para a reaproximação espontânea entre o primeiro cego e sua mulher, a declaração de amor do homem da venda para a moça dos óculos escuros e o reencontro entre o médico e sua mulher. Fazem uma refeição e brindam com água em copos de champanhe. Têm momentos de alegria.

O primeiro a cegar é aquele que primeiro recuperará a visão. A volta da visão é ilustrada pelo contraste do café preto derramado sobre o leite branco. Todos se alegram por ele e pela esperança de voltar enxergar. A mulher do médico, na última cena, teme ficar cega, mas vê a cidade quando levanta os olhos.

A psicanálise pode ser uma das ferramentas que temos para aprender a construir o equipamento para enxergarmos melhor, incluindo nossa subjetividade. Quando pensamos incluindo nossos sentimentos, conseguimos viver um pouco mais protegidos da inútil dor da infelicidade neurótica. Não adquirimos uma clarividência que nos tornaria hipoteticamente melhores que os outros, mas vivemos melhor e encontramos forças para lutar por relacionamentos férteis e transformações do mundo.

46. Antes de partir[1]

Júlio César Tadeu Chavasco Labate

Quanto menos um homem conhece
a respeito do passado e do presente,
mais inseguro terá de mostrar-se
seu juízo sobre o futuro.
(Freud, 1974, p. 15)

É um filme que começa sem mistérios, como a vida. Logo de cara sabemos que nosso protagonista morreu. Não tem segredo, sabemos que vamos morrer. É fato. Por mais que não gostemos da ideia – o que acredito ser um bom sinal. Quem já não ouviu falar: "Para morrer basta estar vivo"? Mas lutamos ao máximo contra isso. Viver com essa ideia é sofrido e, para muitos, insuportável. Quantas vezes não queremos ter o controle de tudo, saber e decidir onde e quando poderíamos morrer? Se pudesse escolher, dia 30 de fevereiro seria uma boa data. O desejo da imortalidade...

---

1 *The Bucket List* (2007), direção: Rob Reiner.

Assim o filme começa informando que Edward Cole morreu numa tarde de domingo. Dessa forma, se já sabemos o fim do filme, o que interessa realmente é a caminhada, e não a chegada, ou a partida, como preferirem. Muito frequentemente, quando percebemos, não sabemos nem por onde temos andado, nem há quanto tempo, nem com quem. Muitas vezes nem enxergamos onde. E a vida passou...

No filme, o narrador chama atenção para como mensurar o valor da vida de alguém, qual o sentido da vida; se é pelos amigos que fez, pela fé que teve, pelo quanto amou, ou pelo exemplo que deixou. Outros acham que não tem sentido algum. Creio que não há uma resposta, uma fórmula mágica. Somos tantos, todos tão diferentes e tão iguais. Começo, meio e fim. Quando vivos, cheios de dúvidas. Única certeza, a morte.

Para esses momentos de muita dúvida, costumo recorrer à poesia. Devo me sentir sozinho. Encontrei em meu velho amigo, Carlos (Drummond de Andrade), um conforto. Ele me disse o quanto essa questão é comum e que também ele ficava tempos pensando nisso. Inconformado, perguntava-se:

> *Por quê?*
>
> *Por que nascemos para amar se vamos morrer?*
>
> *Por que morrer se amamos?*
>
> *Por que falta sentido*
>
> *ao sentido de viver, amar, morrer? (Andrade, 1987)*

Perguntando-se, ele dava-me respostas. Surpreso por faltar sentido em viver, amar e morrer.

Edward e Carter são dois mortais, como alguns de nós, creio que a maioria. Mas viver com essa ideia não é lá muito fácil. Arrumamos maneiras de passar por cima disso. Esquecemos, acreditamos ser imortais, super-homens, refugiamo-nos nas religiões, enlouquecemos ou adoecemos. Outros empurram a vida, vão tocando. Na verdade, é necessária uma porção de onipotência para fazermos a travessia da vida. O único problema é se deixar inundar por essa onipotência e perder a capacidade de dar uma espiadinha na realidade para conferir e sentir que estamos vivos.

Assim entendi este filme. Ele nos alarma para as oportunidades que a vida traz. Poderia ser uma tragédia, mas captou um momento de mudança. Uma transformação na vida dos dois personagens. Ao invés de continuarem mortos até serem enterrados, tiveram a chance de despertar. Por isso o baque. O "tranco na moleira". O choque. Como num nascimento. "Vê se acorda!!!!" – ainda estão vivos. Não sabiam! Antes da notícia da doença mortal, não se diferenciavam, não se percebiam. Estavam cegos. A vida não tinha importância, não tinha paixão. O sentido de viver, amar e morrer estava mascarado em coisas, fazer coisas, pessoas-coisas, trabalho-coisa.

A vida estava pronta, era só tocar mais uns dez, vinte anos, quem sabe, e pronto. Viveu. De repente toca o telefone... De repente um engasgo... Nesse momento, sob a ameaça da morte, a vida irrompe o silêncio. Sim, estavam vivos, há anos!!! Tinham se esquecido... Podem agora nascer de novo.

Meu amigo Carlos corre para me lembrar:

> *Flui a vida como água,*
>
> *Como água se renova.*
>
> *Se a vida me foge,*
>
> *Afago-a em cada esperança nova. (Andrade, 2006)*

Encontram-se num quarto de hospital. Ou seria uma sala de espelhos em um parque de diversões qualquer? Encontram-se, veem-se, surpreendem-se. Projetam um no outro aspectos difíceis de tolerar em si mesmos.

Edward vê em Carter seu estado moribundo, morto-vivo. Quer sair correndo.

Carter olha Edward com desprezo e arrogância. Parece-lhe um menino mimado brigando com tubos. Carter parece estar acima de tudo e todos, não precisa de nada nem ninguém, frio e inatingível como o cume do Everest. Sua esposa o visita, ele a recebe com indiferença, já tem tudo. Explicará adiante que já estava casado há tempo suficiente por ele e pelo amigo. Até se preocupa com ela, mas demonstra estar mais ligado ao programa de TV do que às pessoas à sua volta. Para ele, um bom "companheiro" é aquele que fica calado, que não atrapalha. Virginia estanca, será que ela também o incomoda?

Edward era o exemplo da onipotência. Pode tudo. Compra tudo. Realiza todos os seus desejos. Passa por cima de tudo e todos. "Vocês precisam de mim, eu não preciso de vocês." Decide tudo, quem vive e quem morre. Dá o nome que quer às pessoas. Mas tudo isso não é suficiente, falta algo. Eu diria que carrega sempre um gosto estranho, que busca identificar em sua bebida de nome exótico, Kopi Luwak, mas não alcança. Seriam fezes de algum animal?

Carter poderia estar satisfeito. Trabalhador, inteligente, culto. Construiu uma bela família, filhos saudáveis, bem encaminhados. Uma boa esposa. O que mais um homem poderia esperar da vida? Mas falta algo, que nem sabe quando foi que perdeu.

Não basta o susto. São apresentados um ao outro e se dispõem a se conhecer. Edward experimenta algo inusitado. Na sua fragilidade, é ajudado por Carter a pegar o controle remoto da sua cama. Creio que, neste momento, Edward começa a perceber que o ser humano é "só e dependente". Dependia de Carter para pontuar sua solidão. Sente uma estranha gratidão e, sem saber como expressá-la, pergunta sobre as sardas de Carter. Pergunta se sempre estiveram ali, diz que lhe ficavam bem. Carter tem a oportunidade de ser visto, pode sentir que existe para alguém. Um existe para o outro, e todos são finitos. Frágeis mortais, impotentes diante desse fato, como dar conta disso?

A sentença é anunciada. O sofrimento psíquico é expresso na dor física causada pela quimioterapia. Convivem com a mais pura humanidade. Vômitos, evacuações, tremores, febre. O ser humano sofre igual. Não tem cólica mais doída em um que noutro. A dor é universal e democrática. Igual para todos. Não interessa se rico ou pobre, branco ou negro, homem ou mulher. São apenas humanos.

Surge a admiração, a cumplicidade, a parceria.

Edward deixa escapar que sempre se sentiu sozinho, falava sozinho. Mas já estava de olho num parceiro. Logo percebe que alguém o ouve e passa também a escutar.

A princípio, enfrentam o tratamento acreditando voltar para a condição de imortalidade. Precisam, agora, da onipotência para enfrentar o sofrimento físico e psíquico. Porém, neste momento, não se deixam inundar por ela. Diante dos fatos, não é mais possível negar a realidade; é quando finalmente escutam: vocês são mortais. Podem morrer em seis meses ou um ano. É pouco? Alguém tem garantia de que vai viver mais que isso? Podemos morrer a qualquer instante. E não é porque temos ou não câncer. Mas por estarmos vivos.

Movidos pelo prazer, lutam contra a melancolia, desafiando a morte. Mas o vínculo entre os dois propicia o nascimento de algo mais, algo com que nenhum dos dois estava contando. A partir do interesse recíproco, da troca, do sofrimento compartilhado com intimidade, ressurge a vida. O que era para ser simplesmente divertido é transformador. Conquistam a chance de se conhecer, de se autoconhecer. Revisam o passado, transformam o presente. Deixam de temer o futuro.

Inicialmente, a ideia da lista tinha um ar melancólico. As dez coisas que gostariam de fazer antes de morrer. Acredito que passam a ser experiências para serem vividas assim que percebemos que estamos vivos. Não seria antes de partir, mas assim que chegamos. Edward se encanta com a possibilidade de fazer tudo o que quiser, já que vai morrer. Quer desafiar a morte. Continua inundado pela onipotência.

Faz a proposta para Carter: "Nunca é tarde para viver. Você quer ficar em casa cercado de pena e luto? Nós tivemos uma ótima oportunidade. Temos saúde. Podemos cruzar os braços e esperar, ou tomar alguma iniciativa". Carter ainda está pensativo. Percebe já existir algo mais. Virginia questiona. Não é para isso que ela está preparada. Ela não está acostumada à ideia de alguém optar por como viver. Está acostumada com a vida acatada. Acha que Carter apenas se vendeu. Carter não está se vendendo, está tendo uma chance de sair da ficção de suas leituras e experimentar a realidade. Ele não desistiu. Sentia-se morto e luta para reviver, luta agora por ele.

Iniciam a viagem: desafiar a morte é o primeiro passo. Pular de paraquedas e sobreviver ao salto era fazer provocações à morte, como se tivessem algum controle sobre ela.

Apostar corridas como dois adolescentes. Controle sobre a velocidade. Sentir o coração pulsar pela velocidade ou pela oportunidade de ter conquistado um objeto dos seus sonhos?

Fazer tatuagens: começam a brincar com o sentido de que algo é para a vida inteira. Sempre foi. Carter então conta que Virginia está sobre ele aderida, como uma tatuagem, e não por opção. Diz que nunca teve outra mulher. Quando vivos, escolhemos diariamente com quem estaremos. Não por estar grudados. Não por falta de opção. Mas isso é muito trabalhoso.

Chegam às pirâmides do Egito. Podem vislumbrar uma coisa grandiosa. Carter conta sobre a crença egípcia. Duas perguntas quando se morre: 1) encontrou alegria em sua vida?; e 2) sua vida proporcionou alegria aos outros? Essa última pega Edward de surpresa. Pois não é você, e sim a sua vida.

Mobilizado, Edward conta sua dor. Compartilham algo guardado que ele não aprova. Agora pode pensar a respeito.

Tentam o Everest. Só alcançarão na próxima primavera. Edward percebe que agora se preocupa com o que é importante para Carter. Em Hong Kong, Edward ajuda Carter a resgatar seu afeto por Virginia diante de uma outra mulher – que seria perfeita, mas não era Virginia. Para Carter, agora faz sentido voltar para casa. Não por obrigação, mas por desejo. Não porque estavam casados, mas porque fazia sentido estar juntos. Agora, Carter pode ser parceiro de Virginia. Estavam felizes, mesmo com ele doente. Sem cobranças, apenas estavam juntos. Estava sofrendo a vida, estava vivendo. Que importa quanto tempo? Não interessa mais, nunca soubemos mesmo.

Carter tenta fazer o mesmo para o amigo, levando-o para se encontrar com a filha. Mas para Edward ainda não faz sentido voltar. Brigam. Para se defender da dor, Edward reage com arrogância e ataca a jornada como se tivesse sido um passeio, superficial. "Era para ser divertido." Carter agradece a Edward a oportunidade de mudança que este lhe proporcionou. Partir como estranho e voltar como marido. Sugere ao amigo que também encontre alegria em sua vida.

Edward sofre, então, a falta. Quem experimentou ter conhece a falta. Não se satisfaz mais com comida congelada, pessoas de plástico, secretários sem nome. Sente, sofre. Tristeza e alegria. Percebe agora a solidão. Quer agora parceiros. Agora faz sentido procurar sua filha, não podem ser diferentes do que são. Quem sabe terão uma chance de se conhecer. É brindado então, sem expectativas, com o beijo da garota mais linda do mundo. Não foi atrás dessa meta, apenas deu oportunidade para a vida, para usufruir a vida, não porque vamos morrer, mas por estarmos vivos, e isso faz sentido.

Esse longo caminho percorrido lado a lado,
nos bons e maus momentos,
Faz de nós dois um ser unificado
Pelos mais fundos, ternos sentimentos. (Andrade, 1988)

Referências

Andrade, C. D. (1987). Por que? In C. D. Andrade, *Corpo*. Record.

Andrade, C. D. (1988). Esse longo caminho. In C. D. Andrade, *Poesia errante*. Record.

Andrade, C. D. (2006). Flui a vida como água. In C. D. Andrade, *Receita de Ano-Novo*. Record.

Freud, S. (1974). O futuro de uma ilusão. In S. Freud, *Edição Standard Brasileira das Obras Psicológicas Completas de Sigmund Freud* (Vol. XXI). Imago.

47. Invasão de domicílio[1]

Luciana Marchetti Torrano

Neste filme, que é o primeiro filme contemporâneo de Minghella desde *Um amor de verdade* (1993), o premiado cineasta de *O paciente inglês* e *Cold mountain* aborda o tema da solidão na grande metrópole londrina por dois prismas distintos. O primeiro é o drama doméstico de Will, isolado dentro de seu próprio núcleo familiar e incitado a procurar conforto e alívio no mundo externo. O segundo é o do estrangeiro: a mãe e o filho bósnios sofrem as consequências de serem pobres refugiados de Sarajevo numa das cidades mais cosmopolitas do mundo. A outra díade estrangeira refugiada são Liv e Bea, suecas que buscam acolhimento junto a Will, o único londrino da trama.

Escolhi comentar *Invasão de domicílio* pois o considero riquíssimo, repleto de detalhes, conflitos mentais e relações interpessoais. Poderia priorizar a trilha sonora, que acompanha perfeitamente as nuances dos mundos que se apresentam, ou a fotografia, pois cada cena emoldura o inusitado e o diferente de forma primorosa. Sem

---

1 *Breaking and Entering* (2006), direção: Anthony Minghella.

dúvida, trata-se de uma obra de arte moderna. Confesso que não foi nada fácil construir este comentário, já que Minghella foi meticuloso nas escolhas dos elementos e trabalhou muito bem o roteiro repleto de questionamentos, tornando-o emocionante. Esse tempero tornou cada pedacinho do filme indispensável à trama. O elemento que privilegiei é o amor, expresso pela paixão, o apego e as invasões.

Segundo Freire Costa (1998. p. 12), "O amor é uma crença emocional e, como toda crença, pode ser mantida, alterada, dispensada, trocada, melhorada, piorada ou abolida. Tudo pode ser recriado se acharmos que assim deve ser". O amor é uma invenção humana, como a roda, a história e o pensamento. A experiência do contato com o inconsciente perpassa todas estas instâncias: a realidade, a fantasia, o desejo e os contrastes de emoções odioso-amorosas que habitam a mente humana. Questionar a existência do inconsciente ou do amor seria como indagar a existência de Deus, o que Kant chamou de coisa em si.

Em *Aprender com a experiência*, Bion nos apresenta a possibilidade de aprender com a existência do inconsciente, que ele denomina experiência emocional. Neste filme, o amor, a paixão e o apego são experimentados nas relações, e aspectos inconscientes vêm à tona, transformando o que os filósofos chamam de argumento circular: é o "todo dia ela faz tudo sempre igual" (Chico Buarque), vivido por todos os envolvidos – eles repetem as atitudes sem possibilidade de pensá-las, sem saída, clamando por uma alternativa.

O personagem principal, Will, vivido por Jude Law, é um brilhante arquiteto que projeta seus sonhos na revitalização das áreas feias e urbanamente degradadas de Londres, como o King's Cross, considerado o centro da mais ambiciosa regeneração urbana da Europa, mas que naquele momento (2006) era uma área repleta de prostitutas, tráfico de drogas e marginais. Will pretende construir espelhos d'água e implantar vegetação no local. Argumenta Will:

"Como nos comportamos é diretamente afetado pelo espaço ao nosso redor". Será que, inconscientemente, Will não gostaria de revitalizar-se, trazer mais vida e prosperidade para seu espaço interno? Sua mente?

Will é um homem carente, deixado de lado pela mulher que ama, assim, ele se identifica com King's Cross e tenta compreender aquilo que lhe é diferente e que tanto lhe fascina.

Seu caminho é atravessado pelo "arrombamento e invasão", que seria a tradução mais próxima de *Breaking and Entering*, que intitula o filme em inglês. A partir daí ele se lança ao encontro de figuras obscuras e do mundo sombrio da noite, fazendo as vezes de espião e vigia de seu escritório em risco de invasão. Divide seu dia em dois: arquiteto e, à noite, vigia, assim como sua personalidade está dividida: uma parte iluminada e nobre-burguesa, e a outra escura e marginal. No mundo externo Will encontra mais espaço na vida marginal.

Diante da nova experiência a qual se permite, Will aceita a aproximação de uma prostituta que faz ponto ali. A prostituta não o amedronta, Will percebe nela a capacidade de acolhê-lo. Ela reluta em querer conversar, no entanto, cede; ele a quer ao seu lado, não vai rechaçá-la como é rechaçado por sua namorada, Liv; para isso, até lhe compra o mesmo perfume de Liv.

Will revela à prostituta seu incômodo com uma raposa, com o barulho da raposa nas madrugadas, que passa só enquanto sua Liv dorme com a filha ou então permanece insone com a menina malabarista; o barulho incomoda só a ele, pois representa simbolicamente um barulho interno de angústia e abandono, que o invadem e o arrombam por dentro. Mesmo com a pele da raposa na mão, recompensa do empréstimo do carro pela prostituta, Will ainda não tem sossego, pois não é no mundo externo que se busca a quietude, mas esta é recompensa da união dos mundos divididos na mente de Will.

O filme brilhantemente simboliza a cisão de Will: sua insuportável vida afetiva, com uma companheira que se relaciona simbioticamente com a filha autista, o deixando sem espaço para ser acolhido, e o admirável mundo da noite no King's Cross e, posteriormente, a fascinante vida de Amira, mãe do pequeno invasor.

A vida doméstica de Will e Liv está insuportável. Remete-me a uma metáfora que Freud utilizou em seu trabalho "A psicologia das massas e análise do eu", a qual foi primeiramente citada pelo filósofo Schopenhauer: há uma vara de porcos-espinhos no inverno das geladas estepes nórdicas. Cada um deles procura juntar-se com os outros, num aconchego acolhedor, no entanto, a excessiva aproximação provoca ferimentos pelos espinhos e força uma separação, num contínuo e interminável vaivém. Liv sabe que empurrou Will para longe dela, também sabe que está gravemente deprimida e que sua filha piorou, entretanto, está aprisionada. Liv contribuiu inconscientemente para manter-se sob o controle da filha; sua vida, como a de Bea, está desgovernada e desvitalizada, não existe espaço profissional, afetivo ou sexual sem a invasão de Bea. A relação hermética mãe-filha proporciona a possibilidade de aproximação de Will com Amira. Ele vai procurar amor "na rua", como se diz, fora da relação.

Will, que chega à vida de Amira e Miro para reaver seus objetos roubados, atraído pela força de Amira, experimenta o papel de invasor, na pele de um cliente repleto de roupas para cerzir e ajustar. Ele incorpora o invasor e ladrão, papel que lhe trouxe tanto ódio. No entanto, a curiosidade pela mulher que Amira se revela o envolve de tal forma que eles se apaixonam, ele "rouba o coração" dela.

Segundo Descartes, "tudo o que se faz ou acontece de novo é geralmente chamado pelos filósofos de paixão relativamente ao sujeito a quem isso acontece, e de ação relativamente àquele que faz com que aconteça". Os estados de paixão na Antiguidade correspondiam aos excessos e às doenças, daí vem o nome "patológico". Segundo Hegel: "Nada de grande se faz sem paixão".

Amira apaixona-se pelo cliente belo e educado, porém suspeito, já que, em sua realidade, é perigoso ver uma pessoa num dia e encontrá-la depois. Pouco a pouco, Amira cede aos encantos do belo e interessante homem que surge em sua vida. A paixão é recíproca, e o envolvimento afetivo-sexual é inevitável. Will é especialmente carinhoso com a amante, ele a acolhe, acaricia seus cabelos, beija seu corpo, a respeita e a valoriza. Amira, a refugiada de Sarajevo, é mais acolhedora que Liv, a linda namorada sueca, do país mais desenvolvido do mundo, mas também com a maior taxa de suicídios.

Amira tem a capacidade de sonhar, como é apontado na cena do piano, com suas teclas mudas: ela não precisa ouvir a música, pois esta bem como a pianista estão bem impressas na alma de Amira, não sendo a ela necessário um órgão ou piano de verdade. Amira mora no submundo, e o apresenta a Will, que até então só o conhecia em suas entranhas. Amira pode cerzir os rasgos dos casacos e também alguns buracos na alma de Will. Ela é capaz de ter esperanças de que seu filho não será um bandido, de que ele poderá se recuperar das influências do tio e da própria intolerância que desenvolveu por ser refugiado e pobre. Amira acredita nas próprias capacidades e também nas capacidades do seu filho.

Liv não acredita em si mesma, é povoada por uma crença de maldição, de que Bea é autista por sua causa, pois ela abandonou o marido e fugiu para Londres com Bea. Como se Liv, ou qualquer mãe, pudesse ter tanto poder! Liv só olha para Bea, e Bea para Liv. Elas são complementares. Não existe espaço para o terceiro. Podemos perceber isso na irônica e deflagradora fala de Will em relação ao vídeo que Liv faz de Bea, perguntando a elas como as duas poderiam aparecer no filme se uma estava filmando, como se nunca coubesse um terceiro.

Will faz as vezes de pai, mas não o é. A incapacidade de abstração leva Liv a ser tão intolerante com a realidade quanto sua filha, a intolerância as impede de relacionarem-se com a existência e a permanência do diferente. É impossível Will ser pai biológico de Bea, isso é inexorável, não há como mudar o passado, podemos apenas interpretá-lo de outra forma! Sem que haja alguma flexibilidade para tolerar a realidade, por exemplo, a de que fazer o papel de pai pode ser tão ou mais importante do que ser o pai biológico, o papel de Will em relação a Bea é desvalorizado e a relação sem limites das duas é ainda mais patológica.

Bea parece "do outro mundo", seus movimentos corporais são ligeiros e graciosos, dá suas piruetas, só dá piruetas, não come qualquer comida, não dorme, não se seca com toalhas com pespontos amarelos, quebra e ataca quando contrariada. Miro é um macaquinho, pratica o *parkour* (a arte do deslocamento), pula os vãos dos prédios e é extremamente ágil, mas, diferentemente de Bea, na ginástica olímpica Miro não tem redes de proteção aos seus pés. Mesmo assim, assistindo ao filme não tive medo de que Miro caísse e se machucasse, o que não aconteceu comigo em relação a Bea, muito frágil e sempre diante do perigo.

Miro busca um espaço no mundo real, numa história de dor e perdas de uma Sarajevo destruída pela guerra e pela intolerância às diferenças. A intolerância social sofrida pelos bósnios pode ser comparada à intolerância à realidade expressa por Bea, no entanto, esta é psíquica. Como diz Amira, eles sobrevivem e isso não é de graça. Diferentemente da díade Liv-Bea, na díade Amira-Miro cabe o outro, seja o tio, sejam as faltas na escola, a delinquente e secreta vida de invasor, Will, os sonhos de voltar para casa de Amira, ou, ainda, as maquetes de Miro, que representam um lugar onde ele gostaria de morar.

Will encontra em Amira alguém que o ouve, que prepara café. Ela dá gargalhadas e olha para ele. A frase que Will mais repete é: "eu não sei"; já a frase de Amira é: "isso é complicado". O "não saber" de Will cria um espaço novo para o saber autêntico, lhe permite buscar novas experiências e trilhar em busca de seu desejo. O "complicado" de Amira lhe permite ter fé e não desistir.

É realmente muito difícil achar a solução para os problemas de Amira, Will, Miro, Bea, Liv, King's Cross. Will se dá conta de que a arquitetura, os espelhos-d'água e a vegetação não bastam. Ele parte numa viagem de encontro às suas entranhas obscuras e é sempre destemido, não espera que outro faça por ele.

Liv também sobrevive, hipnotizada pelas piruetas de Bea. Bea é autista ou Bea não tolera o diferente e ensinou a mãe a fazer tudo sempre igual? Das duas formas elas não permitem que ninguém entre neste círculo vicioso, na jaula que Will, em seu sábio lado sombrio, observa e aponta. Liv e Bea vivem numa jaula em forma de globo, girando sem parar; não cabe mais ninguém, nem o sonho, nem a realidade, elas vivem como num universo paralelo, um artefato de dois em um, um ovo com duas gemas; falta espaço para as individualidades e as experiências privadas.

Apesar de ser capaz de sonhar e acreditar nas capacidades de seu filho, Amira utiliza a relação extraconjugal de Will como um trunfo para tentar proteger seu filho da prisão. Amira também tem seu lado obscuro, seu lado maquiavélico. Will não acredita ser capaz de ajudar Amira e Miro quando o menino é pego, porém Will também foi pego, e percebe o que é essencial para sentir-se inteiro: reconhecer suas precariedades e dizer a verdade.

Ao revelar a Liv o que conheceu sobre si mesmo a partir de seu relacionamento com Amira, Will amplia a possibilidade de pensar, que seria uma das consequências da experiência emocional que viveu. O impulso por sentir-se um (unindo as metades cindidas pelos dois mundos, o iluminado e o sombrio) faz com que Will aproxime-se da mulher que ama e se apresenta como é: possui precariedades e feiuras que pretende revitalizar, como seu projeto. Com isso, Will integra suas metades luz e sombra e constrói a possibilidade de estar verdadeiramente junto de Liv, ou definitivamente separado.

Liv, magoada e ferida, o apoia e é cúmplice no engodo para salvar Amira e Miro da separação e do aniquilamento que seria o adolescente ser preso aos 15 anos. O "engodo" criado pelo casal Will e Liv para absolver o adolescente representa a única produção, ou ato inédito, da dupla no filme; neste momento há dor, sofrimento, cumplicidade e sincronia.

Minghella nos apresenta criativamente o conflito sem congelar no estagnado e repetitivo enredo "vilão e mocinho", ou "vítima e algoz", e permite, com a trama emocional e a dinâmica das relações, desvelar a alma humana de forma crua, continente de luz e sombra, ódio e amor, sonho e realidade, verdade e mentira. Assim como Minghella se esmerou em revelar o conflito, sigo no mesmo caminho, sem dar respostas para fechar nossas mentes e abafar a complexidade do tema do amor, expresso pela paixão que nos invade e inunda, capaz de nos dividir ou nos integrar, e do apego, que nos funda no início da vida, nos ensina a sentir o outro e a desejá-lo, mas também pode nos aprisionar patologicamente, afogar nosso pensamento. A fina e imaginária linha que nos separa do outro numa relação íntima é fundamental para sabermos que existimos e que o outro também existe, para diferenciar o que somos e o que não somos, reconhecer que amamos o outro, pois nele há mistério e desconhecido. A distância aproxima o olhar.

Referências

Bion, W. (1962/2016). *Aprendendo da experiencia*. Blucher.

Costa, J. F. (1998). *Sem fraude nem favor: Estudos sobre o amor romântico* (p. 12). Rocco.

Descartes, R. (1973). As paixões da alma. In *Coleção Pensadores*. Abril Cultural.

Freud, S. (1921/ 2011). *Psicologia das massas e análise do eu e outros textos*. São Paulo. Companhia das Letras.

Hegel, G. W. F. (1807/1992). *Fenomenologia do espírito* (parte 1). Vozes.

48. O escafandro e a borboleta[1]

Pedro Paulo de Azevedo Ortolan

O escafandro e a borboleta é a versão cinematográfica do livro homônimo de Jean-Dominique Bauby, no qual o autor e personagem narra seus pensamentos, suas memórias e as emoções vividas no período de aproximadamente um ano decorrido entre sua doença e sua morte. Quando sofreu o derrame, aos 43 anos de idade, ele era o jornalista e editor da revista de moda francesa *Elle*.

O filme é uma coprodução franco-americana de 2007 e a direção é de Julian Schnabel. São dele também: *Basquiat: traços de uma vida* (1996) e *Antes do anoitecer* (2000). Penso que o filme, em si, não traz grandes novidades. O fato de ser baseado numa história real, o impacto gerado pela mudança abrupta e violenta na vida de um indivíduo, o tipo de problemática abordada e os possíveis modelos de superação ou não, tudo isso tem sido explorado.

Todo tipo de narrativa dramática tem como principal objetivo colocar o espectador na posição do protagonista e, neste caso, não é diferente. Mas a questão é como contar esse tipo de história sem

---

1 *Le scaphandre et le papillon* (2007), direção: Julian Schnabel.

banalizar a condição do indivíduo, sem abusar da sedução por meio de imagens explicitamente tristes ou chocantes. Nesta história em particular, como chegar a isso plenamente, de forma ética e respeitosa, quando o protagonista é alguém de projeção, como Bauby?

Esse é o grande mérito do diretor, que conseguiu transformar o drama real do personagem num filme artístico, mais sensível e até poético do que seus pares de gênero. Criativa e delicadamente, Schnabel como que nos conduz pela mão através do novo universo de Bauby, explorando, sobretudo, a ressonância interior do trauma e os ricos monólogos do personagem. Não por acaso, *O Escafandro e a Borboleta* ganhou o prêmio de Melhor Direção no Festival de Cannes de 2007; levou dois Globos de Ouro, de Melhor Filme Estrangeiro e novamente de Direção, e teve quatro indicações para o Oscar.

As belas paisagens – principalmente do interior da França –, um idioma (francês) agradável aos ouvidos, a escolha das músicas (em sua maioria conhecidas) e a magnífica interpretação de Mathieu Amalric compõem a moldura do drama e são um atrativo a mais para o espectador.

As primeiras imagens nos levam a experimentar, junto com o personagem, um estado de confusão: são imagens desfocadas, imagens de um lugar e de pessoas desconhecidas, com vozes estranhas que se sobrepõem. Cenas estas acompanhadas por um som de batidas de coração, tendo ao fundo um canto estilo ópera.

E aí já aparece o talento do diretor: passamos o início todo do filme – período em que Bauby, logo após o derrame, encontra-se numa cama de hospital – com uma única perspectiva, como se a câmera fosse o próprio olho dele, tentando entender o redor e o que está acontecendo. Somos levados a ver e vivenciar o drama do personagem por meio daquilo que o olho dele capta. Mudanças de lente e de foco ampliam o mal-estar, a sensação de angústia que Schnabel nos impõe: quando o personagem chora, por exemplo, a câmera fica mais embaçada e as imagens mais desfocadas, refletindo todo o seu sofrimento.

Aos poucos, Bauby vai se inteirando dos fatos e de sua trágica condição. A equipe médica, de forma clara e direta, mas distante afetivamente, o põe a par de tudo e explica como os modernos recursos técnicos podem prolongar sua vida. Assim, ele torna-se consciente daquele recorte da realidade em que, normalmente, todos nós evitamos pensar: que tem prazo de validade e que o vencimento pode não estar muito longe. Tem duas cenas muito impactantes nessa fase: a forte perplexidade quando ele descobre que não pode falar e o momento em que costuram um dos seus olhos (como a câmera parece estar dentro do olho, acompanhamos todo o seu desespero).

Sua situação revela um cruel paradoxo: está lúcido, pode ver e ouvir, mas tem o corpo todo paralisado e não pode falar. Praticamente não tem como exercer aquilo que o ser humano tem de mais primitivo e imperioso, que é a necessidade de comunicação. Resta-lhe apenas o olho esquerdo, uma das "janelas da alma", como espelho a refletir o seu ser, a compartilhar seus sentimentos. Depara com o fantasma da solidão.

Essa questão torna-se crucial em Bauby, e não apenas pela incapacitação física: se por um lado ele se imagina abruptamente refém dentro do seu corpo-escafandro, de outro se vê também privado de tudo aquilo que alicerçava sua autoestima – o mundo das aparências, toda a materialização que o poder econômico propicia, a projeção na mídia e outros fetiches como forma de reconhecimento e gratificação.

Bauby sente-se então completamente impotente. Não quer ver os filhos e não quer ser visto. Nem quer ver a si mesmo! ("Nada de espelhos! Tira esse espelho daqui!") A visão do corpo inerte e repudiado poderia expor também a descoberta da vulnerabilidade do eu, toda a fragilidade subjacente, e não há um abrigo confiável dentro dele para acolhê-la.

Na sequência, a história vai mostrando como a sensorialidade e a superficialidade predominavam em suas relações. Com as mulheres suas escolhas eram sempre narcísicas e a atitude, egocêntrica; com familiares, o contato apenas tangenciava uma intimidade. Faltavam vínculos estáveis e profundos que pudessem também ampará-lo. Portanto, ele não tem onde se agarrar e, então, não quer viver!

É quando entram em cena duas profissionais extremamente dedicadas e humanas: a ortofonista, em particular, humana até mesmo no momento que sente raiva, quando ele confessa que quer morrer; a fisioterapeuta, humana também em sua crendice e ingenuidade.

A princípio ele não adere às propostas para ajudá-lo. Reage ora com franco ceticismo, ora com ironia, ou mostrando-se um crítico mordaz... reações estas que, embora sejam defesas para evitar a dor, o medo e o desamparo, estão mais a serviço de satisfações agressivas decorrentes das pulsões de morte. Mas, subjacente a essa atitude, pode-se perceber também que Bauby tem um razoável senso de humor, e o humor, ao contrário da ironia, é um recurso psíquico criativo, cujo objetivo primordial não é ser engraçado, mas atenuar a carga de sofrimento de uma realidade dolorosa, permitindo ao indivíduo sobrepor-se ao lamento.

A partir daí o filme vai envolvendo-nos cada vez mais com a história do personagem. Pervertendo a noção de tempo, o diretor vai estabelecendo a ponte entre o passado, de um Bauby poderoso e bem-sucedido, e seu presente frágil e dependente.

Passa a receber visitas e as cenas agora acontecem no terraço do prédio, de onde ele avista o mar. Céline ("a mãe dos seus filhos") é a primeira. E começam os autoquestionamentos: "Eu tratava Céline e as crianças muito mal e agora posso não ter como abraçá-las nunca mais". Depois vem Pierre Roussin, um personagem acidental em sua vida; o tempo todo em que Roussin mostra-se solidário, se identifica com ele e com a experiência adquirida quando viveu seu próprio drama, o aconselha a agarrar-se ao humano dentro dele, Bauby está intrigado, perguntando-se por que não retornou a ligação de Rousseau na época em que ele saiu do cativeiro; sente-se culpado e envergonhado de não tê-lo feito.

Esses encontros e questionamentos o fortalecem para um mergulho cada vez maior dentro de si, para receber sua própria visita. E deparamos então com uma das cenas mais bonitas do filme: ele na cama, o dia amanhecendo, imagina-se em seu escafandro no fundo do mar; um rico caleidoscópio de imagens, lembranças e pessoas vai se sucedendo... Aparece o visor do escafandro e o olho dele se revezando e se confundindo; em seguida surgem montanhas de gelo, feito rochas coloridas desmoronando, ao som da cantata de Bach, e o monólogo: "Hoje eu sinto que a minha vida é uma série de frustrações. Mulheres que não fui capaz de amar, oportunidades que não soube avaliar, momentos de felicidade que deixei escapar. Uma corrida cujo resultado conhecia de antemão e não soube conhecer o vencedor. Tenho sido cego e surdo e um duro golpe me fez descobrir a minha verdadeira natureza".

Este é um momento crítico por tratar da possibilidade de Bauby elaborar o luto pelas perdas sentidas, reconciliar-se com os equívocos cometidos, aceitar o não vivido. Se ele puder olhar para si com compaixão e com a mesma paixão que dedicava a outras situações de sua vida, poderá ir adiante. Caso contrário, corre o risco de tornar-se refém da dor e da culpa, vítima de um estado melancólico e aprisionador que, por drenar toda a energia da pessoa, impõe uma monotonia e uma inércia asfixiantes.

Shakespeare, em *Hamlet*, nos apresenta essa situação de forma belíssima. Hamlet, ao refletir sobre seu destino no castelo de Elsinor, no momento em que está atormentado pela suspeita de que o tio paterno havia matado seu pai para assumir o trono e desposar a rainha (sua mãe), diz: "Eu poderia estar recluso numa casca de noz e, mesmo assim, me sentiria dono de infinito espaço, não fossem os maus sonhos que tenho".

A referência aponta para a paisagem interna, para o mundo das fantasias, impressões, toda a imagética humana. No próprio filme encontramos um paralelo com a condição de Bauby em dois outros personagens: Roussin, mantido em cativeiro por quatro anos, e Papinou, que, em função da idade e da dificuldade em caminhar, permanece "trancado" em seu apartamento. Ambos sujeitos a deprimir-se, desistir da vida ou enlouquecer.

Alguns fatores foram determinantes para Bauby atravessar essas águas turvas e reencontrar um sentido para a vida. O primeiro, ironicamente, foi o suporte ambiental sólido e genuinamente afetivo proporcionado pelo time de mulheres belas e corajosas que estiveram ao seu lado: Henriette, Marie, Céline, Claude – a "transcritora" incansável – e pelo fiel amigo Laurent. Sentindo-se, de fato, aceito e amado enquanto o ser humano que realmente é, pôde também perceber em si sentimentos de gratidão e admiração, bons sentimentos que o amparam agora internamente. Um segundo aspecto vital foi, sem dúvida, o restabelecimento da possibilidade de comunicação por aquele método engenhoso (piscando o olho), que exigia tanto dele quanto do interlocutor muita atenção e paciência. E outro fator decorre dos seus próprios recursos pessoais: Bauby é um sujeito inteligente, perspicaz e bastante criativo.

Todo esse contexto aparece condensado em outra cena marcante: ele e a ortofonista estão já no lado externo do prédio, no pátio, e a tomada é feita a distância, tendo ao fundo um céu azul bem vivo: "Eu decidi parar de ter pena de mim mesmo", e neste momento a câmera inclui na cena a torre do prédio com o relógio soando badaladas, marcando simbolicamente um novo tempo. Ele prossegue: "Além do meu olho, duas coisas não estavam paralisadas [surge então a imagem surrealista do casulo se abrindo por detrás da torre]: minha imaginação e a minha memória [a câmera foca a borboleta saindo do casulo], eram as duas maneiras de escapar do meu escafandro". E é interessante notar que apenas neste momento em que ele encontra uma saída para sua existência a câmera foca, agora sim, o rosto de Bauby, numa perspectiva próxima e frontal. Antes disso as imagens dele eram feitas sempre a distância, ou numa perspectiva lateral e parcial do rosto, de modo a não gerar constrangimento nem para o personagem real, nem para o espectador.

Resgatando parte do seu amor-próprio e readquirindo sua capacidade de sonhar, dar asas às suas fantasias, pode retomar o curso da vida mesmo em circunstâncias tão desfavoráveis. A libido é liberada novamente e volta a colorir seus planos antigos e suas relações atuais: decide levar adiante o projeto do livro (não mais "A vingança feminina", mas sua experiência ao longo de reinventar-se após o derrame), projeto por tanto tempo adiado. Encomenda uma van para seus futuros passeios: poderá realizá-los de fato? Não importa, ele agora deseja algo, tem esperança... A sensualidade com as mulheres reaparece no olhar e nas fantasias com elas.

Assume também que quer ver os filhos, com a convicção de que "mesmo um esboço, um fragmento de um pai, ainda é um pai!". Na verdade, é só agora que ele se torna pai mesmo, eu diria que antes ele "tinha filhos". Sente saudades do pai e a instalação do telefone permite que entre em contato com ele, bem como com a amante. Vai recompondo sua história, costurando laços afetivos importantes que ficaram soltos pelo caminho.

Bauby sente necessidade ainda de saber o que aconteceu com ele, quer fazer o elo entre o passado e o presente. Mas não quer que outra pessoa o informe, ele próprio quer lembrar, quer juntar os fios. E isso é fundamental, porque não se trata mesmo de obter dados, nem da reprodução da situação traumática, e sim da integração da experiência emocional relativa a ela.

O que acho importante observar, ainda, é que o anseio por descobrir sua verdadeira natureza, o humano dentro dele, leva a mudanças significativas na relação consigo próprio e com os outros. Mas, ao mesmo tempo, ele preserva aquilo que é genuíno em sua personalidade, como o espírito crítico, o bom humor, a sua ideologia religiosa. Não ocorre uma conversão moral, não há "nenhum milagre".

Morre dez dias depois da publicação do livro. No período que antecede a morte, as imagens voltam a ficar desfocadas, as vozes longínquas... e ressurgem as montanhas de gelo, só que agora num movimento inverso: elas vão se reconstituindo!

49. Ensinando a viver[1]

Sonia Maria Mendes E. Mestriner

Quando fui convidada para comentar um filme e aceitei fazer este trabalho, minha primeira indagação referiu-se à escolha da obra. Após assistir a alguns, senti-me particularmente tocada por este, a meu ver realizado com muita sensibilidade e riqueza de detalhes e diálogos.

É um filme escrito por Seth Bass e Jonathan Tolins, baseado em *The Martian Child*, de David Gerrold, dirigido por Menno Meyjes e produzido por David Kirschner, Toby Emmerich e Ed Elbert.

O filme inicia com a visão de um planeta que se sugere ser Marte, depois da Terra, e, a seguir, há a focalização cada vez mais próxima de um campo de basquete. Um garoto nesse campo, olhando para o alto, é atingido por uma bola e sai correndo. É o personagem adulto do filme, quando criança. Já adulto, durante uma entrevista, ele diz:

> *Presumo que haja um em cada grupo. Um estranho que nunca se encaixa. Bem, este era eu, David Gordon.*

1 *Martian Child* (2007), direção: Menno Meyjes.

> *Encontrei uma fuga nas minhas histórias. Minha imaginação era como um foguete que me levava para longe, de onde podia olhar para a vida de uma distância segura, que é o que eu faço agora com meus livros. Era tão azarado na infância quanto sou sortudo como escritor. Então, em vez de me tornar uma pessoa equilibrada e normal, eu me tornei uma pessoa desarranjada e bem-sucedida. Não sei o que é preferível. Mas não importa, porque não escolhemos, mas para responder a sua pergunta mais diretamente, sim, acredito que em toda obra de ficção exista uma personagem que de algum modo é autobiográfica para o autor. E isto certamente se aplica a Dracoban. Como em um sonho em que alguém o representa. Mas neste caso não sou quem imaginam, porque não sou o humano. Sou a criatura.*

No meu ponto de vista, David Gordon é descrito no filme como um adulto que, quando garoto, vivia no seu mundo imaginário, a ponto de ser surpreendido pela realidade, representada por uma bola que o atinge e da qual foge. Gordon é viúvo há dois anos e tinha planejado com sua esposa, quando esta era viva, adotar uma criança. Consultado a esse respeito pelo representante de uma instituição, responde que não tinha mais essa intenção, mas ainda assim inicia o caminho nessa direção ao deparar com Dennis, uma criança "estranha" desse lar de crianças disponíveis para adoção. Inicia-se a busca por entrar em contato e tentar constituir uma relação emocional com uma criança isolada, encapsulada, com aspectos "não vivos" da personalidade.

Nessa trajetória, o personagem Gordon conta com a colaboração de Harlee, personagem hippie, uma amiga de infância, que, por características pessoais, como Gordon, parece ter empatia com o garoto Dennis, tão "diferente" dos comuns. Gordon foi um garoto que frequentemente se evadia da realidade por meio da imaginação, o que ele pôde transformar em uma inclinação para escrever livros de ficção, com grande sucesso. Harlee, otimista, adepta do plano de adoção e empenhada em colaborar com Gordon na busca por estabelecer contato emocional com Dennis, também parece compartilhar com ambos a história de ter sido uma criança "estranha". Harlee diz que, quando criança, sentava-se no fundo da classe e ficava desenhando personagens de desenho infantil e que, ao ver o filme *A Noviça Rebelde*, convenceu-se de que era a irmã Von Trapp. Cito um trecho do diálogo do filme a esse respeito:

> *Harlee: Não há nada de errado em ser um pouco excêntrico.*
>
> *Gordon: Eu sei.*
>
> *H: Ele acha que é marciano, e você escreve sobre Marte. Isso é ótimo. Um pequeno marciano o escolheu para ensiná-lo a ser humano.*
>
> *G: Ele veio para a Terra para documentar a nossa existência? [Gordon faz um movimento com o dedo que parece indicar um "não".]*
>
> *H: Quando eu tinha 11 anos, vi A Noviça Rebelde e fiquei convencida de que era a irmã Von Trapp perdida.*
>
> *G: Você?*
>
> *H: [Mexe a cabeça como se dissesse "sim".]*
>
> *G: Mas ia à escola usando suspensórios?*
>
> *H: Ia sim.*
>
> *G: Você fica bem de suspensórios...*

Mesmo a personagem Mary, a esposa falecida de Gordon, com a qual este compartilhava o projeto de adoção de uma criança, tinha um ponto em comum com Dennis: também era adotada. Algumas pessoas, como esses personagens do filme, parecem ter a habilidade de "colocar-se na pele" de certas crianças, ao mesmo tempo que podem manter um contato com a realidade, o que favorece o lidar com elas e o surgimento de uma afinidade mútua.

Uma curiosidade: um dos produtores do filme relatou nos comentários do DVD que, além da ligação do personagem David Gordon com o personagem criança pelo aspecto estranho, ele mesmo lia embaixo das cobertas com uma lanterna na sua infância, como Gordon no filme.

Tustin (1990), psicanalista inglesa já falecida, dedicada ao trabalho e ao estudo de pessoas com distúrbios que, a meu ver, parecem semelhantes ao que constatamos no personagem Dennis, de cujos trabalhos extraí fundamentos para redigir este comentário, expressou-se como se segue:

> *Estou chegando à conclusão de que muitos de nós – alguns mais do que outros – temos um pouco de autismo psicogênico que nos afasta das dores e dificuldades do relacionamento com outros seres humanos, e lançamos mão de meios tortuosos e manipulativos para evitar essas dores. Nós erguemos barreiras para impedir que eles contaminem o resto de nossa personalidade, e tentamos evitar a consciência deles. (p. 126)*

Dennis, segundo o relato do filme, vive uma grande parte do tempo dentro de uma caixa, na qual estão escritas as palavras "frágil" e "maneje com cuidado" e há uma fresta na lateral superior. Podemos daí inferir a fragilidade de algumas crianças, que as impede de ter um contato mais vivo com os outros seres humanos. Nessas crianças, a percepção de sua própria existência foi imposta à sua mente antes que estivessem preparadas para isso, e a possibilidade de percepção do outro lhes desperta angústias de derramamento ou dissolução. Isso as leva a refugiarem-se em algo que podemos chamar de "couraça protetora", e assim conseguem um mínimo de coesão de personalidade e um frágil senso de existência. É interessante notar que essas crianças não parecem ter a noção de que estão dentro de uma couraça ou casca, ainda não desenvolveram bem a noção de dentro e fora.

Dennis nos é apresentado no filme como uma criança abandonada pelos pais, psiquicamente traumatizada, e que acha que é marciana, sugerindo que não pode desfrutar dos contatos humanos profundos que possibilitam uma noção de existência própria bem estabelecida, o fluir das experiências emocionais, o "aprender com a experiência" e a inserção no social. Mas, por mais retraído que seja do convívio com as pessoas ("lesma na casca"), algo de vida permanece presente: Dennis usa uma fresta que lhe permite perceber o mundo, e essa "fresta" é por onde se pode entrar nessas "couraças". Gordon, por sua vez, embora hesitante, também parece disposto a ter uma experiência viva, significativa, e não apenas a experiência por meio dos personagens dos livros que escreve.

Cabe notar que, no desfecho do livro *Dracoban*, todos os personagens morriam em um massacre, o que Gordon modificou na segunda parte da obra, escrita graças às experiências na relação com Dennis. Textualmente, Gordon diz a seu empresário: "Diga a Tina [editora] que em algum lugar profundo e sombrio do Castelo Septar os necromantes do conde estão trazendo-o de volta à vida contra a sua vontade".

Outro aspecto interessante que remete às polaridades vida e morte refere-se ao planeta Marte, de onde vem o título original do filme: *Martian Child*. Nenhum planeta foi tema de mais especulações românticas do que Marte. Em determinado momento acreditava-se que Marte era habitada por uma antiga civilização que cavara um intrincado sistema de canais de irrigação, e a escuridão anual do planeta era interpretada como o período de crescimento dos vegetais. Mas as missões espaciais das naves *Mariner 4*, *6* e *7* mostraram que o sistema de irrigação era apenas uma enorme rede de cânions, e a famosa escuridão era causada por tempestades de areia anuais. Amostras do solo retiradas pelos tripulantes da *Viking* mostraram ausência completa de matéria orgânica na superfície do planeta. Em outras palavras, não há vida em Marte.

A ideia que fiz do personagem Dennis é como essa descrição de Marte: sem vida, sem a noção de existência própria, mas com a possibilidade de, fertilizado em uma relação humana de qualidade, caminhar da "escuridão" e da "não existência" para um "período de crescimento". Desse modo, "Algumlugar", "Professia 1" e "Professia 2", nomes indefinidos de personagens do filme, podem adquirir especificidade – "Flomar", "Nicholas" e "Jonas" –, e o uso de "óculos escuros" pode ser dispensado. Segundo a produção, o nome do cão, "Algumlugar", vem do conto original de David Gerrold e refere-se a uma piada: "Algumlugar um cão latiu...", tendo o sentido de "sempre sumindo, mas de algum modo sobrevivente".

A produção do filme procurou mostrar suas suposições sobre como uma criança marciana pensaria e se comportaria se viesse à Terra e estivesse aprendendo a ser humano e a ter uma família. A imagem frequentemente utilizada no filme, de Dennis "dependurado de ponta-cabeça", sugere variadas associações, como a de perceber o mundo de um ponto de vista diferente do usual, a de estar chegando à Terra, ou mesmo a de uma criança nascendo.

Fazendo a analogia com crianças isoladas e que apresentam comportamentos estranhos, penso que o filme mostra cenas muito ricas, que nos dão a possibilidade de entrar em contato com os modos de ser dessas crianças, características que todos nós, em maior ou menor grau, também temos.

A falta de uma noção de "existência própria" bem definida e o uso de objetos como se estes fizessem parte de si mesmo são sugeridos em algumas cenas, como na que Gordon chama a atenção de Harlee para Dennis, que segura em uma das mãos o tubo de um aspirador próximo a ele e, com a outra, a extremidade do tubo próxima a sua testa. Um trecho do diálogo entre Gordon e Harlee é como se segue:

> *G: Esse movimento que ele está fazendo não é higiênico, nem seguro.*
>
> *H: Ele gosta de aspirar.*
>
> *G: Não, ele acha que é o aspirador. É diferente. Está vendo?*
>
> *H: É tão zen!*

Outras cenas interessantes, sugestivas de estados mentais indiferenciados dessas crianças:

- Dennis está jogando bolas de boliche e Gordon e Harlee estão presentes. Dennis vai acompanhando e chutando uma bola. Antes de Dennis chegar ao fim da pista onde corre a bola, Gordon segura e carrega Dennis, sugerindo que Dennis não estaria diferenciado da bola e poderia "ir para o buraco" com ela.
- Dennis está com a boca no placar, balançando sua cabeça, e Gordon o puxa e o tira de lá, sugerindo um contato adesivo com uma superfície, uma busca por uma identidade adesiva.
- Cena com brinquedos que parecem prendas de jogo: bichos de pelúcia e um gancho para puxá-los. Dennis está entre os brinquedos, sugerindo que ele e os brinquedos não se diferenciam.

- Dennis está sentado em uma barbearia e alguém está lavando sua cabeça. Ele grita enquanto o barbeiro lava e corta seus cabelos. Essa cena sugere que lavar os cabelos ou cortá-los é equiparado com "perder pedaços do corpo" ou com o despertar de "angústia de escoamento e dissolução".

Ainda, o personagem Dennis é um garoto que só quer comer cereal. No meu entender, se trata de um fechamento ao desconhecido, às experiências de "novos sabores" da vida. Gordon e também Harlee vão entrando nesse universo desconhecido de Dennis; desconhecido e, ao mesmo tempo, repleto de "tentativas de controle pela previsibilidade".

Penso que os diálogos do filme podem mostrar, por meio dos personagens de Gordon e Harlee, essa possibilidade de mergulhar e, ao mesmo tempo, não afogar nos estados mentais vivenciados, o que possibilitou a comunicação com Dennis, ao usar a sua linguagem.

Grotstein (2003, p. 146) se refere a essa questão como a mente "sendo capaz de 'mentalizar' a mente de outra pessoa", ou: "a mente pode dividir-se e contemplar o que está sentindo, considerando ou experienciando o que a intersubjetividade permite é que se possa considerar outro ponto de vista e empatizar com ele ('ensaio de identificação')".

A possibilidade de estar aberto a outros pontos de vista parece-me estar explicitada quando Harlee vai se inclinando à medida que Dennis vai inclinando a máquina fotográfica, adaptando a posição de seu rosto à da lente da máquina, bem como em um trecho do diálogo entre um representante da instituição e Gordon:

> *Lefkowitz: Como planeja lidar com isso, sr. Gordon?*
>
> *G: A fantasia é meu ramo. É o que eu faço para viver. É uma das coisas que aprendi com a fantasia na minha*

> *própria vida e que pode ser uma técnica de sobrevivência, um tipo de mecanismo de proteção. Um modo de lidar com problemas que são maiores que nossa capacidade de lidar com eles, então, em resumo, quero encontrar um equilíbrio entre socializá-lo e deixar que ele seja quem ele é. Então, sabe, por um lado eu o ajudaria o máximo possível, e por outro lado, se ele quiser acreditar que é de outro planeta, quem sou eu para discordar?*
>
> *L: Isto não é ficção científica, nem conto. Com nossas crianças muitas vezes não podemos fazer um novo rascunho...*

Esse dilema entre aceitar ou não Dennis "como ele é" é vivenciado no filme pelo personagem Gordon. Gordon e Dennis vão construindo a possibilidade de uma relação emocional. Esse caminhar é turbulento e repleto de conquistas e hesitações. Dennis vai aprendendo a ser humano, a sentir emoções e a tolerar frustrações. É como uma alfabetização que se inicia quase no "raso". Dennis aprende principalmente por imitação. Com uma Polaroid, antes sem filme, enquanto Dennis estava na instituição, depois com filme, quando Gordon o conhece, Dennis tira fotos, tentando aprender a "ser humano" e a fazer parte de uma família.

A foto é estática, não implica a noção desenvolvida da temporalidade, mas é um início da aprendizagem dessa noção. Quando as imagens se sucedem, como no cinema, começa a surgir a percepção de movimento e uma maior percepção do tempo. Ao invés de ser um instrumento de fazer o tempo parar, a máquina sugere ser um instrumento para ampliar as percepções e estabelecer um caminhar para a percepção do tempo e da dor ao deparar com a existência do outro e com a própria existência. Nos comentários sobre o filme, a produção relatou que o personagem "Dennis inventou um aparelho que cria a família visual que ele quer no fim do filme".

Alguns trechos do filme mostram a turbulência e a beleza desse caminhar. Cito um deles:

> *Dennis: Os marcianos podem fazer várias coisas que vocês não podem.*
>
> *G: Além de mudar os faróis, o que mais podem fazer?*
>
> *D: Sentimos o gosto da cor.*
>
> *G: [Ri.] Certo. Sente o gosto da cor, prove para mim. Tire os óculos e feche os olhos.*
>
> *D: Disseram que isso aconteceria. [Gordon coloca, um a um, confeitos coloridos na boca de Dennis, e este, por meio do paladar, vai dizendo a cor de cada um: vermelho, verde, amarelo, mas não consegue falar o azul.] Não sinto o gosto.*
>
> *G: É azul.*
>
> *D: Eu sei, não sinto o gosto do azul.*
>
> *G: Está muito claro, coloque os óculos de volta. [Dennis abre o guarda-chuva, coloca os óculos escuros e se afasta.]*
>
> *D: Vamos, Flomar.*
>
> *G: Chamou Algumlugar de Flomar?*
>
> *D: É a palavra marciana para amigo peludo e quente. Ele escolheu. [Gordon passa sua mão na testa e também coloca óculos escuros.]*

Penso que esse trecho mostra que, em crianças semelhantes a Dennis, o sentido do paladar é muito utilizado, ainda não diferenciado e integrado com outros sentidos, como o visual e o auditivo. As cenas referentes ao trecho citado sugerem que a interação entre os dois vai acontecendo até que Dennis não pode mais "conhecer pelo sabor", não pode mais tolerar o contato humano íntimo: "põe os óculos escuros" e coloca-se sob o "guarda-chuva aberto". Mas ocorrem transformações: "Algumlugar" é chamado de "Flomar", amigo "peludo e quente", uma mistura do sensorial com o afetivo.

A produção do filme comenta que essas cenas foram inspiradas em um livro sobre adoção. Esse livro sugeria que, quando adotamos uma criança mais velha, com dificuldades em constituir relações e ter contato com o outro, um dos modos para ajudar na formação de laços entre pais e filhos é estabelecer um jogo, como esse mostrado nessas cenas, com a criança.

Os afetos de raiva e bem-querer vão surgindo e explodindo na relação. A estranha posição dos dedos que às vezes Dennis faz é um gesto para "desintegrar Gordon", o que no conto original de David Gerrold era verbalizado como "Disney-tegrar". Outra cena sugere afetos positivos de Dennis com relação a Gordon: este vê uma foto de caixas de presentes de Natal, na qual está escrito "Para David".

Em cenas seguintes, Gordon parece se irritar com a insistência de Dennis em tirar fotos suas e a discórdia entre ambos se estabelece. Dennis, frustrado, chora, um choro sem lágrimas, pois parece não poder sofrer os afetos, e teme ser abandonado. Gordon vai possibilitando a Dennis a expressão da raiva (cena de quebrar os pratos e de espirrarem produtos um no outro), inicialmente de modo mais temeroso, depois mais vivaz. Vai se estabelecendo uma brincadeira entre eles, e é nas brincadeiras que as crianças aprendem os limites, as regras, e a representar. A defesa robotizada de Dennis se transforma em uma "dança a dois". Os lutos também são vivenciados pela dupla.

Inicialmente, Dennis sente a perda de Algumlugar usando modos imitativos; no final do filme, com intensidade, pode sofrer e enfrentar o abandono precoce pelos pais.

Suponho que, à medida que é possível para a criança encontrar um continente, pelos cuidados, atenção e ações sensíveis do cuidador, ela pode se abrir para o contato humano e constituir um espaço psíquico para suas experiências emocionais. As tentativas de contato de Dennis vão acontecendo, às vezes incipientes, às vezes não sincronizadas com as de Gordon, outras vezes com maior sucesso. Dennis também mostra movimentos de evasão, quando vulnerável e aterrorizado ("óculos escuros", movimentos e palavras estereotipadas, robotização e achar que vai flutuar). O caminhar para "ser humano" é árduo. Muitas vezes quer "voltar a Marte". Dennis coloca literalmente um cinto com pesos para não flutuar. Nesses estados de mente, o "cinto com pesos" não representa o objeto, mas é o objeto.

As cenas finais do filme são muito emocionantes. Do meu ponto de vista, Dennis parece não suportar as emoções e as percepções do outro, seu "Marte" é diferente do "Marte" do outro. Tenta uma evasão subindo no alto de uma construção com um domo, esperando que (os extraterrestres?) venham buscá-lo, e, no meu entender, busca fugir das realidades interna e externa, tão dolorosas, e talvez busque também, de modo alucinado, os pais perdidos. Gordon vai até onde está Dennis e, expressando-se de uma forma muito afetiva, tenta que ele "se toque". Dennis escolhe ser humano e chora, com lágrimas, ao abraçar Gordon. Dennis parece ter construído uma "confiança básica" que permite uma entrega ao outro e a possibilidade de enfrentar as frustrações. Contou com a tolerância, a paciência e a perseverança de Gordon, qualidades essenciais tanto nos educadores quanto nos analistas.

O lema transmitido pelo filme é: "O importante é enfrentar os problemas e nunca, nunca, nunca desistir". Os dois personagens principais parecem sair enriquecidos dessa relação. Mesmo Liz, irmã de Gordon, que se mostrava reticente, mais realista e também pessimista em relação à adoção, sofre transformações emocionais marcantes: da visão dos filhos como "mosquitos sugadores" brotam relações mais positivas e específicas.

Nos comentários sobre o filme, a produção menciona que "não eram apenas os personagens tentando se entender, mas os atores também", e que eles, os produtores e roteiristas, também estabeleceram entre si laços de trabalho mais duradouros.

Para terminar, gostaria de citar e comentar um trecho do final do filme que faz parte do livro reescrito por Gordon durante essas experiências com Dennis:

> *Às vezes nos esquecemos que as crianças acabaram de chegar à Terra. Elas são como alienígenas, seres de muita energia e puro potencial, em uma espécie de missão exploratória, e estão aprendendo o que significa ser humano. Por algum motivo Dennis e eu surgimos no universo e nos encontramos; nunca vou saber como nem por que, e descobrimos que eu posso amar um alienígena e ele pode amar uma criatura. E isso é estranho o bastante para nós dois.*

Esse trecho nos remete à importância dos cuidados físicos e psíquicos ao recém-nascido e da constância destes. As interações, olhares, carícias e comunicações que vão se estabelecendo entre os cuidadores e a criança constituem as bases de um desenvolvimento saudável. Caso contrário, a criança fica à mercê de seus terrores e pode se tornar isolada e fechada em si mesma.

Recentemente, no livro *A menina que roubava livros*, de Markus Zusak (2007, p. 37), encontrei um trecho interessante a esse respeito, uma definição não encontrada no dicionário: "Não ir embora: ato de confiança e amor, comumente decifrado pelas crianças".

Referências

Grotstein, J. S. (2003). *Quem é o sonhador que sonha os sonhos*. Imago.

Tustin, F. (1990). *Barreiras autísticas em pacientes neuróticos*. Artes Médicas.

Zusak, M. (2007). *A menina que roubava livros*. Intrínseca.

50. Causos: Glória e as sementes do C&P

Silvana Maria Bonini Vassimon

Desci dois degraus em direção ao palco. Dois não, três. Porque lembro-me de um sapato bonito que avançava do assento da dona para o corredor central. Era a terceira fileira de poltronas do anfiteatro da Unidade de Emergência do HC.

Ao olhar para o lado, em direção à pequena sala de projeção, vi Glória. Lá estava ela, apoiada levemente na parede da salinha. Olhava o anfiteatro como uma noiva que vê os convidados chegando para a festa. Algumas pessoas já ocupavam seus lugares, aos pares, em grupos animados, ou sozinhas; iam lentamente enchendo a sala.

Glória estava elegante em um vestido florido, os cabelos arrumados, o rosto cuidado e o infalível batom. Fui até ela. Minha aproximação pareceu tirá-la de um sonho, mas, ainda assim, me recebeu com um sorriso.

"Como vai?", perguntei, observando, junto com ela, as pessoas chegando e acomodando-se em seus lugares. "Tem bastante gente hoje", ela respondeu, e me pareceu orgulhosa. Talvez sentisse a casa como sua, talvez sentisse que aquele era o momento mágico de sua vida, talvez torcesse pelo sucesso da apresentação, por nós, pela humanidade...

Disse a ela, emendando uma beleza na outra: "Você está bonita". Ela sorriu gostoso e me olhou: "Sabe, estava aqui pensando. Quando vocês começaram com o Cinema aqui, eu vinha, passava o filme, punha a água lá na mesa, acendia e apagava as luzes e... não entendia nada do que vocês diziam. De alguns filmes eu até gostava, outros não conseguia entender. Mas olha, hoje, como as coisas mudaram! Eu não sou mais a mesma. Consigo gostar dos filmes que vocês passam e acho os comentários fantásticos; fico pensando: como vocês conseguem ver tanta coisa! Como eu aprendo com essas conversas!".

Ouvi Glória enveredar por este caminho, de repente me tornando íntima de suas coisas, e senti um conforto. Algo precioso estava se passando ali. Acho que fiz um breve comentário, provavelmente para incentivá-la a seguir; para dizer que eu estava ouvindo.

"Minha vida não é mais a mesma. Não é... Eu fui ouvindo, vendo os filmes, as coisas que eram ditas... Muita coisa que eu suportava, hoje não aceito mais. Eu não estava nem aí para mim, para as coisas que eu vivia, com meu marido eu aguentava muita coisa, hoje não... [E aqui, de repente, senti-me sentada à mesa, na cozinha da casa dela, onde os segredos são aconchegados.] Não dá para dizer que eu sou a mesma. Fico esperando o dia do Cinema, fico feliz, gosto de me arrumar para vir para cá. Descobri um outro mundo." E, diante do meu sorriso, completou: "Verdade!", supondo que eu não fosse acreditar.

Lembrei-me então da Glória dos inícios: cumpridora de tarefas, simpática, porém apenas alguém ali; solícita, sim, e também desinteressada do que ocorria à sua volta, do que parecia ocorrer com ela.

A coordenadora da comissão organizadora se aproximou e, após um animado boa-noite, disse confiante: "Vamos começar?".

Glória se movimenta, fica ereta, assume ares de extrema importância, como alguém que, de simples coadjuvante, passa a ser o ator principal. "Agora é com você, Glória", eu digo. E ela entra na salinha de projeção. As luzes se apagam; a exibição vai começar.

Não, Glória nunca mais será a mesma.

Nem nós!!!

Sobre os autores

Adriana Laura Navarrete Bianchi

Psicóloga, Psicanalista associada a International Psychoanalytical Association (IPA), Membro Associado da Sociedade Brasileira de Psicanálise de Ribeirão Preto (SBPRP), Membro Efetivo da Associação Brasileira de Psicanálise de Casal e Família (ABPCF), Coordenadora da Comissão de Psicanálise de Casal e Família da FEPAL – CPCF- Fepal (Federação Psicanalítica da América Latina) de 08/21 a 08/23 e Coordenadora da 2ª Jornada IPA-FEPAL Psicanalistas trabalhando com casais e famílias: dispositivos de subjetivação contemporâneos (2023).

Alexandre Martins de Mello

Psicanalista associado a International Psychoanalytical Association (IPA), Membro Efetivo da Sociedade Brasileira de Psicanálise de Ribeirão Preto (SBPRP) e Médico Psiquiatra formado pela FMRP-USP, com residência em psiquiatria no HCRP. Ex-Editor da Revista Berggasse 19 e Diretor Científico da SBPRP no biênio 2018-2020.

Ana Márcia Vasconcelos de Paula Rodrigues

Psicanalista associada a International Psychoanalytical Association (IPA), Membro Associado da Sociedade brasileira de Psicanálise de Ribeirão Preto (SBPRP). Médica pela UFTM e Psiquiatra pela USP/RP. Diretora Administrativa da SBPRP no Biênio 2016-2018 e Diretora de Cultura e Comunidade da SBPRP no Biênio 2022-2024. Fundadora e Coordenadora do Polo de Estudos Psicanalíticos de Franca - POEPSI.

Ana Rita Nuti Pontes

Psicanalista associada a International Psychoanalytical Association (IPA), Membro Associado da Sociedade Brasileira de Psicanálise de São Paulo (SBPSP) e Membro Efetivo com Funções Didáticas da Sociedade Brasileira de Psicanálise de Ribeirão Preto (SBPRP). Membro participante do projeto Cinema e Psicanálise em seu nascedouro (1999) e Coordenadora do Cinema e Psicanálise de 2000 a 2004.

Andréa Ciciarelli Pereira Lima

Psicóloga, Psicanalista associada a International Psychoanalytical Association (IPA). Membro Associado da Sociedade Brasileira de Psicanálise de Ribeirão Preto (SBPRP). Graduada em Psicologia pela Faculdade de Filosofia Ciências e Letras de Ribeirão Preto (FCLRP - USP) e Docente em cursos de Especialização em Psicoterapia de Orientação Psicanalítica.

Beatriz Troncon Busatto

Médica Psiquiatra, Psicanalista associada a International Psychoanalytical Association (IPA), Membro Efetivo com funções didáticas da Sociedade Brasileira de Psicanálise de Ribeirão Preto (SBPRP). Ex-diretora científica da SBPRP e ex-secretária científica da Febrapsi.

Denise Lopes Rosado Antônio

Médica Psiquiatra, Psicanalista associada a International Psychoanalytical Association (IPA), Membro efetivo da Sociedade Brasileira de Psicanálise de Ribeirão Preto (SBPRP). Médica colaboradora junto à Residência de Psiquiatria do Hospital das Clínicas da FMRP-USP desde 2011. Coordenadora da Comissão de Cinema e Psicanálise de 2006 a 2010. Coordenadora da Comissão Cultural da V Bienal de Psicanálise e Cultura da SBPRP realizada em 2020/2021 e Diretora de Publicações da SBPRP no Biênio 2020/2022.

Josimara Magro Fernandez de Souza

Psicóloga, Psicanalista associada a International Psychoanalytical Association (IPA). Membro Efetivo da Sociedade Brasileira de Psicanálise de Ribeirão Preto (SBPRP). Psicanalista de crianças e adolescentes pela IPA. Coordenadora da Comissão de Cinema e Psicanálise da SBPRP de 2010 a 2012. Coordenadora Geral da V Bienal de Psicanálise e Cultura da SBPRP – 2020-2021. Coordenadora do Programa Sankofa para equidade racial na SBPRP. Coordenadora da Comissão Curadora das Bienais. Membro da comissão organizadora desta publicação.

Júlio César Tadeu Chavasco Labate

Médico Psiquiatra e Membro Filiado da Sociedade Brasileira de Psicanálise de Ribeirão Preto (SBPRP). Co-coordenador da Comissão Cultural da V Bienal de Psicanálise e Cultura da SBPRP realizada em 2020/2021. Membro da Comissão Curadora das Bienais da SBPRP desde 2017.

Lia Fátima Christovão Falsarella

Médica Psiquiatra e Psicanalista associada a International Psychoanalytical Association (IPA). Membro Efetivo da Sociedade Brasileira de Psicanálise de Ribeirão Preto (SBPRP) e Membro Associado da Sociedade Brasileira de Psicanálise de São Paulo (SBPSP). Diretora Científica da SBPRP na gestão 2010-2012. Coordenadora Geral da III Bienal de Psicanálise e Cultura da SBPRP. Coordenadora da Comissão Curadora das Bienais da SBPRP de 2017-2021.

Lídia Neves Campanelli

Psicóloga, Psicanalista associada a International Psychoanalytical Association (IPA) e Membro Associado da Sociedade Brasileira de Psicanálise de Ribeirão Preto (SBPRP). Mestre em Psicologia Clínica pela Faculdade de Filosofia, Ciências e Letras de Ribeirão Preto – USP, Graduada em Psicologia pela Faculdade de Filosofia, Ciências e Letras de Ribeirão Preto – USP, Docente em cursos de Especialização em Psicoterapia de Orientação Psicanalítica.

Luciana Marchetti Torrano

Psicóloga formada pela Faculdade de Filosofia Ciências e Letras de Ribeirão Preto (FFCLRP-USP), Especialista em Psicologia Hospitalar.

Psicanalista associada a International Psychoanalytical Association (IPA). Membro Associado da Sociedade Brasileira de Psicanálise de Ribeirão Preto (SBPRP), Psicanalista de Casal e Família.

Luciana Mian

Psicóloga. Psicanalista associada a International Psychoanalytical Association (IPA). Membro Associado da Sociedade Brasileira de Psicanálise de Ribeirão Preto (SBPRP), Mestre em Saúde Mental pela FMRP-USP, Graduada em Psicologia pela FFCLRP – USP, Docente em cursos de Especialização em Psicoterapia de Orientação Psicanalítica e Psicologia Jungiana.

Luiz Celso Toledo

Psicólogo, Psicanalista associado a International Psychoanalytical Association (IPA). Membro Associado da Sociedade Brasileira de Psicanálise de Ribeirão Preto (SBPRP). Doutor em Psicologia Social USP/SP. Diretor de publicações da Febrapsi (2022-2023). Coautor de *Matrizes filosóficas do pensamento de Bion* (ed. Blucher, no prelo), *Psicologia, pesquisa e clínica: por uma análise institucional do discurso* (ed. Annablume, 2007), dentre outros.

Luiz Antônio Bocchino de Toledo

Psicanalista associado a International Psychoanalytical Association (IPA), Membro efetivo com funções didáticas da Sociedade Brasileira de Psicanálise de Ribeirão Preto (SBPRP) e da Sociedade Brasileira de Psicanálise do Rio de Janeiro (SBPRJ).

Maria Auxiliadora Campos

Médica Psiquiatra e Psicanalista associada a International Psychoanalytical Association (IPA). Membro Efetivo da Sociedade Brasileira de Psicanálise de Ribeirão Preto (SBPRP). Mestre e Doutora pela Faculdade de Medicina de Ribeirão Preto (FMRP-USP). Docente aposentada pela FMRP-USP. Médica colaboradora, junto à Residência de Psiquiatria do Hospital das Clínicas da FMRP-USP, de 2011 a 2022. Coordenador de grupo de atendimento a adultos, no Projeto SOS Brasil, desde 2021.

Maria Bernadete A. C. de Assis

Psicóloga e Psicanalista associada a International Psychoanalytical Association (IPA). Membro Efetivo com funções didáticas da Sociedade Brasileira de Psicanálise de Ribeirão Preto (SBPRP) e Membro Associado da Sociedade Brasileira de Psicanálise de São Paulo (SBPSP). Mestre e Doutora em Psicologia Escolar, pelo Instituto de Psicologia da USP. Ex-docente da FFCL-USP de Ribeirão Preto.

Maria Bernadete Figueiró de Oliveira

Psicóloga, Psicanalista associada a International Psychoanalytical Association (IPA). Membro Associado da Sociedade Brasileira de Psicanálise de Ribeirão Preto (SBPRP). Professora do Centro de estudos da psicanálise de Ribeirão Preto (Cepsic-RP). Coordenadora de grupos de estudos da obra de Winnicott no consultório particular. Autora do trabalho premiado (prêmio Fepal) no 34º Congresso da Fepal (Federação Psicanalítica da América Latina). Co-coordenadora da VI Bienal de Psicanálise e Cultura da SBPRP.

Maria Lucimar Fortes Paiva

Psicóloga, Psicanalista associada a International Psychoanalytical Association (IPA). Membro Associado da Sociedade Brasileira de Psicanálise de Ribeirão Preto (SBPRP). Docente da Faculdade de Filosofia, Ciências e Letras de Ribeirão Preto, USP (aposentada), Docente em Cursos de Especialização em Psicoterapia Psicanalítica. Membro do Conselho Diretor da SBPRP 2010-2012. Membro componente de Comissões Organizadoras em Congressos da SBPRP.

Marisa Giannecchini G. de Souza

Graduada em Letras Românicas e Letras (Grego) pela Universidade Estadual Paulista "Júlio de Mesquita" (Unesp). Possui mestrado e doutorado em Relações Intersemióticas e Estudos Literários (área de concentração: grego antigo) pela Unesp. Pesquisadora da pós-graduação da Unesp de Araraquara. Membro do ateliê sobre Semiótica na Pontifícia Universidade Católica de São Paulo (PUC-SP). Tradutora e parecerista de livros, artigos e teses. Tem publicações em revistas científicas. Consultora de trabalhos acadêmicos. Sócia pesquisadora da Associação Brasileira de Estudos Semióticos (ABES). Coordenadora de *Diálogos familiares: sobre a loucura* (ed. Vetor, 2006) e coautora de Matrizes da Evohé Espaço Cultural, em Ribeirão Preto (SP).

Mércia Maranhão Fagundes

Médica, Psicanalista associada a International Psychoanalytical Association (IPA). Membro Efetivo da Sociedade Brasileira de Psicanálise de São Paulo (SBPSP), Membro Efetivo com Funções

Didáticas da Sociedade Brasileira de Psicanálise de Ribeirão Preto (SBPRP). Psicanalista de crianças e adolescentes reconhecida pela IPA. Coordenadora do Curso de Formação Integrada para psicanalistas da Sociedade Brasileira de Psicanálise de Ribeirão Preto (SBPRP). Idealizadora e coordenadora do Núcleo de Infância e Adolescentes da Sociedade Brasileira de Psicanálise de Ribeirão Preto (SBPRP).

Nilton César Bianchi

Psicanalista associado a International Psychoanalytical Association (IPA). Membro associado da Sociedade Brasileira de Psicanálise de Ribeirão Preto (SBPRP); Editor do *Boletim da SBPRP* (2011-2012). Editor da *Revista Berggasse 19* (2012). Coordenador de grupos de estudos de psicanálise. Autor de artigos e palestras.

Paulo de Moraes M. Ribeiro

Médico, Psicanalista associado a International Psychoanalytical Association (IPA). Membro Efetivo da Sociedade Brasileira de Psicanálise de São Paulo (SBPSP) e Membro Efetivo com Funções Didáticas da Sociedade Brasileira de Psicanálise de Ribeirão Preto (SBPRP). Coordenador geral do Congresso Internacional Bion 2018 e Presidente da SBPRP em 2016-2018.

Pedro Paulo de Azevedo Ortolan

Psiquiatra e Psicanalista associado a International Psychoanalytical Association (IPA). Membro Efetivo da Sociedade Brasileira de Psicanálise de Ribeirão Preto (SBPRP). Diretor secretário da associação brasileira de Psicanálise (ABP/ atual FEBRAPSI) nas gestões de 1997-1999 e 2001-2003 e Presidente da SBPRP de 2006-2008.

Rosângela de Oliveira Faria

Psicóloga, graduada em Psicologia pela Universidade de São Paulo (USP) em 1985. Membro associado da Sociedade Brasileira de Psicanálise de Ribeirão Preto de 2005 a 2020, onde ocupou a coordenação de várias comissões e grupos. Editora da *Revista Berggasse 19* de 2012 a 2016. Atualmente trabalha como terapeuta integrativa, utilizando o conhecimento da Filosofia, da Ayurveda e da Ciência Quântica. Ministra workshops, cursos e mentorias de autoconhecimento.

Sandra Luiza Nunes Caseiro

Psicóloga pela Faculdade de Filosofia Ciências e Letras de Ribeirão Preto-USP, mestre em psicologia clínica pelo Instituto de Psicologia da USP-SP, especializada em Psicologia Hospitalar pelo Hospital das Clínicas da Faculdade de Medicina de Ribeirão Preto-USP, especializada em Psicoterapia Breve de Orientação Psicanalítica individual e de casal pelo Instituto Sedes Sapientiae. Psicanalista associada a International Psychoanalytical Association (IPA). Membro Efetivo com Funções Didáticas da Sociedade Brasileira de Psicanálise de Ribeirão Preto (SBPRP).

Silvana Maria Bonini Vassimon

Psicóloga pela Pontifícia Universidade Católica de São Paulo. Psicanalista associada a International Psychoanalytical Association

(IPA). Membro Associado da Sociedade Brasileira de Psicanálise de São Paulo (SBPSP). Membro Efetivo com Funções Didáticas da Sociedade Brasileira de Psicanálise de Ribeirão Preto (SBPRP). Coordenadora da comissão organizadora do C&P (2004-2006). Diretora Financeira da SBPRP (2004-2006), Diretora Científica da SBPRP (2014-1016), Presidente da SBPRP (2018-2020), Secretária da Diretoria Científica da Federação Brasileira de Psicanálise (FEBRAPSI) (2010-2012). Editora da *Revista de Psicanálise da SBPRP, Berggasse 19* (2010-2012). Tem artigos publicados em livro, na *Revista Brasileira de Psicanálise* (FEBRAPSI) e *Berggasse 19* (SBPRP).

Sonia Maria Mendes E. Mestriner

Psicóloga, Psicanalista associada a International Psychoanalytical Association (IPA). Psicanalista de adultos, crianças e adolescentes. Mestra e doutora em Psicologia Clínica: USP-SP. Membro Associado da Sociedade Brasileira de Psicanálise de São Paulo (SBPSP). Membro Efetivo com Funções Didáticas da Sociedade Brasileira de Psicanálise de Ribeirão Preto (SBPRP). Participante do NIA de Ribeirão Preto (Núcleo de Infância e Adolescência).

Suad Haddad de Andrade (Obra Póstuma)

Filósofa, psicóloga. Psicanalista associada a International Psychoanalytical Association (IPA). Formada na Sociedade Brasileira de Psicanálise de São Paulo (SBPSP), participou da fundação da Sociedade Brasileira de Psicanálise de Ribeirão Preto (SBPRP), na qual atuou em cargos (dentre outros) como presidente e como Membro Efetivo com Funções Didáticas.

Telma Regina Fernandes

Formada em Medicina pela FMRP-USP. Residência em Psiquiatria de Adulto e da Infância e Adolescência pelo Hospital das Clínicas da FMRP-USP. Psicoterapeuta de Orientação psicanalítica em clínica particular.

Vera Lúcia Palma Pagliuchi

Psicóloga, Psicanalista associada a International Psychoanalytical Association (IPA). Membro Efetivo da Sociedade Brasileira de Psicanálise de São Paulo (SBPSP) e Fundadora do Cinema e Psicanálise da Sociedade Brasileira de Psicanálise de Ribeirão Preto.